故宫

博物院藏文物珍品全集

故宮博物院藏文物珍品全集

晉唐瓷器

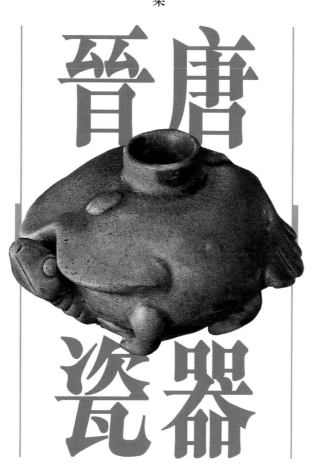

三國至五代

主編：李輝柄

商務印書館

晉唐瓷器
Porcelain of the Jin and Tang Dynasties

故宮博物院藏文物珍品全集
The Complete Collection of Treasures
of the Palace Museum

主　　編 …………… 李輝柄

副 主 編 …………… 王健華

編　　委 …………… 徐　巍　黃衛文　趙　宏

攝　　影 …………… 胡　錘　趙　山　劉志崗

出 版 人 …………… 陳萬雄

編輯顧問 …………… 吳　空

責任編輯 …………… 林苑鶯

設　　計 …………… 甄玉瓊

出　　版 …………… 商務印書館（香港）有限公司
　　　　　　　　　　香港筲箕灣耀興道3號東滙廣場8樓
　　　　　　　　　　http://www.commercialpress.com.hk

製　　版 …………… 昌明製作公司

印　　刷 …………… 中華商務彩色印刷有限公司
　　　　　　　　　　香港新界大埔汀麗路36號中華商務印刷大廈

版　　次 …………… 2016年9月第1版第2次印刷
　　　　　　　　　　©1996 商務印書館（香港）有限公司
　　　　　　　　　　ISBN 978 962 07 5204 9

All inquiries should be directed to:
The Commercial Press (Hong Kong) Ltd.
8/F., Eastern Central Plaza, 3 Yiu Hing Road, Shau Kei Wan, Hong Kong.

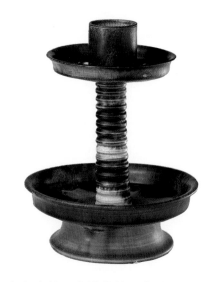

總序 楊新

　　故宮博物院是在明、清兩代皇宮的基礎上建立起來的國家博物館，位於北京市中心，佔地72萬平方米，收藏文物近百萬件。

　　公元1406年，明代永樂皇帝朱棣下詔將北平升為北京，翌年即在元代舊宮的基址上，開始大規模營造新的宮殿。公元1420年宮殿落成，稱紫禁城，正式遷都北京。公元1644年，清王朝取代明帝國統治，仍建都北京，居住在紫禁城內。按古老的禮制，紫禁城內分前朝、後寢兩大部分。前朝包括太和、中和、保和三大殿，輔以文華、武英兩殿。後寢包括乾清、交泰、坤寧三宮及東、西六宮等，總稱內廷。明、清兩代，從永樂皇帝朱棣至末代皇帝溥儀，共有24位皇帝及其后妃都居住在這裏。1911年孫中山領導的"辛亥革命"，推翻了清王朝統治，結束了兩千餘年的封建帝制。1914年，北洋政府將瀋陽故宮和承德避暑山莊的部分文物移來，在紫禁城內前朝部分成立古物陳列所。1924年，溥儀被逐出內廷，紫禁城後半部分於1925年建成故宮博物院。

　　歷代以來，皇帝們都自稱為"天子"。"普天之下，莫非王土；率土之濱，莫非王臣"（《詩經‧小雅‧北山》），他們把全國的土地和人民視作自己的財產。因此在宮廷內，不但匯集了從全國各地進貢來的各種歷史文化藝術精品和奇珍異寶，而且也集中了全國最優秀的藝術家和匠師，創造新的文化藝術品。中間雖屢經改朝換代，宮廷中的收藏損失無法估計，但是，由於中國的國土遼闊，歷史悠久，人民富於創造，文物散而復聚。清代繼承明代宮廷遺產，到乾隆時期，宮廷中收藏之富，超過了以往任何時代。到清代末年，英、法聯軍、八國聯軍兩度侵入北京，橫燒劫掠，文物損失散佚殆不少。溥儀居內廷時，以賞賜、送禮等名義將文物盜出宮外，手下人亦效其尤，至1923年中正殿大火，清宮文物再次遭到嚴重損失。儘管如此，清宮的收藏仍然可觀。在故宮博物院籌備建立時，由"辦理清室善後委員會"對其所藏進行了清點，事竣後整理刊印出《故宮物品點查報告》共六編28冊，計有文物117萬餘件（套）。1947年底，古物陳列所併入故宮博物院，其文物同時亦歸故宮博物院收藏管理。

二次大戰期間，為了保護故宮文物不至遭到日本侵略者的掠奪和戰火的毀滅，故宮博物院從大量的藏品中檢選出器物、書畫、圖書、檔案共計13427箱又64包，分五批運至上海和南京，後又輾轉流散到川、黔各地。抗日戰爭勝利以後，文物復又運回南京。隨着國內政治形勢的變化，在南京的文物又有2972箱於1948年底至1949年被運往台灣，50年代南京文物大部分運返北京，尚有2211箱至今仍存放在故宮博物院於南京建造的庫房中。

中華人民共和國成立以後，故宮博物院的體制有所變化，根據當時上級的有關指令，原宮廷中收藏圖書中的一部分，被調撥到北京圖書館，而檔案文獻，則另成立了"中國第一歷史檔案館"負責收藏保管。

50至60年代，故宮博物院對北京本院的文物重新進行了清理核對，按新的觀念，把過去劃分"器物"和書畫類的才被編入文物的範疇，凡屬於清宮舊藏的，均給予"故"字編號，計有711338件，其中從過去未被登記的"物品"堆中發現1200餘件。作為國家最大博物館，故宮博物院肩負有蒐藏保護流散在社會上珍貴文物的責任。1949年以後，通過收購、調撥、交換和接受捐贈等渠道以豐富館藏。凡屬新入藏的，均給予"新"字編號，截至1994年底，計有222920件。

這近百萬件文物，蘊藏着中華民族文化藝術極其豐富的史料。其遠自原始社會、商、周、秦、漢，經魏、晉、南北朝、隋、唐，歷五代兩宋、元、明，而至於清代和近世。歷朝歷代，均有佳品，從未有間斷。其文物品類，一應俱有，有青銅、玉器、陶瓷、碑刻造像、法書名畫、印璽、漆器、琺瑯、絲織刺繡、竹木牙骨雕刻、金銀器皿、文房珍玩、鐘錶、珠翠首飾、家具以及其他歷史文物等等。每一品種，又自成歷史系列。可以說這是一座巨大的東方文化藝術寶庫，不但集中反映了中華民族數千年文化藝術的歷史發展，凝聚着中國人民巨大的精神力量，同時它也是人類文明進步不可缺少的組成元素。

開發這座寶庫，弘揚民族文化傳統，為社會提供了解和研究這一傳統的可信史料，是故宮博物院的重要任務之一。過去我院曾經通過編輯出版各種圖書、畫冊、刊物，為提供這方面資料作了不少工作，在社會上產生了廣泛的影響，對於推動各科學術的深入研究起到了良好的作用。但是，一種全面而系統地介紹故宮文物以一窺全豹的出版物，由於種種原因，尚未來得及進行。今天，隨着社會的物質生活的提高，和中外文化交流的頻繁往來，無論是中國還是西方，人們越來越多地注意到故宮。學者專家們，無論是專門研究中國的文化歷史，還是從事於東、西方文化的對比研究，也都希望從故宮的藏品中發掘資料，以探索人類文明發展奧秘。因此，我們決定與香港商務印書館共同努力，合作出版一套全面系統地反映故宮文物收藏的大型圖冊。

要想無一遺漏將近百萬件文物全都出版，我想在近數十年內是不可能的。因此我們在考慮到社會需要的同時，不能不採取精選的辦法，百裏挑一，將那些最具典型和代表性的文物集中起來，約有一萬二千餘件，分成六十卷出版，故名《故宮博物院藏文物珍品全集》。這需要八至十年時間才能完成，可以說是一項跨世紀的工程。六十卷的體例，我們採取按文物分類的方法進行編排，但是不囿於這一方法。例如其中一些與宮廷歷史、典章制度及日常生活有直接關係的文物，則採用特定主題的編輯方法。這部分是最具有宮廷特色的文物，以往常被人們所忽視，而在學術研究深入發展的今天，卻越來越顯示出其重要歷史價值。另外，對某一類數量較多的文物，例如繪畫和陶瓷，則採用每一卷或幾卷具有相對獨立和完整的編排方法，以便於讀者的需要和選購。

如此浩大的工程，其任務是艱巨的。為此我們動員了全院的文物研究者一道工作。由院內老一輩專家和聘請院外若干著名學者為顧問作指導，使這套大型圖冊的科學性、資料性和觀賞性相結合得盡可能地完善完美。但是，由於我們的力量有限，主要任務由中、青年人承擔，其中的錯誤和不足在所難免，因此當我們剛剛開始進行這一工作時，誠懇地希望得到各方面的批評指正和建設性意見，使以後的各卷，能達到更理想之目的。

感謝香港商務印書館的忠誠合作！感謝所有支持和鼓勵我們進行這一事業的人們！

1995年8月30日於燈下

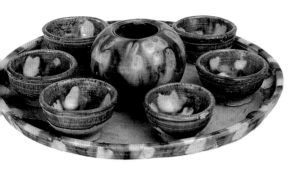

目錄

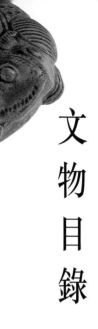

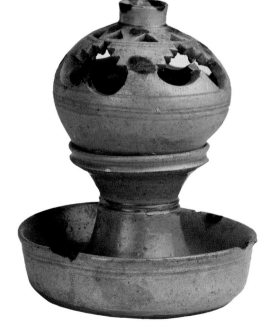

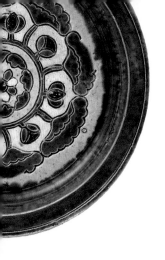

三國至五代年代表

三國 _220–265_

晉 _265–420_

南北朝 _420–589_

隋 _581–618_

唐 _618–907_

五代 _907–960_

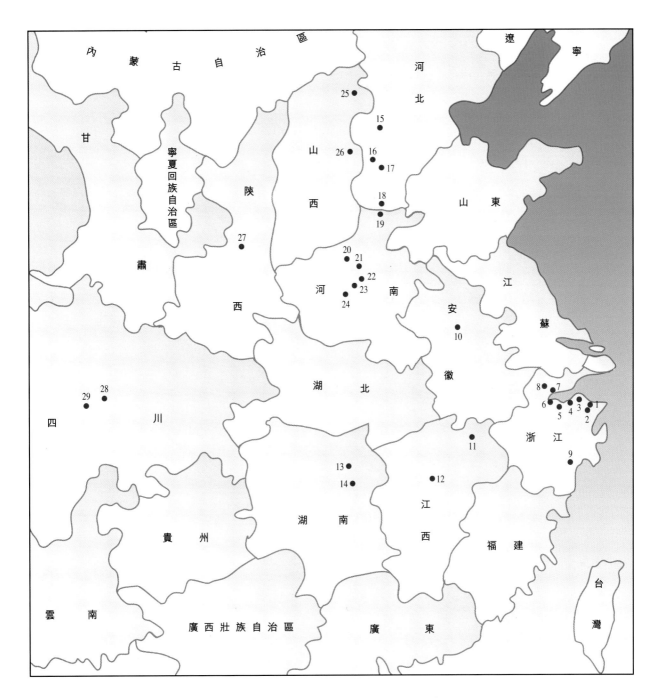

東漢至五代主要古窰遺址分佈圖

浙江：
1. 寧波
2. 鄞縣
3. 餘姚
4. 上虞
5. 紹興
6. 蕭山
7. 餘杭
8. 德清
9. 永嘉

安徽：
10. 淮南（隋以前叫淮南窰、唐代叫壽州窰）

江西：
11. 景德鎮
12. 豐城（隋以前叫豐城窰、唐以後叫洪州窰）

湖南：
13. 湘陰（隋以前叫湘陰窰、唐代叫岳州窰）
14. 長沙

河北：
15. 曲陽
16. 臨城
17. 內邱
18. 磁縣

河南：
19. 安陽
20. 鞏縣
21. 密縣
22. 禹縣
23. 郟縣
24. 魯山

山西：
25. 渾源
26. 平定

陝西：
27. 銅川

四川：
28. 成都
29. 邛峽

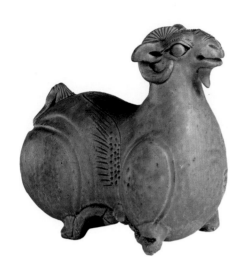

導言

青瓷的發展及南青北白的形成

李輝柄

中國陶瓷工藝以具有悠久歷史而著稱於世，早在新石器時代，人們開始使用陶器，隨着生產的發展，產生了瓷器，最早可追溯至商周時期的原始青瓷，乃至東漢時期的青瓷。爾後，中國瓷器生產又經歷了從青瓷到白瓷，從白瓷到彩瓷的不同發展階段。豐富多彩的瓷器，使中國在世界上博得了"瓷國"的稱譽。

對於中國陶瓷史的研究，主要依賴文獻和實物兩方面，尤其是古代陶瓷實物的遺存，是研究陶瓷史的基礎。故宮博物院藉着豐富的陶瓷藏品在陶瓷史研究方面具有舉足輕重的地位。院藏陶瓷的來源可分兩大部分，一為清宮舊藏，主要指宋代名瓷和明清官窯瓷器；一為1949年後新收文物，其中絕大部分為唐代以前的瓷器。這些院藏陶瓷從新石器時代直到清末，年代之全，數量之多，品種之豐，質量之精，在國內外堪稱首屈一指。

對於傳世陶瓷器，如何科學地判明其時代和產地，以及它的工藝特徵，是陶瓷研究中的關鍵課題。為此，從五十年代以來，故宮博物院便開始在全國範圍進行古代燒窯遺址的調查工作，經過幾十年的努力，取得了豐富的研究資料。同時更以墓葬出土瓷器與標本資料相印證，作為斷代的科學依據。由是故宮博物院的陶瓷史研究便有了突破性的進展，解決了一大批傳世陶瓷的斷代、窯口、工藝特徵等諸多問題。在《故宮博物院藏文物珍品全集》六十卷中，陶瓷類共有九卷，從中將披露本院最新的研究成果，並展示本院藏品的精華。

本卷為《晉唐瓷器》，所收文物雖然清宮舊藏的極少，但收進文物頗具代表性，精品較多，不僅彌補清宮舊藏之不足，更能系統地反映晉唐時期瓷器發展的概貌。由於五代瓷器與唐瓷關係密切，故併入此卷。唐三彩雖屬陶器，但它是唐代陶瓷的重要組成部分，因此也選入本卷。

青瓷的孕育與燒成

瓷器的產生是以瓷土作胎、高溫窯爐燒製和釉的發明為前提的。青瓷始出現於商代。商前期出現的"白陶"，雖屬陶器範疇，但器表局部出現了一層極薄的"光亮面"，這是由於使用新的原料——瓷土，在高溫窯爐內燒製而成的。受到這種現象的啟發，人們開始有意識地把配製的釉料施用於瓷土坯體上，經過反覆試驗，終於發明了釉。把已施釉的坯體放在高溫窯中煅燒，便誕生了青瓷。化驗結果表明，中國早期的高溫釉是由石灰石和瓷石相配合，在還原焰中燒成的。因瓷石一般都含有氧化鐵，所以釉呈青色。這種青瓷胎質堅細，胎色灰白、或純白、或略呈淡黃，少數為灰綠色，燒製火候一般高達攝氏1,100度至1,200度以上。胎體基本燒結，瓷化程度好，吸水性較弱，胎與釉結合緊密，不易脫落。這些特徵雖然表明其本質上已達到瓷器的標準，但因胎質的白度和透明度不夠，說明在原料與燒成上尚存在着一定的原始性，所以，考古工作者稱之為"原始青瓷"。

東漢青瓷的燒成，是中國陶瓷發展史上的一個重要里程碑。近年來，浙江、江蘇、江西、安徽、湖北、河南、甘肅等地的東漢遺址和墓葬中都出土了一些東漢青瓷，以直口高台肩四繫罐最具特色。同時，浙江的上虞、寧波和永嘉等地也發現東漢窯址多處，本院曾派人進行過窯址調查並採集到很多標本資料。（附圖一）據上海科學院硅酸鹽研究所對上虞小仙壇東漢窯址的出土標本的分析結果，其燒成溫度已達到攝氏1,310度左右，

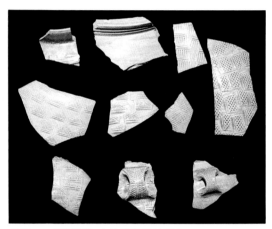

附圖一　東漢浙江小仙壇窯遺址出土

胎質燒結不吸水，顯氣孔率分別為0.60%和0.28%，顯微結構與近代瓷器基本相似。特別是胎質的白度與透明度也達到相當的水平，這正是中國青瓷燒製成功的重要標誌。從此陶與瓷就有了明顯的界限。從商周時期的原始青瓷到東漢時期青瓷的燒成，恰是青瓷生產由低級向高級的發展過程。

青瓷的發展與白瓷的出現

魏晉南北朝時期，由於社會長期處於分裂割據局面，青瓷的生產發展不平衡，有南方青瓷與北方青瓷之分，此為這一時期青瓷發展的重要特徵。

南方青瓷的生產主要集中在浙江地區，燒窯遺址在上虞、紹興、寧波、鄞縣、蕭山、德清、餘杭、永嘉等縣均有發現，其中以上虞縣最為集中。上虞地處杭州灣南岸，自然條件好，窯

址背靠羣山，瓷土蘊藏豐富，燃料充足，交通便利，是當時瓷器的生產中心。其窰址的遺存物的時代自三國至東晉、南朝均有發現，大都分佈在曹娥江中游兩岸。燒製器物有雞頭壺、四繫罐、香薰、唾壺、多格盤、虎子、硯台、水注、耳杯、碗、盤、洗等多種。此外，還有一些雞籠、豬圈、灶等明器。青瓷的裝飾，西晉時以印花為主，有弦紋、方格紋、棱形紋、網紋等，並組成條帶狀，裝飾在器物的肩部與腹部。東晉時，印花裝飾減少，多為褐色斑點，主要裝飾在器物的口沿部位。南朝時期，受佛教的影響，劃蓮花瓣紋開始流行。

南方青瓷在江浙一帶墓葬出土也極其豐富，其時代包括吳、西晉、東晉和南朝等時期。早在三十年代，浙江紹興曾發現一些黃龍、赤烏、永安、甘露、寶鼎、鳳凰、天冊、天紀等年號的三國孫吳時代的墓葬，從中出土了一些青瓷，其中以1935年出土的刻有吳 "永安三年"（公元260年）的穀倉罐最為有名，這件有紀年的器物為同類器物提供了斷代依據。這件器物的釉色已顯現較深的青綠色，施釉也厚，超越了早期釉薄、釉色淡綠帶黃的階段，使我們目睹了這個時期中國青瓷的燒製水平。[1]（圖1）五十年代以來，考古工作者又在南京、鎮江、太湖、揚州等地域的墓葬發掘出土了大量各個時期的青瓷，其中尤以南京為最，因為南京是六朝故都，出土的青瓷反映了南方青瓷不同時期的面貌及特徵。

考古資料證明，北方青瓷晚於南方。在中原地區魏末晉初的墓葬裏幾乎沒有發現瓷器。墓葬中出土瓷器的年代是從北魏遷都洛陽以後，至北齊時期驟增。1948年，考古工作者在河北景縣發現了一座北齊封氏墓，出土有四件青瓷大尊，其中有兩件收藏於故宮博物院。尊的造型宏大，全器以上覆下仰的蓮花組成，器身堆貼飛天、寶相花、獸面及蟠龍等紋飾。胎厚質堅，釉色潤澤，是北方青瓷的代表作。[2]（圖56、57）近年來，河北平山崔昂墓、河南安陽范粹墓、河南濮陽李雲墓等又陸續出土了不少青瓷，這才使人們對北方青瓷的發展有了一個約略的了解。

北方青瓷與南方青瓷在造型、胎釉、紋飾等方面均有所不同。北方青瓷器型較大，尊、瓶、罐、鉢之類居多；胎體厚重，胎色灰白；釉較厚，玻璃質強，流動性大，器表常有玻璃質流珠現象。器物多以蓮花瓣紋，忍冬紋裝飾，裝飾方法有堆貼、模印、刻劃多種。北方青瓷的造型和紋飾與當時佛教盛行有關。這點較之南方青瓷更為突出，是它們的不同點。

考古資料表明，白瓷是在青瓷發展的基礎上產生的。但白瓷又出現於何時？為甚麼白瓷不是在青瓷發達的南方地區最早出現，而首先產生與發展在北方呢？這是由於青瓷生產在南方具有悠久的歷史，並已成為人們日常生活中不可缺少的用具。人們的生活習慣和傳統風俗，在一段相當長的時期中，不是容易改變的。而在白瓷出現以前，北方還沒有形成普遍使用青瓷的習慣，在燒造工藝與技術上，北方也不如南方。北方青瓷的胎質不如南方致密，顆粒較粗，含砂子和雜質較多，孔隙度大，釉玻璃質高，透明度強，流動性也大，釉的呈色往往青中泛黃。這些特徵的形成與製瓷原料、窰爐結構以及燒窰所用的燃料等都有着直接的關係。後來為了彌補上述不足，提高青瓷質量，常常在胎上先施一層白色化妝土，然後罩釉入窰燒製。本來這樣做的目的是為了提高青瓷的呈色效果，結果由於北方青瓷的釉玻璃質強，流動性大，並具有較高的透明度等特徵，把這種釉罩在施過白色化妝土的瓷胎上，燒成後，就呈現出既非青瓷又非白瓷，而較接近於白色的瓷器。如果再把釉中的含鐵量減少，就能成功燒製白瓷了。也就是說，白瓷和青瓷唯一的區別就在於原料中含鐵量的不同，其他一切工序並無差異。可想而知，白瓷的出現是人們在燒製青瓷的過程中，有意識地減少胎、釉中含鐵量的結果。從這一點看，北方青瓷的發展中就孕育着白瓷的產生條件。北齊時期製瓷技術的迅速提高，為早期白瓷的出現創造了物質與技術的條件。

瓷器的發展與"南青北白"的形成

基於隋代結束了分裂割據局面，實現了全國統一，瓷器生產便能既繼承了北方青瓷的傳統風格，又吸收了南方青瓷的特點。隋代瓷窰的分佈，改變了南北朝時期瓷器生產的格局，使南北方瓷器生產並駕齊驅地向前發展。

考古資料證明，南北各地隋墓出土的瓷器絕大多數與鄰近瓷窰的產品特徵相同。如河南、河北、陝西等地隋墓中出土的器物，多四繫罐、高足盤、鉢形器和大小平底碗等。（圖71）這些器物在河南的安陽窰、鞏縣窰、河北的磁縣窰等三窰遺址中均有發現。安徽境內隋墓出土的器物中，常見的四繫瓶、高足盤與安徽淮南窰遺址出土器物同一風格。（圖66）湖南、湖北兩省隋墓出土的器物，器身多印花紋裝飾，其大多數可能出自湖南湘陰窰。四川出土的隋瓷多數與成都邛崍窰址出土器物相同。廣東地區目前雖尚未發現隋代窰址，但據出土物所具有的濃厚的地方特點，其窰址將來完全可能在這個地區發現。

根據上述已發現的隋瓷窰與隋墓出土器的對照印證，可以看出河南安陽窰、鞏縣窰，河北磁縣窰三窰器物基本相同，其特點均為胎質厚重，呈灰白色，釉為青色或青中泛黃，透明玻璃質釉，並均具有不同程度的流釉現象。施釉方法有蕩釉與蘸釉兩種，一般器裏面都採用蕩釉法，器外採用蘸釉法。器裏外施釉，器外施不到底。器物成形方法均為輪製，僅有少數附件為模製或捏製而成。窰具有大小鋸齒支托和三叉支具、扁圓形墊餅及筒形支具等。三窰均未發現匣鉢，可以看出其器是叠燒而成的。但三窰在燒造規模、燒製技術的高低及產品的精細程度上也有不同，其中以河南安陽窰生產規模最大，燒瓷品種最多，除日常生活用器外，還生產各種雕塑品與明器等。產品頗為精緻，許多器物上還飾有花紋，代表了這一時期北方瓷窰燒造水平。

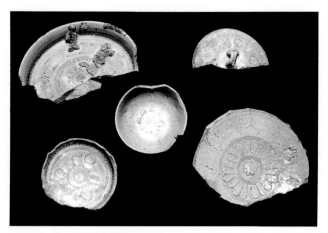

附圖二　隋湖南湘陰窰遺址出土

湖南湘陰窰與江西豐城窰，燒製器物較豐富，造型上也具有共同的特徵。四繫罐為淺盤口，圓腹或橢圓腹，平底，腹與肩部常飾以團花捲葉紋。這種罐顯然與河北、河南三窰的四繫罐有較大的不同。鉢形器底部豐滿，一般足徑較大。碗深形，斂口，小平底，並有凹圈。器裏、外施釉，器外施不到底。釉較薄，常有開片現象。釉色有青、黃、醬三大類。部分釉厚處因窰變而呈藍色或紫色。紋飾以印花為主，配以劃花的方法。高足盤中心部位以多層花紋裝飾，這是其他各窰所少見的。（附圖二）

安徽淮南窰既不同於河北、河南三窰，又與湖南湘陰窰有較大區別。淮南窰的四繫瓶與高足盤也獨具風格，罐的形制也不相同。胎質較粗且呈青灰色者多，胎中留有細小的砂粒，並存在着大小不同的氣孔，往往出現許多鐵色的斑點。釉為青色，有些器物呈現青中帶綠，青中帶黃，在積釉處往往還有紫翠色的窰變釉。（圖72）淮南窰的窰具較為簡單，在燒瓷技術上不如河南安陽窰，燒製的品種也較單調。

四川成都附近與邛崍縣一帶的瓷窰燒製的器物大致相同，具有濃厚的地方色彩。器物的胎質粗糙，胎色為紫紅色，釉均較薄，不甚透明，器裏、外施釉，外部施釉不到底。胎與釉之間普遍使用一層白色的化妝土，這是邛崍窰一個顯著的特點。高足盤的形制較矮，碗淺式，平底小足，亦獨具一格。

白瓷雖然在北朝時期已露端倪，但真正燒製成功則在隋代。考古證明，隋代白瓷燒製技術已臻完善並達到了可觀的水平。1959年，河南安陽發現隋開皇十五年（公元595年）張盛墓，出土了一批白瓷。這批白瓷雖然還帶有白中泛青的特徵，但較之北齊武平六年（公元575年）范粹墓出土的白瓷已勝一籌。胎釉中的含鐵量較前減少，燒成溫度有所提高，施釉技術也有改進，瓷器的造型豐富。在西安郊區發現的晚於張盛墓十三年的隋大業四年（公元608年）李靜訓墓出土的瓷器中，白瓷胎潔白，釉面光潤，胎色已完全看不到白中閃黃或白中泛青的痕迹，可名正言順地稱作白瓷了。這些白瓷中，尤以龍柄雙連瓶和龍柄雞頭壺為最佳。雙連瓶的造型奇特，製作精緻。龍柄雞頭壺雖是魏晉南北朝以來的傳統器形，但卻換以新的白色。西安郭家灘隋大業元年（公元605年）墓出土的白瓷瓶，姬威墓出土的白瓷蓋罐，更是隋代白瓷的成功佳作。故宮博物院收藏的一件隋代的白瓷罐（圖58）與姬威墓出土的完全相同，器物完整，胎質細膩，釉色純白。無疑為我們研究白瓷的發展提供了可靠的斷代依據。(3)

1982年，繼唐代邢窰窰址的發現，又在內邱與臨城交界處的賈村發現了隋代白瓷窰址一處，所燒白瓷既有灰白色胎上施化妝土的，也有不施化妝土的非常精緻的白瓷。燒製的碗均為深腹直壁，平底，與北方隋墓中出土的白瓷碗相同。（附圖三）隋代白瓷窰址在唐代邢窰範圍內發現，證明了在唐邢窰白瓷尚未出現以前，白瓷在這一地區已經發展起來。賈村隋代白瓷窰址的發現，不僅填補了陶瓷考古方面隋代白瓷窰的空白，證明了隋代白瓷燒製技術已趨完善，而且為判斷出土隋代白瓷的窰口問題提供了實物依據。

及至唐代，瓷器的製作又有了很大發展，南方以燒製青瓷為主，以浙江的越窰為代表，北方以燒白瓷為主，以河北的邢窰為代表，形成了“南青北白”的格局，這是唐代瓷器的主要特徵。直到五代時江西景德鎮燒出白瓷後，這個格局才被打破。唐代瓷器的品種與造型新穎多樣，茶具、餐具、酒具、文具、玩具、樂器以及實用的瓶、壺、罐等各

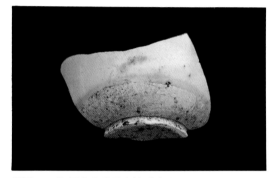

附圖三　隋河北內邱邢窰遺址出土

種器皿，幾乎無所不備。其製作之精細，遠勝前代。唐陸羽在《茶經》中就有“越磁類玉”與“邢磁類銀”的記載。儘管當時少數豪門權貴還留戀金銀、玉質器皿，但當時大部分器皿已逐漸被瓷器所替代。唐代瓷器造型多仿金銀器，這正是新舊風尚交替的反映。

唐代著名的青瓷窰，如陸羽《茶經》裏記載的越州窰、婺州窰、岳州窰、洪州窰與壽州窰等，都是在隋代瓷窰的基礎上發展起來的。越州窰歷史悠久，在唐代為全國之冠。本卷收入的唐越窰青釉壺，是著名瓷器研究家陳萬里先生捐獻故宮博物院的具有紀年的唐代作品。
（圖117）唐代越窰器，就是從此而確認下來的。越窰青瓷胎質細膩，釉質均勻，渾厚滋潤，品種繁多，有“如冰似玉”之譽。主要器物有碗、盤、壺、罍、瓶、罐、耳杯、盞托、粉盒、水盂、唾壺等。其中碗除玉壁形底碗、斂口淺腹平底碗外，還有荷花碗、荷葉碗、菱形花口碗等。盤類有翻口斜壁平底盤，敞口玉壁底盤，還有菱瓣口盤以及各式杯、蓋盒、盞托等。執壺的腹部為瓜棱形，碗盤的口沿多為葵花瓣形，蓮花瓣形，盞托亦為荷葉式等，實用而又美觀。這與當時所流行的金銀器皿有着密切的關係，也是瓷器逐漸替代金銀用器的反映。（圖108）

"秘色瓷"則是越窰青瓷中的佼佼者。晚唐
詩人陸龜蒙在《秘色越器》詩中讚美道：
"九秋風露越窰開，奪得千峯翠色來"，傳
神地描繪了秘色瓷的釉色。晚唐五代詩人徐
夤在《貢餘秘色茶盞》詩中云："捩翠融青
瑞色新，陶成先得貢吾君"，則讚詠了"秘
色瓷"為珍貴貢瓷。但"秘色瓷"究竟面目
如何呢？千百年來卻一直是個謎。1987年，
考古工作者在發掘陝西扶風縣法門寺唐代真
身寶塔地宮時，出土了大量珍貴文物，其中

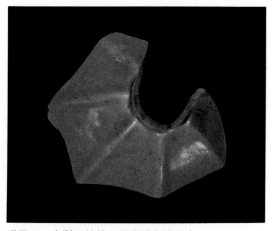

附圖四　唐浙江餘姚上林湖越窰遺址出土

有越州窰青瓷十四件。它們的造型莊重，綫條優美，質地優良，製作精美，多青綠色釉面，
晶瑩清澈，猶如一潭盈盈秋水。尤其是同時出土的金銀寶器衣物帳上已稱之為"秘色瓷"。
可見，當時所謂"秘色瓷"即是越州窰青瓷。這一重要發現為我們提供了秘色瓷的標準器
物，又由於法門寺地宮建於唐懿宗咸通十五年（公元874年），所以"秘色瓷"燒造時間的下
限至遲也應在咸通十五年之前。⑷故宮博物院藏有三件與法門寺地宮出土器物形相同的越窰
八棱直頸瓶（圖120、121、122），而且在調查浙江上林湖越窰遺址時，也拾到過器型相同的
瓷片標本，這就更加證實了秘色瓷就是越州窰青瓷。（附圖四）

邢窰是唐代著名瓷窰之一。在中國陶瓷發展史上佔有十分重要的地位。邢窰遺址先後在河北
省臨城縣與內邱縣境內發現，然而，根據李肇《國史補》"內邱白瓷甌"的記載，窰址的中
心地區應為內邱。多年來，人們對邢窰瓷器的認識是據《茶經》的記載，稱其質"如雪"。
但就臨城祁村窰與內邱窰遺址出土瓷片看，釉色有白、黑和褐黃三種。白瓷又有粗細之分，

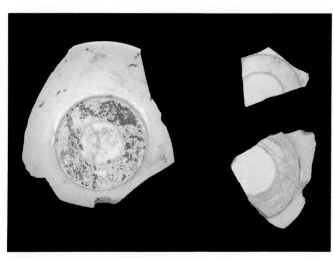

附圖五　唐河北內邱城關邢窰遺址出土

而以粗者居多。這説明《茶經》
中所描寫的僅是其中少量精品。
其精品是選用優質瓷土燒成，胎
質堅實細膩，胎色潔白如雪，釉
質瑩潤，精者薄如蛋殼，透明性
能極佳，當是以還原焰燒成。
（附圖五）一般器物純白光亮，
有些則白中微微泛青。器型有
盤、碗（圖82）、杯、托、瓶、
壺、罐和注子等。碗有多種造
型，最多的為淺形敞口碗，碗身

呈45度角斜出，環口沿外部有一周凸起，底平坦，中心凹入，施釉，形如玉璧。內邱城關地區白瓷窰燒製的玉璧形底碗與臨城祁村窰同類的精品相同，不過內邱產品在碗底中心往往刻劃有一"盈"字。西安唐西明寺遺址與唐大明宮遺址中出土有帶"盈"字款的碗底殘片，與內邱城關邢窰遺址出土者相同，應為邢窰的產品。[5]

五十年代以來，唐墓中出土了不少白瓷，以陝西、河南、河北出土為多，其中不乏精品，尤以邢窰為最。

唐代後期，邢窰由於製瓷原料匱乏等原因，漸趨衰落，河北曲陽定窰繼之而起，成為北方著名的白瓷窰。定窰白瓷在造型、釉色上均可與邢窰匹敵。其釉色或為純白，或白中閃青，部分器型模仿邢窰，燒製的玉璧形底碗，在造型、釉色上與邢窰大體相同，但有淚痕。（附圖六）有的碗口翻捲形成凸起帶狀唇口，有的較寬，有的較窄，由於這是將碗口翻折黏合而成，所以碗口沿截面就形成一個圓孔，這類碗有玉璧形底和寬圈足兩種。

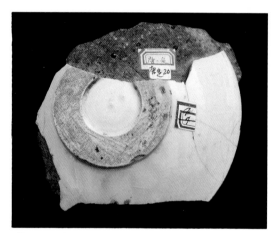

附圖六　唐河北定窰遺址出土

（圖97）另一部分器皿的造型是着意模仿當時盛行的金銀器而又融合瓷器的特點創造而成，有各種碗、盤、杯等，一般胎體較薄，多採用花口、起棱、壓邊的作法。這類瓷器製作精細，造型優美，胎質潔白細膩，瓷化程度極高，具有一定程度的透明性。凡帶有"官"、"新官"款之定器，均屬此類。唐代定窰白瓷向以素面為其特色，至五代，始見少量的刻劃花裝飾。（圖226）

除邢窰與定窰外，河南鞏縣窰、密縣窰，山西平定窰與渾源窰等，也都以燒白瓷為主。正因為有眾多白瓷窰的出現與發展，在北方就形成了以邢窰為代表的白瓷系統，並與南方青瓷形成對峙局面。

陶瓷生產的新成就

唐代陶瓷生產除了"南青北白"兩大系統外，同時在南方出現了釉下彩瓷器，在北方又誕生了"花瓷"與三彩陶器等新品種。釉下彩是先在胎坯上用筆畫出花紋，然後施釉，入窰燒製而成。唐代越窰青瓷採用刻劃花裝飾的同時，釉下褐彩已經出現。浙江臨安唐水邱氏墓出土的越窰青瓷釉下褐彩捲雲紋燈、雲氣紋蓋罌以及釉下褐彩雲紋香爐等都是例證。[6]然而，越窰的釉下褐彩並沒有發展起來，唯獨湖南長沙窰發展了釉下彩繪，它代表了從注重瓷器的釉色美轉移到表現瓷器彩色裝飾美的新方向，為瓷器裝飾開闢了一條新的途徑。由於長沙窰瓷器以釉下褐綠彩和模印貼花為其主要特徵，因而它的窰址未被發現前，人們往往將出土的長沙窰瓷器中帶褐綠彩的器物誤定為"唐三彩"，對不帶彩的青瓷，又以"岳州窰"視之。據資料證明，長沙窰始於中唐，盛於晚唐和五代，是在湖南岳州窰基礎上產生和發展起來的。

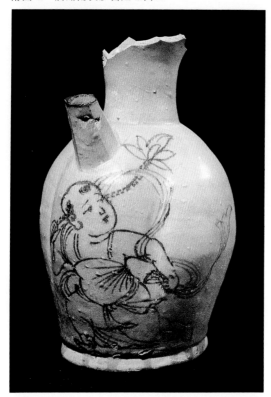

長沙窰是釉下彩的首創者，它從單一的褐彩逐漸發展為褐、綠兩彩。紋飾取材從褐色到褐、綠兩色相間的圓點圖案，發展到物態寫實。（附圖七）褐彩的原料為氧化鐵，由於它在高溫下煅燒時具有不流散的特點，所以長沙窰往往用單一的褐彩繪製瓷畫，色澤穩定，綫條流暢，猶如用墨在紙上作畫一樣。綠彩的原料是氧化銅，它在高溫下容易流散，因此往往用來填彩。有時用綠彩勾勒樹葉與花瓣，褐彩則用來畫葉莖與花蕊，效果亦佳。此外，根據褐、綠彩的不同特點和功用，也有用褐彩畫綫，用綠彩作渲染的，這就如同國畫以濃墨勾綫條，再以淡墨渲染一樣。（附圖八）長沙窰的釉下彩繪儘管只有褐、綠兩色，然而，根據瓷畫需要與褐、綠兩彩不同的性能，巧妙地交替或重複運用，取得了色彩多變的藝術效果。（圖138）

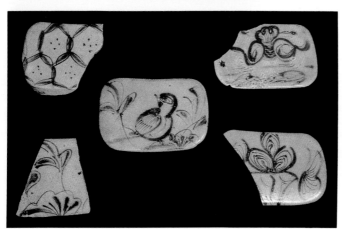

"花瓷"的出現，是唐代陶瓷工藝又一大成就。所謂"花瓷"是指黑釉帶乳白色或乳白中呈現針狀藍色斑的瓷器。器型主要有壺、罐、拍鼓（或稱腰鼓）等，故宮博物院藏唐黑釉藍斑拍鼓是其代表作。（圖189）這種瓷器曾在古董市場中出現並被稱為"唐均"。五十年代以

來，"花瓷"在河南鄭州、泌陽、郟縣等地的唐墓中出土較多，由此推測其窯址可能就在這些地區。據唐人南卓《羯鼓錄》記載："不是青州石末，即是魯山花瓷……且懿用石末花瓷，因是腰鼓……"，由此可知它的產地在河南魯山。1977年，故宮博物院第三次派人赴魯山調查，終於在魯山段店窯址中發現黑釉斑點腰鼓的殘片多件，與故宮博物院所藏腰鼓完全相同。證實了文獻記載的可信。(附圖九) 而且得知，燒"花瓷"的窯址除郟縣黃道窯、魯山段店窯外，還有禹縣的上白峪窯也發現腰鼓殘片。

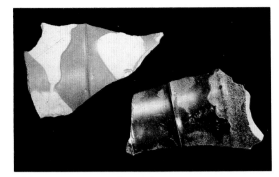

附圖九　唐河南魯山窯遺址出土

唐代陶瓷生產中的另一突出成就，就是唐三彩的燒成與發展。由於唐三彩主要作為明器之用，它的出現與發展是唐代厚葬之風的產物。唐三彩雖是陶器，但與一般低溫釉陶不同，它的胎體用白色黏土製成（高嶺土），釉料利用數種金屬氧化物為着色劑，主要有氧化銅（綠色）、氧化鐵（黃褐色）、氧化鈷（藍色）等，並用鉛作熔劑，利用鉛在燒製過程中之流動性燒成黃、赭黃、翠綠、天藍、褐紅、茄紫等各種色調，斑斕絢麗，光澤奪目。它的燒製工藝是兩次燒成，先是在攝氏1,100度左右的高溫下燒出素坯，然後在燒過的坯體上施釉，再以攝氏900度低溫燒成。

唐三彩器可分三類：一類是生活用器，有瓶、壺、罐、鉢、罍、杯、盤、碗、盂、燭台、枕頭等十餘種；每一種又有許多式樣，如瓶就有雙龍耳瓶，雙繫扁瓶，花口瓶，洗口瓶和細頸瓜腹瓶多種。一類是人俑和動物模型，人物有貴婦俑，男女侍俑，文官俑，拉馬俑，胡俑，天王俑等；動物有馬、驢、駱駝、豬、牛、羊、狗、雞、鴨等。再一類是居室苑囿及用具等各種模型，常見的有亭台樓閣，假山水樹，各種房屋、倉庫、廁所、車、櫃等等。凡死者生時所享用的物事無不具備。

由於盛唐文化的發達，唐三彩的生產在品類、造型及裝飾風格上也受到了文學、書畫、音樂、舞蹈、建築、雕塑等各種藝術的影響，成為陶瓷藝術品中一支獨放異彩的奇葩。

唐三彩陶器的製作始於何時，從有紀年的唐墓考察，唐高宗以前時期的唐墓未見三彩器出土。這似乎說明三彩陶器始燒於唐高宗時期。三彩器在唐墓中作為一種盛行的隨葬品，大約在唐高宗至唐玄宗時期（公元650—756年）。三彩生活用器的出現要早於三彩俑，武則天以後的墓葬中三彩俑才較多地出現。唐開元、天寶年間（公元713—756年）是燒唐三彩的高峰時期，不僅產量大，質量高，色彩絢麗，造型多樣，而且三彩俑人體結構準確，形態逼真傳神。天寶以後三彩的數量逐漸減少。至中晚唐以後，三彩明器逐漸被瓷器所取代。

除西安、洛陽唐墓出土三彩器外，還有江蘇揚州，山西、甘肅兩省的唐墓，其他省區很少，這種情況似乎說明以三彩器隨葬主要流行於豪門貴族聚居的西安和洛陽二京。

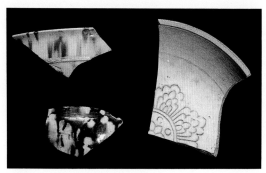

附圖十　唐河南鞏縣窯遺址出土

近些年在河南鞏縣發現唐三彩的窯址，同時出土有貼花陶範等。（附圖十）鞏縣窯發現後，雖然可以據出土標本推知洛陽唐墓出土的部分三彩陶器中有鞏縣窯的產品，但鞏縣窯址卻沒有三彩俑類標本。洛陽唐墓出土的三彩俑很多，推測當有專燒三彩陶俑的窯場。值得提及的是，西安出土三彩陶器的數量多於洛陽，特別是大型陶塑，不可能從遠地運去。據此推測，西安附近也應有窯場。近些年來，燒製三彩的遺址在陝西銅川，河北臨城、內邱等地也有所發現。

五代十國時期的瓷器生產也是在唐代南北瓷窯的基礎上進行的。南方浙江越窯以及北方河北定窯是主要的燒瓷基地。江西的景德鎮窯雖然這時已經嶄露頭角，但主要是模仿燒製越窯青瓷與邢窯白瓷。

五代時定窯瓷器的釉色與晚唐相同，純白或白中閃青者居多。器類有碗、盤、燈、碟、盒、罐、瓶、枕頭和玩具等。每一品類的式樣繁多，即如食器的碗有近十種之多。碗、盤的胎質較之唐代輕薄，有的盤、碗口沿稍外撇，常作五花瓣口，外形亦是瓜棱形，圈足窄，製作精緻。（圖218）五代窯址中採集的器沿作四出花瓣的盤與江蘇新海連市五代墓出土的花瓣口沿盤相同。燈敞口，折沿，高圈足，腹部及圈足均施有弦紋。碟沿作葵花形，圈足，內底稍隆起，釉色白中泛青，有光澤，外壁釉厚處如堆脂，色淡青，近底露胎，這類白瓷碟在湖南長沙五代墓亦有出土。

五代定窯瓷器上已開始出現劃花裝飾，綫條洗練，但較簡單。晚唐五代時期，定窯燒瓷所用的燃料是木柴，是燒還原焰最理想的燃料，這時期的定窯白瓷是在還原焰中燒成的，它的釉色純白或白中泛青。唐五代時期的定窯還燒製一種"官"、"新官"字款的白瓷，這種白瓷加工精緻，造型新穎，釉色純白或白中閃青。在湖南長沙、浙江臨安等地的晚唐五代墓中均有出土。（圖221）

五代時期的越窰青瓷，質地細膩，製瓷原料加工精細，胎質淺灰色，胎壁薄，器型規整，器表光滑，口沿細薄，轉折處分界鮮明，給人以輕巧之感。器物施釉薄而勻，明顯與唐代越器不同。

越窰青瓷在晚唐五代時期即有“秘色瓷”之稱。這類越窰青瓷在考古發掘中也出土不少。吳越國都城杭州市郊玉皇山麓錢元瓘墓，杭州施家山錢元瓘次妃吳漢月墓，臨安縣功臣錢玩墓等，出土了一批具有代表性的秘色瓷器，器型有碗、盤、洗、碟、盒、杯、鉢、釜、燈、罐、罍、缸、執壺和唾壺等。五代初期越窰瓷器仍以光素無紋飾為主，間有用刻花裝飾的，繁縟的刻劃花甚少見，着力於造形的秀美，是五代越窰的主要特徵。

江西景德鎮窰的瓷器名聞天下，但對於它的始燒年代目前尚無定論。五十年代初，考古工作者在湘湖與湖田一帶考察時，在石虎灣的公路上和勝梅亭的山坡上發現不少青瓷和白瓷碎片。這些年來，又在湖田與黃泥頭發現與石虎灣、勝梅亭相同的遺址。這些窰都燒造青瓷與白瓷，用叠燒法，碗心都黏有支燒痕，器物變形較多。青釉色調偏灰，白釉色調純正，潔白度很高。由於它們的造形特徵與五代墓出土的相同，故以上遺址均應屬五代時期的窰址。景德鎮五代瓷窰均燒製青瓷和白瓷。青瓷與唐五代越窰相似，質優的可以亂真，即所謂“艾色”。白瓷胎致密，色調純正，與邢窰白瓷接近，且透光度較好。

五代時期瓷器從唐代的雍容渾厚發展到優美秀致，這不僅是審美觀點的變化，也是工藝上進步的反映。五代製瓷工藝的改進主要有以下幾個方面：

（1）為追求薄胎，對製瓷原料的加工更為精細，使燒成的胎質越加致密，玻璃化程度更高。

（2）五代時期大件器物的燒成，與相應的成型技術的提高緊密相關。五代的盤、碗胎質較薄，器皿口沿常作花瓣形，有三瓣、五瓣、六瓣、八瓣不等，皆圈足。另有四方形者，足壁有寬、窄兩種。寬者足直而矮，窄者足高而外撇。盞托壓邊成荷葉形，托則折腰、圈足而外撇。執壺常起棱作瓜形，流較長而微彎。杯有仿造金銀器者，另有深形杯，作海棠式，高喇叭圈足。這些器物的成型難度均較大，表現出五代時期在成型技術上有新的突破，為北宋製瓷工藝的發展奠定了基礎。

（3）裝燒技術的改進更具有開創性。五代的所謂“秘色瓷”與北方白瓷呈色穩定性進一步提高，明顯反映出窰爐結構的改進。其中成功地控制窰爐還原氣氛更是一項重要成就。

（4）匣鉢裝燒較唐代更為普遍，使瓷器的呈色均勻純淨。為了使器物的外觀完整，提高其實用價值，支釘不僅小，並支在器物的不顯眼之處。五代滿釉瓷器的燒造成功，是支燒工藝提高的體現。

唐五代陶瓷的外銷

唐五代生產的瓷器，不僅供應國內，而且開始大量銷往海外。在航道未通以前，外銷主要渠道是"絲綢之路"，即由西安出發，經新疆、中亞直至波斯等地。在伊斯蘭時代的達希爾王朝、沙法維王朝的首都——尼夏普爾就發現了晚唐時期的越窰青瓷、定窰白瓷以及長沙窰瓷器。由於陸路運輸困難很多，所以當時瓷器出口的數量不多。唐海上航道打通以後，為瓷器的大量外銷創造了條件。大約在公元九世紀後，中國瓷器多數是從廣州出口的，經越南、馬來半島、蘇門答剌等地以及印度、斯里蘭卡，再西至阿拉伯（大食），然後再銷往世界各地。因此，在沿"絲綢之路"與航海綫路的許多國家和地區的古代遺址中，都發現不少中國唐代瓷器。其中除有越窰青瓷、邢窰與定窰白瓷外，還有湖南長沙窰瓷器等。白瓷中以定窰白瓷居多。唐代後期，定窰在產量上逐漸超越了邢窰。因此，邢窰白瓷外銷雖早於定窰，但在數量上卻遜於定窰。現在邢窰遺址的發現以及對定窰的再調查表明，曾被誤定為邢窰的大部分外銷瓷應是定窰的產品。

在中國瓷器外銷的同時，在瓷器的造型、紋飾等方面也吸收了外域文化的風格，如唐青釉鳳頭龍柄壺，就是參照波斯（今伊朗）鳥首壺的式樣燒製的。（圖172）湖南長沙窰瓷器上的帶彩堆貼胡人舞樂圖、獅形圖、彩繪的椰林、葡萄以及一些鳥鵲等，顯然具有西亞波斯風格。這些都是中外文化交流的印證。

註釋：

（1）《陳萬里陶瓷考古文集》，紫禁城出版社、兩木出版社，1990年。

（2）《馮先銘中國古陶瓷論文集》，紫禁城出版社、兩木出版社，1987年。

（3）陝西省文物管理委員會：〈西安郭家灘隋姬威墓清理簡報〉，《文物》8期，1959年。

（4）李輝柄：〈略談法門寺出土越窰青瓷〉，《文物》10期，1988年。

（5）中國科學院考古研究所、西安唐城工作隊：〈唐長安西明寺遺址發掘簡報〉，
《考古》1期，1990年。

（6）明堂山考古隊：〈臨安明堂山唐水邱氏墓發掘報告〉，《浙江省文物考古所學刊》，
1981年。

三國至隋

Three Kingdoms to Sui Dynasty

青釉穀倉罐

三國（吳）
高46.4厘米　底徑15.3厘米
1935年於浙江紹興出土

Model of granary in green glaze
The Three Kingdoms (State Wu)
Height: 46.4cm
Diameter of bottom: 15.3cm
Unearthed in 1935 at Shaoxing,
Zhejiang Province

1

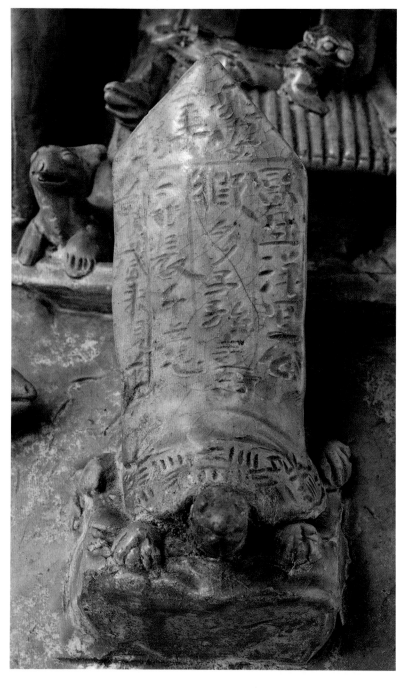

器頂部塑一組建築。四周環以院牆，牆正中開對稱大門，廡殿式門樓；院中央為歇山頂二層樓房一座。器肩部有寬簷，上塑四小罐，間塑朱雀、佛像、熊和二十隻飛鳥，還有鼓瑟、鳴竽、操琴、吹笙、擊鼓、雜技、舞蹈的伎樂俑。中設有廡殿式前後雙闕門。器身為一大罐，罐肩一周正面為一龜，龜背駄一碑，碑面上刻"永安三年時，富且祥，宜出卿，多子孫，壽命長，千意萬歲未見英。"碑左右各有一狐，左方有龜、鹿、狗，並刻劃"飛鹿句五種"五字。右方為一豬，一人持矛做刺狀，豬後為一奔獸，後面又有雙魚

及奔獸。近底無釉，平底。器身絕大部分施青釉。

此器結構複雜，卻製作精細，主次分明，錯落有致，製作者採用了模印、捏塑、黏接、刻劃、鏤雕等多種技法，達到了完美的藝術效果。

此器為明器，據考古調查，器物內曾放有稻粒。"永安三年"款不僅提供了斷代的依據，而且反映了這個時期中國青瓷的燒製水平。

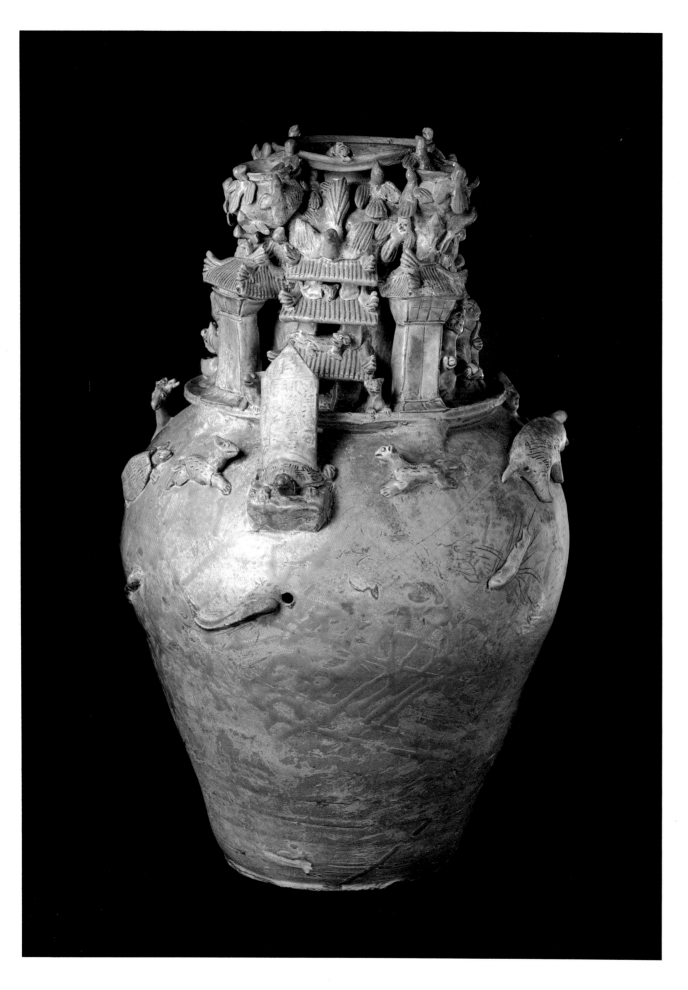

青釉杯盤

2

西晉
高3厘米　口徑16.2厘米　底徑12厘米

Green glazed plate with cups
Western Jin Dynasty
Height: 3cm　Diameter of mouth: 16.2cm
Diameter of bottom: 12cm

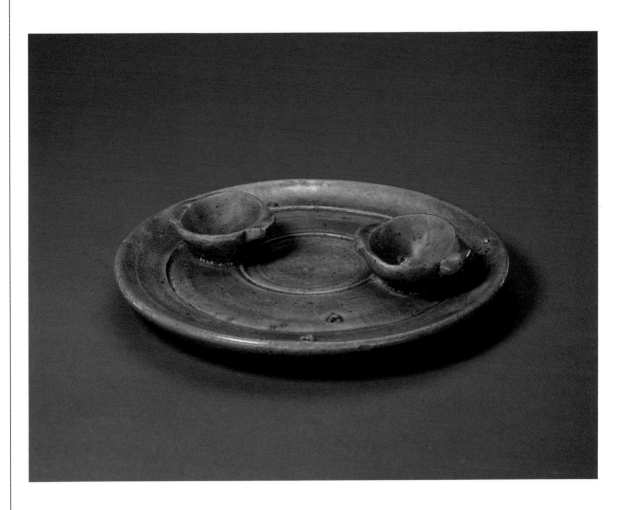

此杯盤敞口，平底，淺壁，上置一對耳杯，耳杯也稱羽觴杯。是西晉較為
流行的瓷質明器之一。墓葬出土較多。杯盤通體施青釉，釉勻淨光潤。底
無釉，露胎處有二周圈形窯具的支燒痕。

青釉印花钵

西晉
高7.2厘米　口徑15.7厘米　底徑9.5厘米

Alms-bowl with impressed decoration, green glaze
Western Jin Dynasty
Height: 7.2cm　Diameter of mouth: 15.7cm
Diameter of bottom: 9.5cm

3

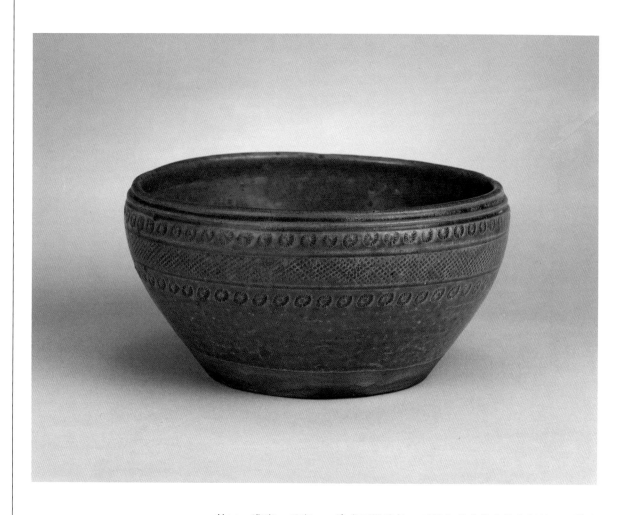

斂口，淺腹，平底。口邊有兩道弦紋，下戳印菊花紋和模印網紋。通體施青釉。印花為西晉時流行的裝飾技法，用帶有花紋的戳或模印在瓷坯上的紋飾稱為印花。

青釉貼花洗

西晉

高9厘米　口徑20.7厘米　底徑15.7厘米

Green glazed washer with applied floral decoration
Western Jin Dynasty
Height: 9cm　Diameter of mouth: 20.7cm
Diameter of bottom: 15.7cm

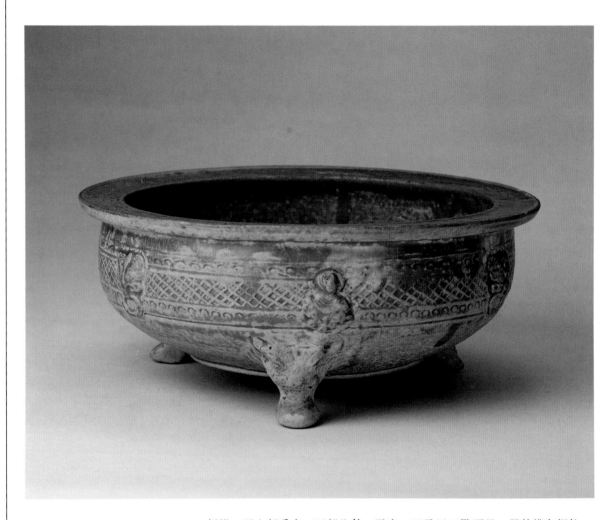

折沿，耳上部垂直，下部收斂，平底，下承以三獸頭足。器外模印網紋一周，上下各有戳印紋一周，外施青釉，有流釉痕迹。

此洗形制為當時流行式樣，説明這時期在人們日常生活中，瓷器已佔有較重要的地位，並有替代陶器、青銅器的發展趨勢。

貼花是陶瓷裝飾的技法之一，亦稱模印貼花。先模印出花紋，然後貼在坯體上，使花紋凸起，具有立體效果。

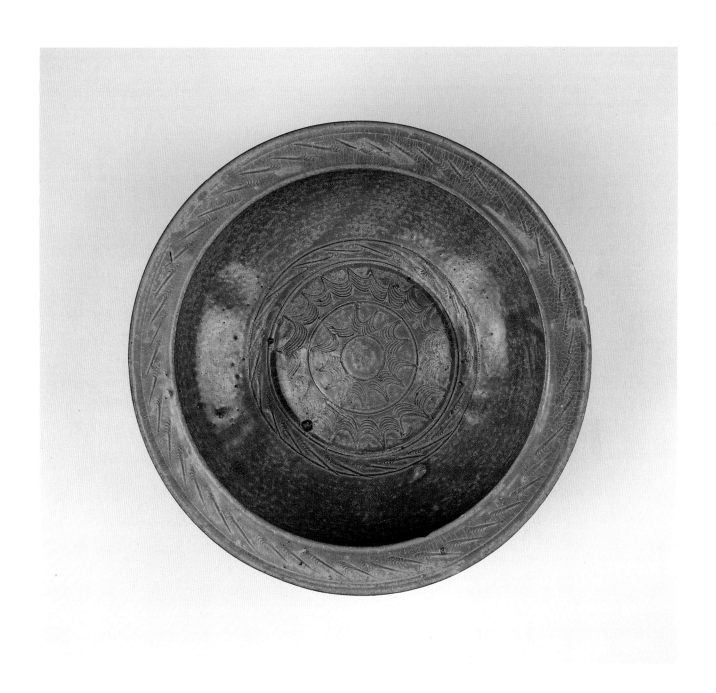

青釉魚簍紋洗
西晉
高3.9厘米　口徑6.9厘米　底徑6.6厘米

Green glazed washer with reticulated pattern
Western Jin Dynasty
Height: 3.9cm　Diameter of mouth: 6.9cm
Diameter of bottom: 6.6cm

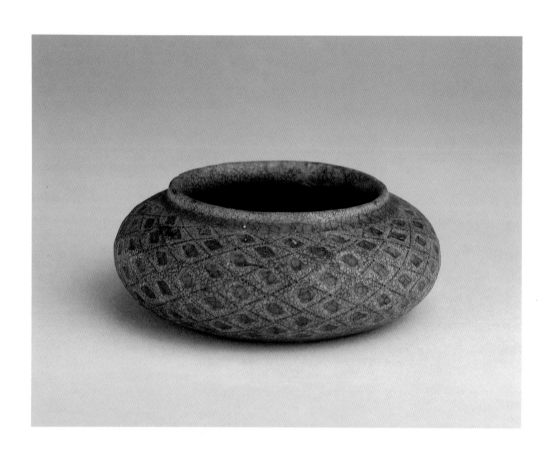

唇口，扁腹，平底，腹部印網紋。胎質致密，釉色瑩潤清澈，具有質樸、
自然的特色。

青釉六足洗
西晉
高9.3厘米　口徑15.5厘米　底徑16厘米

Green glazed washer with six feet
Western Jin Dynasty
Height: 9.3cm　Diameter of mouth: 15.5cm
Diameter of bottom: 16cm

6

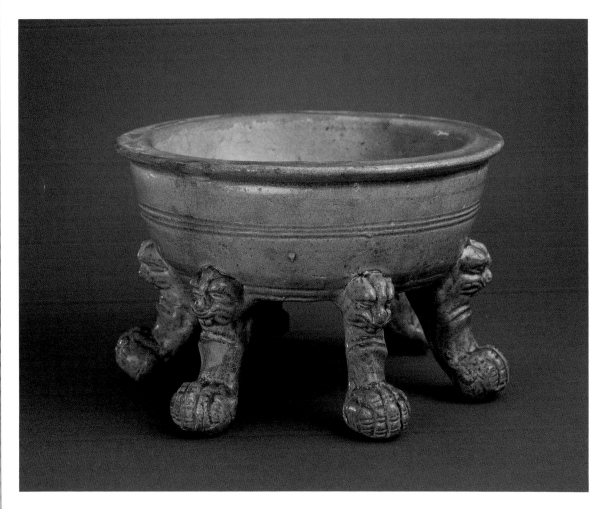

洗折沿，扁腹，下部收斂，平底。下以六獸頭為足，器外模印網紋一周，
上下各有戳印紋一道，沿面飾水波紋一周。裏外施青釉。

青釉乳丁罐

7

西晉
高22厘米　口徑14.7厘米　底徑12.5厘米

Green glazed jar with nipples decoration
Western Jin Dynasty
Height: 22cm　Diameter of mouth: 14.7cm
Diameter of bottom: 12.5cm

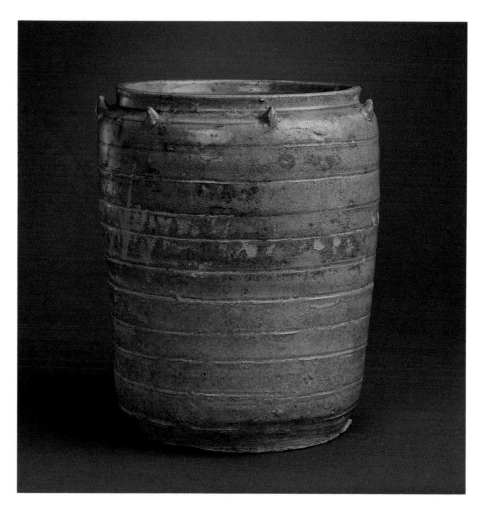

直口，折肩，筒形身，平底，頸部飾一周乳丁裝飾，通體施青釉。

罐呈筒狀，甚少見，此罐胎釉結合渾然一體，非常精美。

青釉網紋罐
西晉
高19.3厘米　口徑8.9厘米　底徑11.5厘米

Green glazed jar with reticulated pattern
Western Jin Dynasty
Height: 19.3cm　Diameter of mouth: 8.9cm
Diameter of bottom: 11.5cm

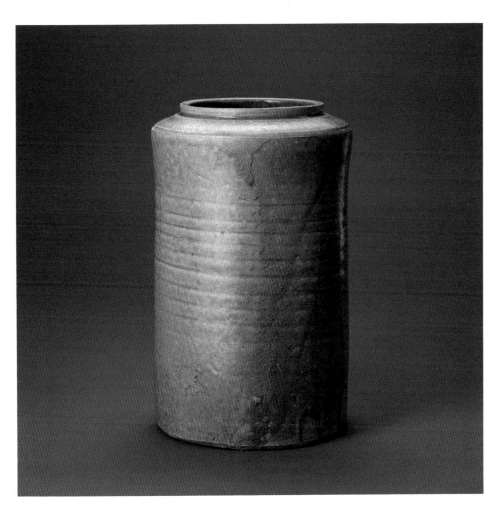

罐直口，折肩，平底。肩部印網紋，下弦紋一周，身部凸弦紋十周，足邊
漏釉。

此罐紋飾繁簡相間，以簡為主。肩部網紋繁密，罐體弦紋則簡略。

青釉魚簍罐

9

西晉
高9.6厘米　口徑11.1厘米　底徑12.5厘米

Green glazed jar in the shape of a fishing basket
Western Jin Dynasty
Height: 9.6cm　Diameter of mouth: 11.1cm
Diameter of bottom: 12.5cm

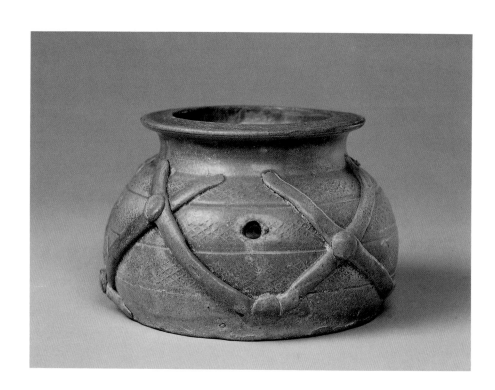

敞口折沿，頸短而闊，扁腹，平底。器身模印網格紋三周，四周各鏤一圓
孔，孔間堆貼交叉條帶紋，交叉及銜接處有圓扣，口、底及裏心無釉。

青釉啣環雙繫罐
西晉
高23.8厘米　口徑21.4厘米　底徑13.7厘米

Two-looped jar with beast-head ears holding
a loose ring, green glaze
Western Jin Dynasty
Height: 23.8cm　Diameter of mouth: 21.4cm
Diamerer of bottom: 13.7cm

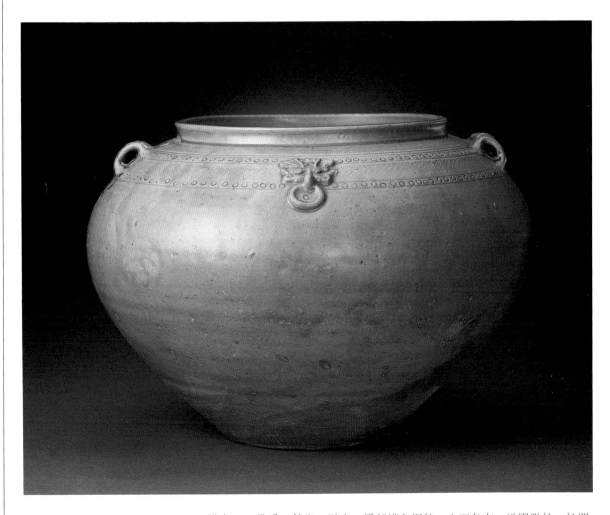

罐直口，豐肩，斂腹，平底。肩部模印網紋，上下各有一道圈點紋，紋間
刻四條弦紋。前後正中塑啣環獸面，左右各有雙立繫，繫面印錦紋。

青釉啣環雙繫罐

11

西晉

高26.6厘米　口徑14.9厘米　底徑11.2厘米

Green glazed jar with two loop handles holding
a loose ring

Western Jin Dynasty
Height: 26.6cm　Diameter of mouth: 14.9cm
Diameter of bottom: 11.2cm

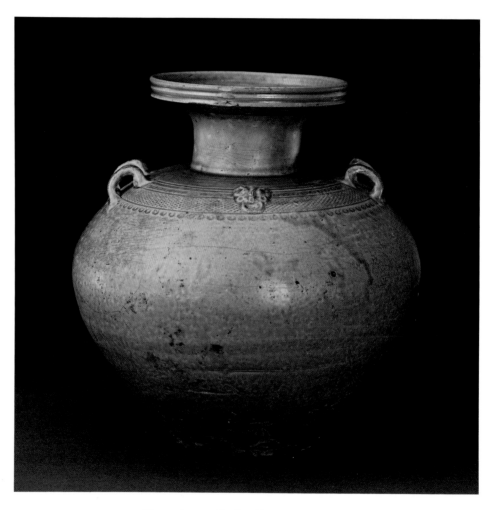

盤口，短頸，豐肩，斂腹，平底。外口凸起弦紋一道，肩上模印網紋一
周，上下各有戳印小菊花紋一周，紋間刻弦紋四道，肩兩面各堆貼一啣環
獸面，兩面各有一立繫，繫面模印網紋。

此器是西晉青瓷中的佳作，造型別致，釉色明淨，比東漢晚期有很大進
步。

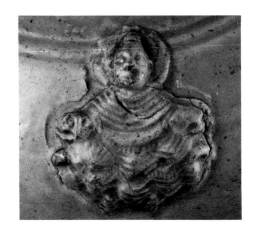

青釉貼花人物紋雙繫罐
西晉
高19厘米　口徑10厘米　底徑8.5厘米

**Two-looped jar decorated with Buddha's head
and flower, green glaze**
Western Jin Dynasty
Height: 19cm　Diameter of mouth: 10cm
Diameter of bottom: 8.5cm

12

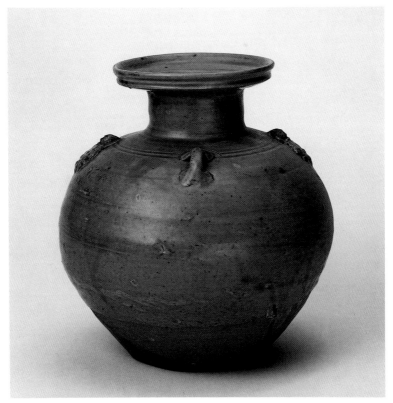

此罐盤口，短頸，豐肩，圓腹，肩兩側安雙耳，肩腹部兩面各貼塑一佛頭像，佛像下面有凸起的團形花。通體施青釉，釉色均勻，佛像的雕塑精巧細膩。

13

青釉印花雙耳罐
西晉
高16厘米　口徑17厘米　底徑15.6厘米

Green glazed jar with two ears and impressed decoration
Western Jin Dynasty
Height: 16cm　Diameter of mouth: 17cm
Diameter of bottom: 15.6cm

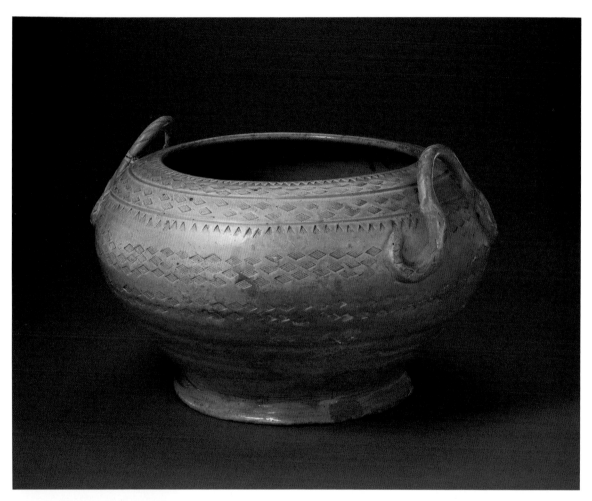

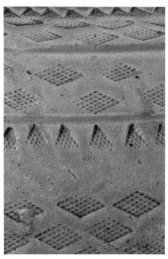

罐口內斂，圓肩，碩腹，腹以下斂，底外撇。上模印橫豎網紋多道，兩面
各有一繩耳，裏釉僅到口下，外部施釉至足際。

三國、兩晉時，瓷器上飾網紋較多，這是繼承陶器裝飾之故。早在新石器
時代仰韶文化陶器上，網紋就十分盛行。

網紋飾瓷器上，與陶器不同，通過釉的映襯，綫條尤為鮮明。

青釉鏤孔雙繫罐
西晉
高17.7厘米　口徑12.3厘米　底徑14厘米

Green glazed jar with two loops, openwork
Western Jin Dynasty
Height: 17.7cm　Diameter of mouth: 12.3cm
Diameter of bottom: 14cm

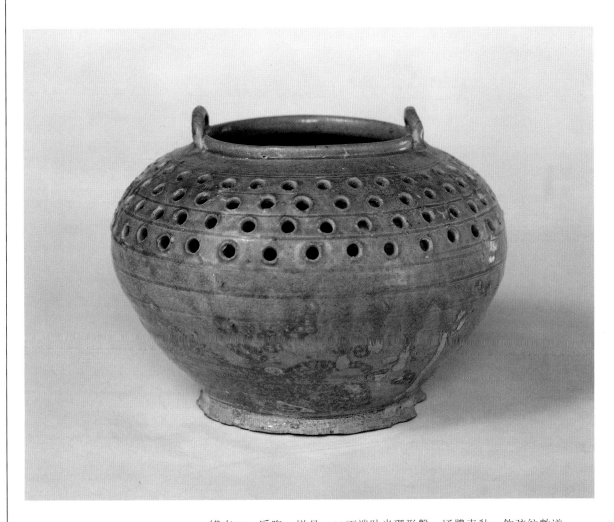

罐直口，扁腹，撇足，口兩端貼半環形繫。通體青釉，飾弦紋數道。

腹上部滿飾鏤孔，可能屬薰一類的器物。

此器釉厚處色調較深，釉薄處則淺淡，整體效果晶瑩明澈。

青釉三足硯

西晉

高3.8厘米　口徑13.6厘米　底徑12.4厘米

Green glazed inkstone with three feet

Western Jin Dynasty

Height: 3.8cm　Diameter of mouth: 13.6cm

Diameter of bottom: 12.4cm

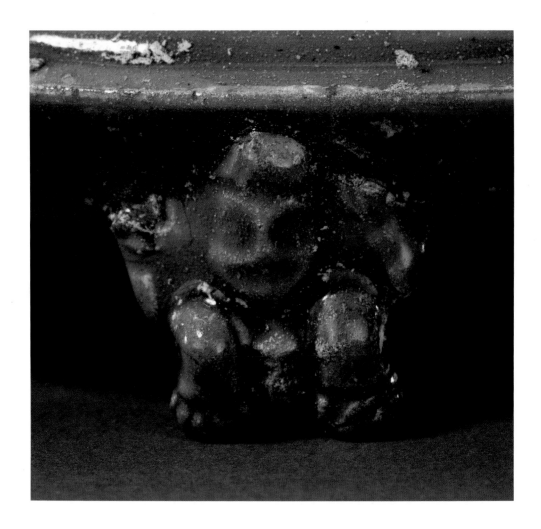

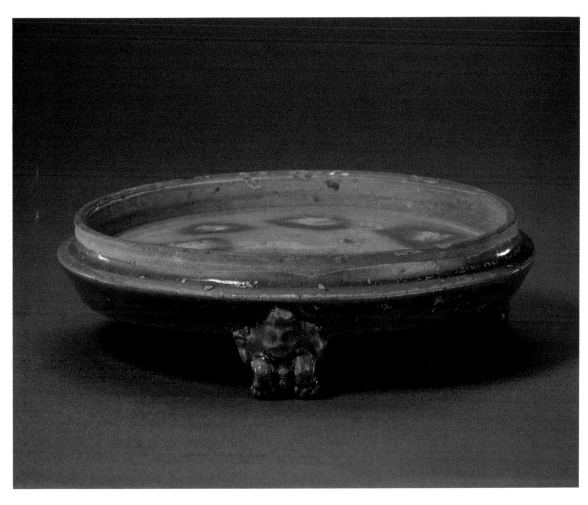

硯直口，硯心坦平，平底，下承以三人形足，人做蹲狀，雙手上擎做托舉姿勢，裏有七塊紅色支燒痕。底刻劃雙弦紋兩周，外部滿釉。

16

青釉四足硯

西晉

高5.5厘米　口徑29.2厘米
底徑31.5厘米

Green glazed inkstone with four feet

Western Jin Dynasty
Height: 5.5cm
Diameter of mouth: 29.2cm
Diameter of bottom: 31.5cm

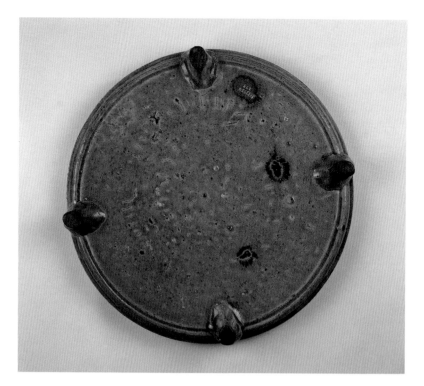

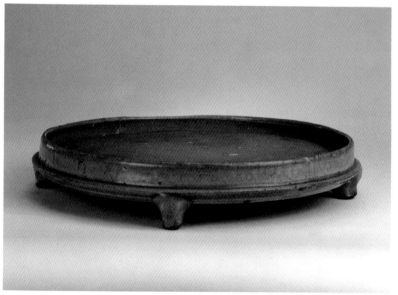

硯直口，平底，下承以四獸足。

瓷硯始見三國時期，多為圓形，三足，西晉以後出現四足。此硯上有蓋，
硯與蓋子母口相合，下承以四獸足。

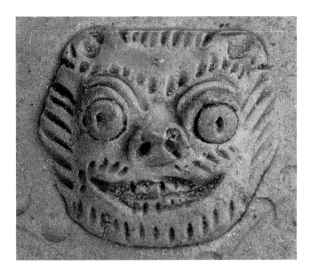

青釉雙繫獸面扁壺
西晉
高14厘米　口徑4.1厘米
底徑4厘米

**Two-looped flask with beast-mask
decoration, green glaze**
Western Jin Dynasty
Height: 14cm
Diameter of mouth: 4.1cm
Diameter of bottom: 4cm

17

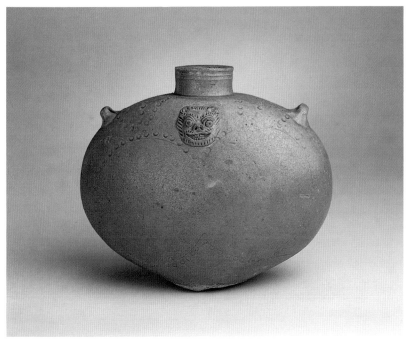

壺直頸，扁腹，平底。肩安雙繫，腹部相對處飾凸塑獸面。通體施青釉。

這種形制在同時代器物中較為少見，係仿青銅器形制燒造。此壺莊重規
整，樸實自然，釉色勻淨，略有開片。

青釉啣環雙繫壺

西晉

18

高20.9厘米　口徑12.3厘米　底徑10.2厘米

Two-looped pot with beast-head ears holding
a loose ring, green glaze
Western Jin Dynasty
Height: 20.9cm　Diameter of mouth: 12.3cm
Diameter of bottom: 10.2cm

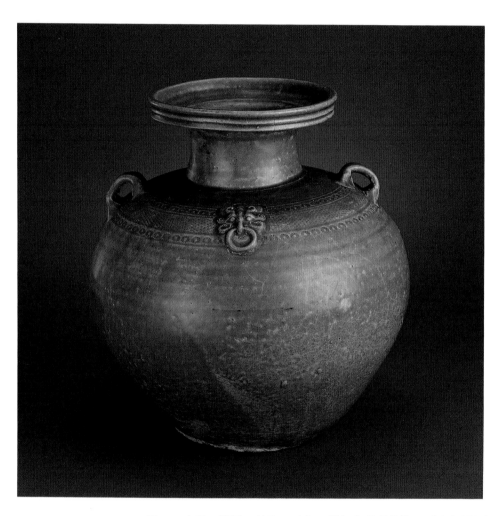

盤口，束頸，豐肩，斂腹，平底。肩部安啣環裝飾，肩腹處刻網紋。通體
施青釉。

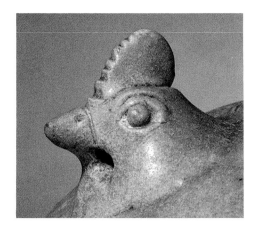

青釉雞頭壺
西晉
高9厘米　口徑4.5厘米　底徑5.3厘米

Green glazed pot with chicken-head spout
Western Jin Dynasty
Height: 9cm　Diameter of mouth: 4.5cm
Diameter of bottom: 5.3cm

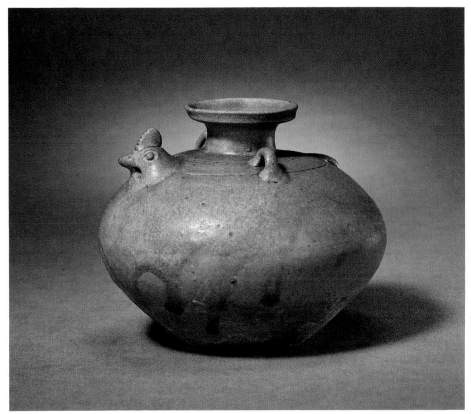

雞頭壺始見於晉，延續至唐代初期。此壺在小盤口壺的肩部一面貼雞頭，另一面貼雞尾，頭尾前後對稱。肩部安雙繫，鼓腹、小底。通體施青釉，釉面瑩潤光潔。東晉雞頭壺有頭無尾，以柄替代，這是兩晉雞頭壺的一個重要區別。

青釉鳥鈕蓋缸
西晉
高9.3厘米 口徑8.2厘米
足徑8.2厘米

Green glazed urn with a bird-knob cover
Western Jin Dynasty
Height: 9.3cm
Diameter of mouth: 8.2cm
Diameter of foot: 8.2cm

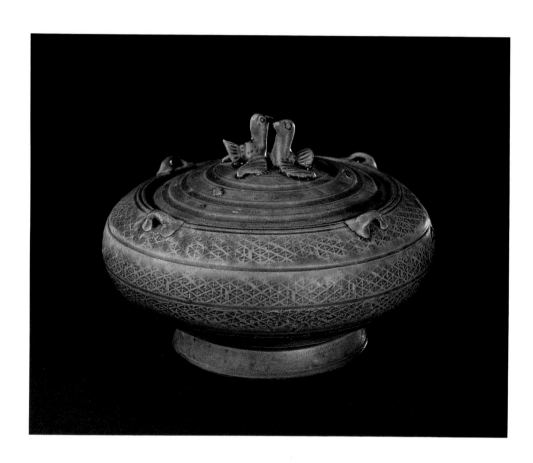

缸斂口，扁腹，撇足，口邊有對稱四繫。蓋為雙鳥鈕。腹部印網紋，通體
施青釉。

造形別致，蓋鈕處塑一對相向的小鳥，情態活潑。

青釉雙繫卣
西晉
高23.7厘米　口徑11.7×10.6厘米　底徑16.4厘米

Two-looped You in green glaze
Western Jin Dynasty
Height: 23.7cm　Diameter of mouth: 11.7×10.6cm
Diameter of bottom: 16.4cm

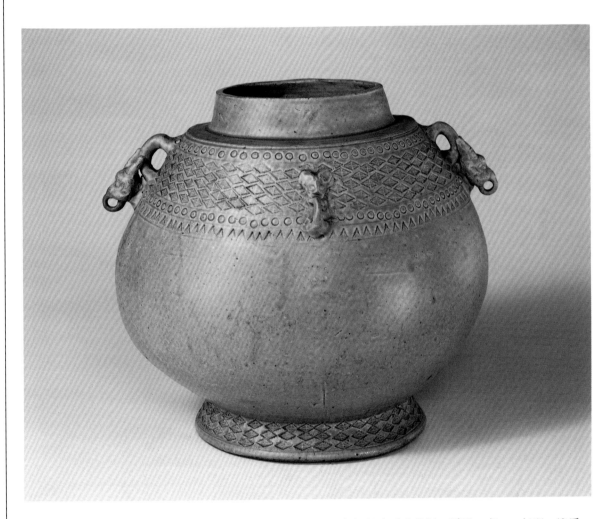

卣為古代酒器，仿商周青銅提梁卣形式燒製，扁形，直口，無頸，溜肩，
肩以下漸廣，腹下飽滿，圈足外撇。上半部印貼花裝飾一周，由四種紋飾
組成：中間印菱形紋一周，上下各印小圈一道，最下為半菱形紋一周；前
後兩面正中各貼一獸首，其下各有一立繫；左右兩面各有一立繫，繫下為
一犧首，犧鼻下亦各有一立繫；足上亦印菱形紋三行。通體施青釉。

此器形制端莊，其圓點紋和菱形紋都是西晉時浙江上虞青瓷的流行紋樣。
西晉瓷器在造型上模仿陶器和青銅器頗為普遍。

青釉印紋豆
西晉
高8.6厘米　口徑16.7厘米　足徑11.2厘米

Green glazed Dou with impressed decoration
Western Jin Dynasty
Height: 8.6cm　Diameter of mouth: 16.7cm
Diameter of foot: 11.2cm

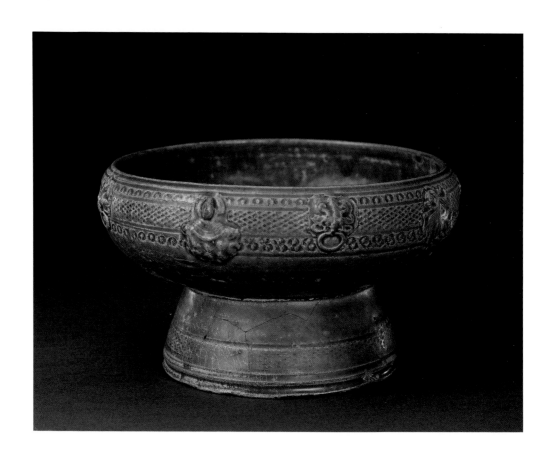

豆斂口，深腹，圈足。豆是盛糧食的器皿。此器形制仿陶器和青銅器，端
莊規整。外口下有弦紋三道，身部拍印網格裝飾，上下有小圓點紋，四面
各貼塑獸面啣環一個。裏外滿施青釉，釉面勻淨、光亮，色調青中泛黃。

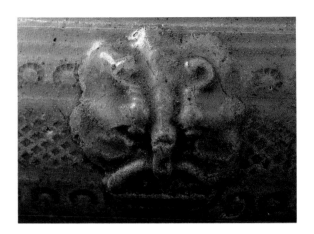

青釉印紋豆

西晉
高9.3厘米　口徑16.8厘米
足徑11.9厘米

**Green glazed Dou with
impressed decoration**
Western Jin Dynasty
Height: 9.3cm
Diameter of mouth: 16.8cm
Diameter of foot: 11.9cm

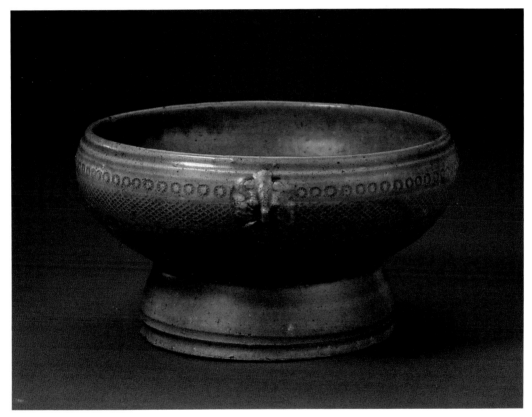

斂口，扁腹，高圈足。外施釉，足不施釉。腹部模印網紋一周，上下各有
一道弦紋，腹凸飾相對獸首啣環紋。

此器端莊樸實，綫條簡略，古拙自然。

青釉辟邪
西晉
長13.7厘米　高9.4厘米

Green glazed Pi Xie
Western Jin Dynasty
Length: 13.7cm　Height: 9.4cm

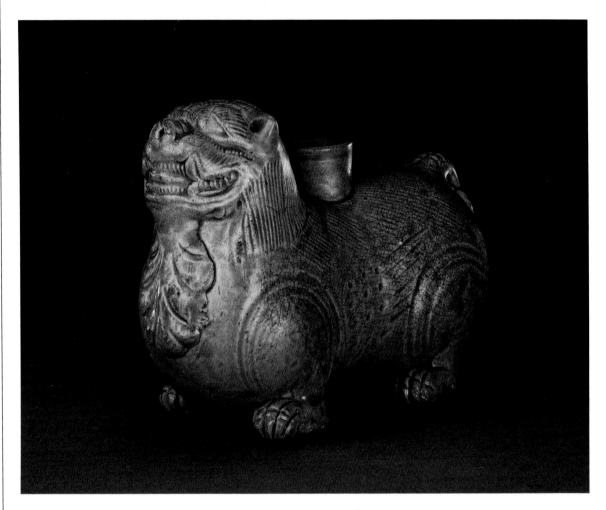

器呈臥獸形，獸頭昂起，怒目圓睜，張口露齒，面貌猙獰。身上篦刻毛
紋，背上有筒狀小口。施釉不到底。此器雕塑手法細膩，獸的形象強悍、
凶猛，生動傳神。

青釉辟邪
西晉
長13.5厘米　高8.9厘米　口徑1.9厘米

Green glazed Pi Xie
Western Jin Dynasty
Length: 13.5cm　Height: 8.9cm
Diameter of mouth: 1.9cm

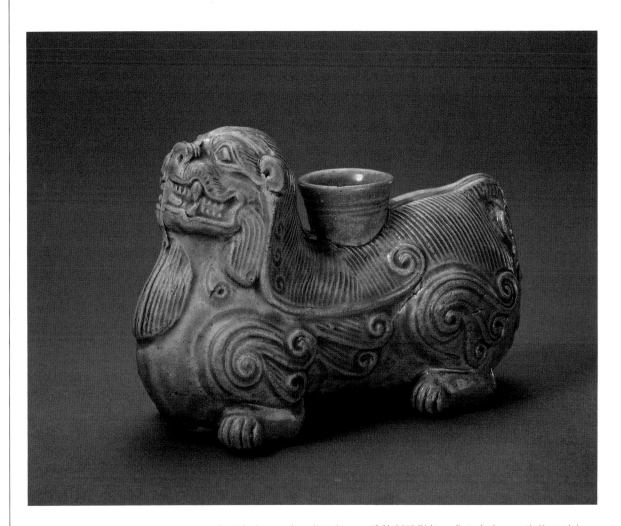

辟邪臥獸形，獸頭微昂起。通體篦劃獸髮紋，背上有小口，施釉不到底。

此器紋飾細膩，綫條分明，面目猙獰。採用如此凶猛的形象，是取其避邪免災之意。

青釉蛤蟆水丞
西晉
高3.6厘米　口徑5厘米
底徑4.5厘米

**Green glazed water container in
a toad shape**
Western Jin Dynasty
Height: 3.6cm
Diameter of mouth: 5cm
Diameter of bottom: 4.5cm

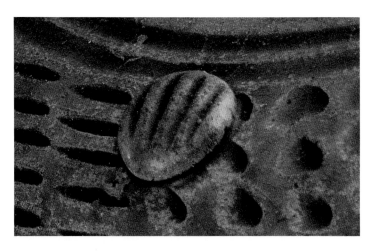

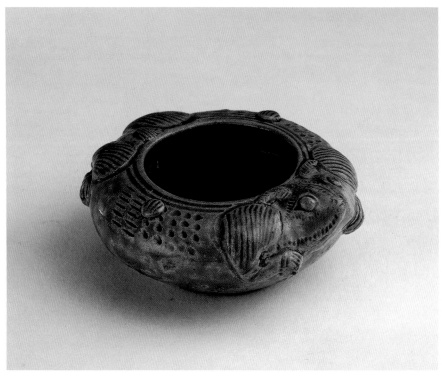

器直口，身部作蛤蟆形，平底。現今出土的兩晉瓷器中，蛤蟆水丞甚為多見，但西晉製品較東晉更精緻。

青釉灶
西晉
長23.2厘米　底寬14厘米　高12厘米

Green glazed kitchen range
Western Jin Dynasty
Length: 23.2cm　Width of bottom: 14cm
Height: 12cm

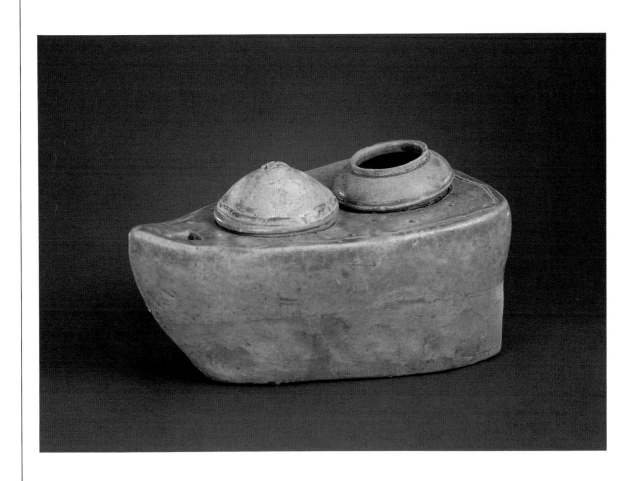

此器是一種明器，略近三角形，上有一罐一蒸鍋。灶是當時民居中必不可
少的生活物品，用作明器，則反映出生活的滿足，以慰死者的靈魂。此灶
形式樸實，具有鮮明的生活實感。

青釉虎子

西晉
高8.1厘米　口徑6.6厘米　足距14.5厘米

Green glazed Hu Zi
Western Jin Dynasty
Height: 8.1cm　Diameter of mouth: 6.6cm
Spacing of feet: 14.5cm

28

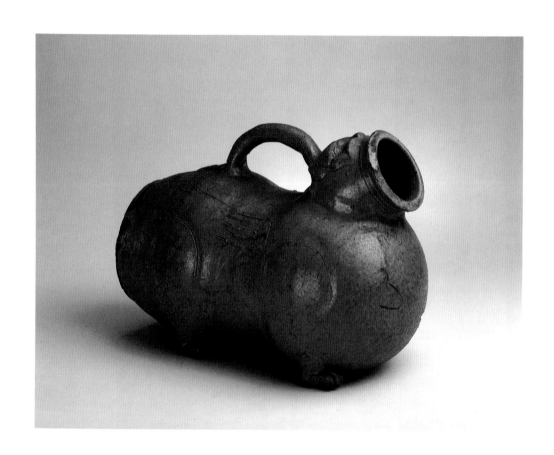

器製成獸形，塑四爪，刻飛翅，背部的提梁和筒狀口是該器皿的特徵。

此器型源自三國虎子，三國製品的提梁塑成虎形，因而得名。此器承其制，呈半獸半器狀。虎子的用途說法不一，一說為溺器，也有說為酒器的。

青釉雞籠
西晉
長9厘米　寬6.5厘米　高5厘米

Green glazed chicken coop
Western Jin Dynasty
Length: 9cm　Width: 6.5cm
Height: 5cm

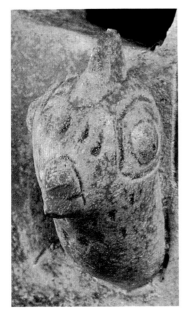

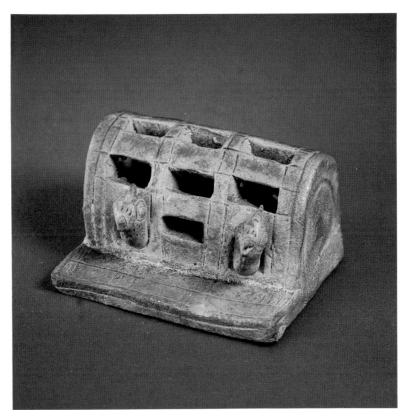

雞籠為拱頂透欄式，兩雞頭自欄中伸出，整體造型可愛。通體施青釉。這是一件明器，以雞的諧音，寓吉祥之意。

青釉羊
西晉
長15厘米　寬11厘米　高13.5厘米

Green glazed ram
Western Jin Dynasty
Length: 15cm　Width: 11cm　Height: 13.5cm

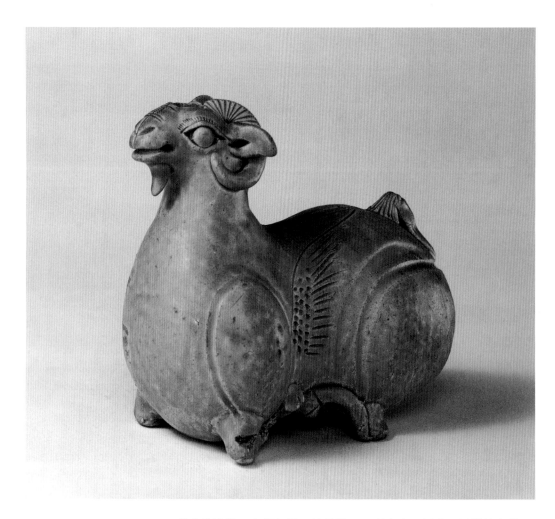

羊作伏臥狀，身軀勻稱，昂首張口，頭上有一圓孔。通體施青釉。

此種器物自三國至東晉都有燒造，但東晉以後的製作較為粗糙。羊是古人
心目中的吉祥物，當時流行以羊形瓷製品作為明器。

青釉羊
西晉
高16厘米　腹圍25厘米

Green glazed ram
Western Jin Dynasty
Height: 16cm
Circumference of belly: 25cm

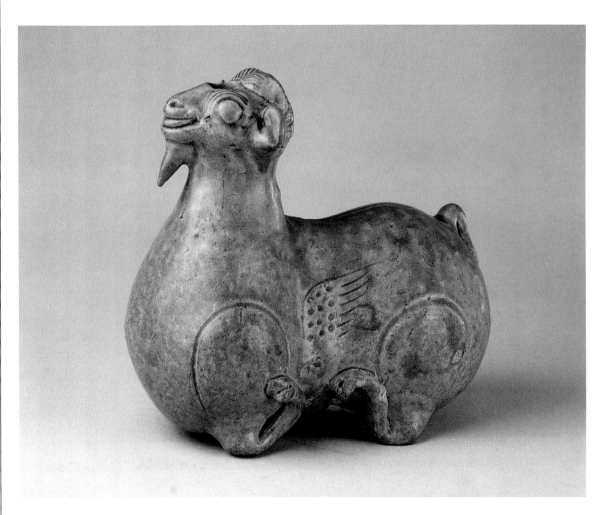

羊臥形，昂首，雙角，頷下有鬚，兩耳橫出，兩肋刻劃飛翅，身上勾刻四肢，頭上刻一孔。通體施釉，四肋支燒處無釉。

羊腰部較細，後臀豐滿，前肢以上亦較豐滿，頭部較小，整體勻稱可愛。

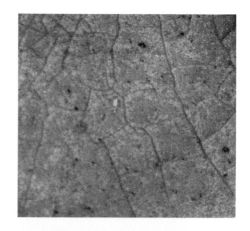

青釉龜形硯滴

西晉

長4.9厘米　寬4.3厘米　高5.8厘米
口徑2.4厘米

Green glazed water-dropper in the shape of a turtle

Western Jin Dynasty
Length: 4.9cm　Width: 4.3cm
Height: 5.8cm
Diameter of mouth: 2.4cm

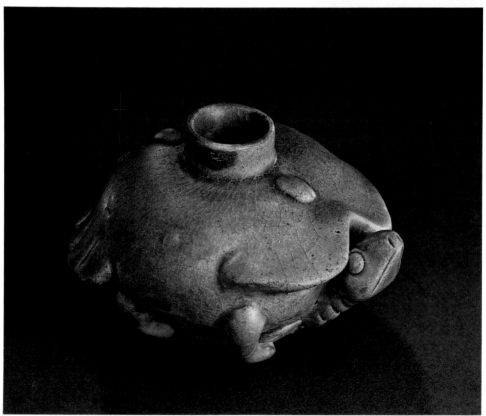

器作龜形，龜首上仰，龜背前小後大，有一小孔可儲水，腹部平坦。龜頸飾旋紋。

許之衡《飲流齋説瓷》説："蟾滴、龜滴，由來久矣。古者以銅，後世以瓷，明時有蹲龍、寶象諸狀。凡作物形而貯水不多者則名曰滴。"這件龜形硯滴造型奇特，小巧生動。

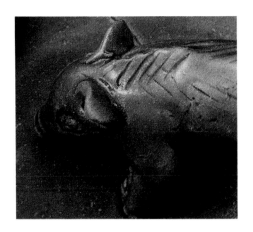

青釉豬圈

西晉
高9.2厘米　口徑15.1厘米
底徑14.9厘米

Green glazed pigsty
Western Jin Dynasty
Height: 9.2cm
Diameter of mouth: 15.1cm
Diameter of bottom: 14.9cm

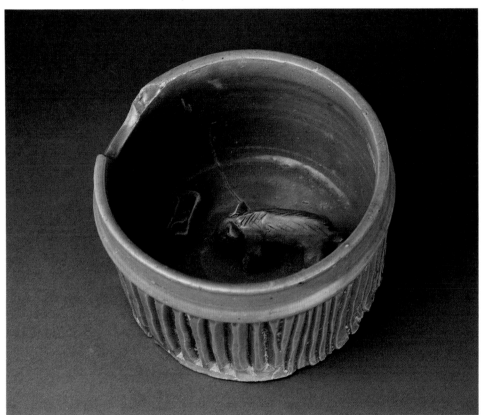

圓形，上端敞口，外部仿木欄形式，刻直綫紋。圈內豬一隻，有一食槽，槽內放置攪拌豬食的工具。

此器為明器，塑製簡略，形象鮮明。瓷器出現以後，接續了陶製明器的製作，生產了許多瓷塑製品，體積小，以供厚葬之用。

青釉騎獸人
西晉
長20厘米　寬11厘米　高28.5厘米

Green glazed figure on the back of a beast
Western Jin Dynasty
Length: 20cm　Width: 11cm　Height: 28.5cm

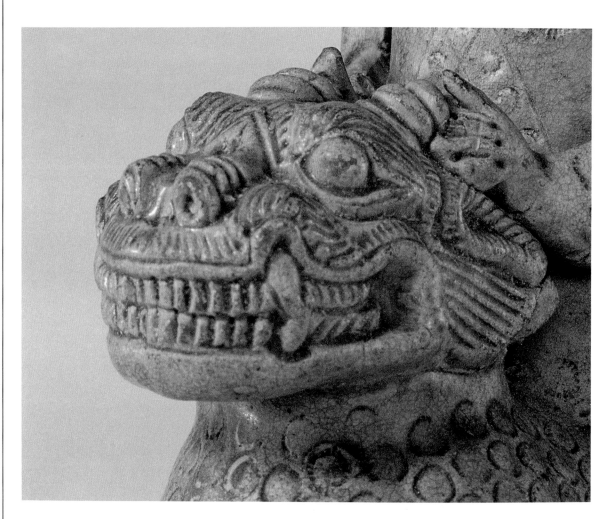

器塑一胡人騎一怪獸，形象特別。怪獸狀似辟邪，通體有印花圓珠紋。騎獸人頭戴高帽，面部刻畫簡略，其帽中空，似可供插燭之用。

此器形式清新，明朗而又含蓄，為晉瓷中所少見。一方面，此器注重表現神態，另一方面，整體詳略得當；手臂有些稚拙感，反映出捏塑手法的樸實風尚。

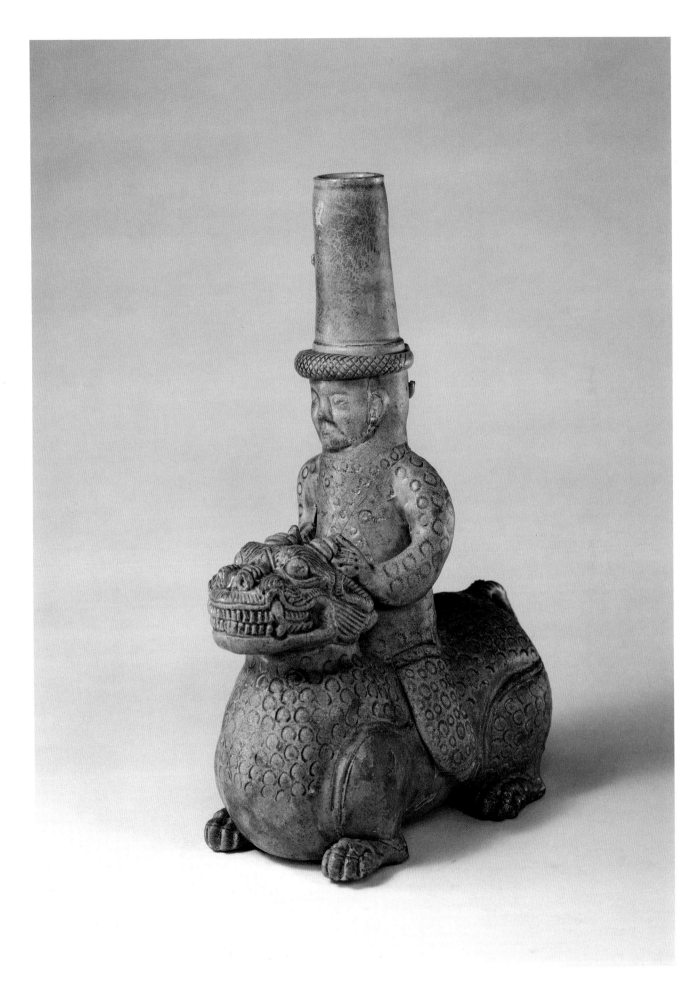

青釉穀倉罐
西晉
高42厘米　底徑15厘米
腹圍72厘米

Model of granary in green glaze
Western Jin Dynasty
Height: 42cm
Diameter of bottom: 15cm
Circumference of belly: 72cm

35

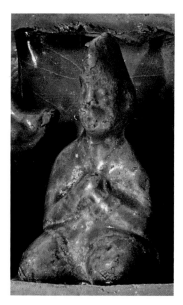

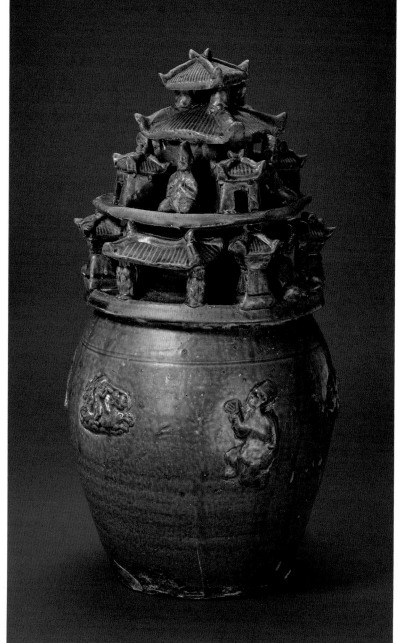

器由兩部分組成：上半部為三層堆塑裝飾，樓閣二層，四角各一閣，閣之間各有一跪俑；下層兩面各有一牌坊，四角亦各有一閣，另兩面各有二跪俑。下部為一罐，罐身堆貼三組騎獸人和三組舞俑。

此器結構複雜，雕塑技法豐富。

青釉格碟
東晉
高4.5厘米　口徑20.5厘米　底徑20厘米

Green glazed dish with compartments
Eastern Jin Dynasty
Height: 4.5cm　Diameter of mouth: 20.5cm
Diameter of bottom: 20cm

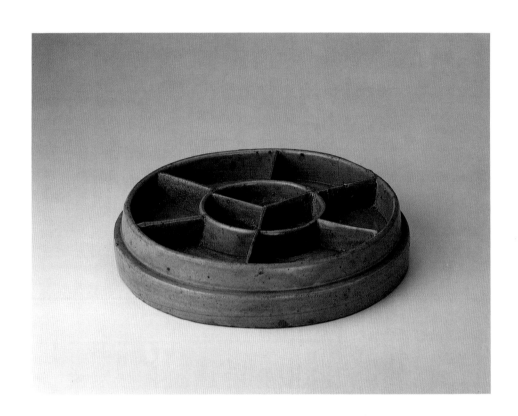

圓形，直口，口外有棱可加蓋，平底。碟分九格，外周六等分，中心三等
分。外施釉，底有紅色支燒痕。

青釉雙繫雞頭壺
東晉
高20.5厘米　口徑7厘米　底徑12.7厘米

**Two-looped pot with chicken-head spout,
green glaze**
Eastern Jin Dynasty
Height: 20.5cm　Diameter of mouth: 7cm
Diameter of bottom: 12.7cm

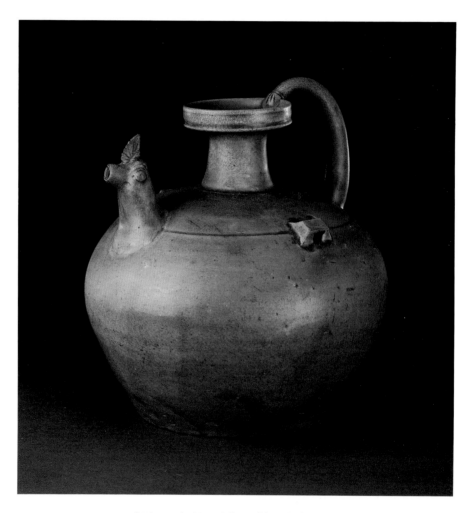

壺洗口，細頸，平底。肩部凸起橋形繫。壺身一面有流，為雞頭形；另一
面有柄，連於口肩之間，上端刻綫紋一道。

雞頭壺自西晉出現以後，歷經東晉、南北朝，至隋代仍有燒製。東晉雞頭
壺的雞頭與壺身相通，口部由尖狀改為圓孔形，便於實用。

青釉羊頭壺
東晉
高23.8厘米　口徑10.8厘米　底徑10.8厘米

Green glazed pot with ram-head spout
Eastern Jin Dynasty
Height: 23.8cm　Diameter of mouth: 10.8cm
Diameter of bottom: 10.8cm

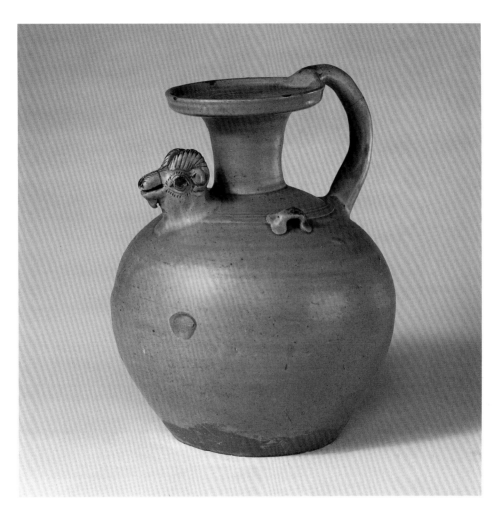

壺洗口，細頸，碩腹，平底。壺肩部一面凸出羊頭形流，與流相對處有曲柄，柄連於口肩之間，另兩面各有一橫繫，肩部劃弦紋兩道。造型端莊自然、俊俏勻稱，器身弧綫和折綫的有機結合，更添挺拔中見柔和的韻律美，整體渾厚質樸、秀麗清新。

西晉晚期新興的點彩方法，在東晉時普遍地運用到器物的裝飾上來。所謂點彩是指青瓷上所施加的一種褐斑裝飾。褐彩的原料為氧化鐵，鐵未能還原徹底時，顯現出黑褐色的斑點。

東晉的點彩，一般在器物的口部或器身上部，整齊地排列一圈或幾排褐色斑點。此壺妙在羊的兩眼施加斑點，增添了生命力，也使單色的青釉增加色彩變化。東晉時的壺，多以雞頭為流，這種羊頭壺極為少見。

青釉加彩四繫壺
東晉
高17.9厘米　口徑8.4厘米　底徑8.7厘米

Four-looped pot in green glaze with added colours
Eastern Jin Dynasty
Height: 17.9cm　Diameter of mouth: 8.4cm
Diameter of bottom: 8.7cm

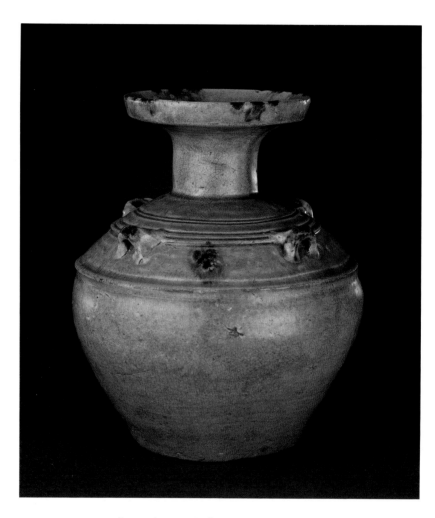

盤口，短頸，溜肩，圓腹，平底，肩安四對稱繫。通體施青釉，有褐色斑片。

褐斑裝飾始見於西晉晚期，至東晉廣為流行。多飾於器物口沿部位。其裝飾方法：用含鐵較多的褐釉，或隨意，或按一定排列方式飾於器上，使釉面出現褐色斑點，效果新穎。

這件四繫壺為東晉褐彩裝飾的典型作品。

青釉褐斑四繫壺
東晉
高17.9厘米　口徑8.4厘米　底徑8.7厘米

**Four-looped pot in green glaze with
brown splashes**
Eastern Jin Dynasty
Height: 17.9cm　Diameter of mouth: 8.4cm
Diameter of bottom: 8.7cm

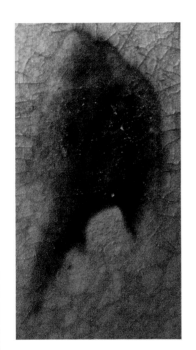

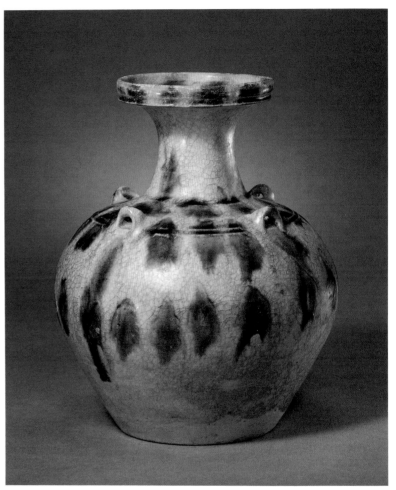

洗口，長頸，豐肩，平底。肩上刻劃弦紋，安四立繫，口及肩腹有褐彩斑
片。

此器褐斑面積較大，形狀各異，或似潑墨，或如樹葉，十分罕見。

青釉褐斑四繫壺
東晉

青釉褐斑四繫罐
東晉
高19厘米　口徑14.4厘米　底徑10.9厘米

Four-looped jar in green glaze with brown splashes
Eastern Jin Dynasty
Height: 19cm　Diameter of mouth: 14.4cm
Diameter of bottom: 10.9cm

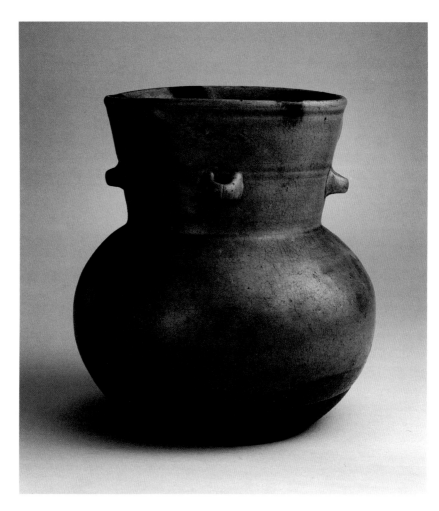

敞口，圓鼓腹，平底。頸安對稱四繫，通體施青釉，並帶褐斑。罐的形制
莊重素樸。繫原為結繩掛置而設，但此時的繫已不具備實用功能，只是一
種對稱的裝飾。

青釉筆筒
東晉
高14.1厘米　口徑9.4厘米　底徑9.3厘米

Green glazed brush holder
Eastern Jin Dynasty
Height: 14.1cm　Diameter of mouth: 9.4cm
Diameter of bottom: 9.3cm

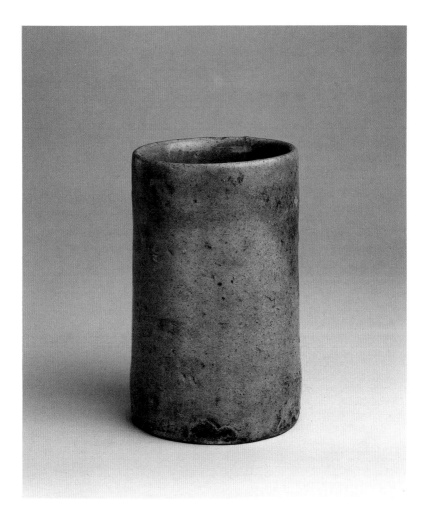

呈筒狀，平底。通體施青釉。

筆筒屬文房用具，在三國、兩晉瓷器中較為少見，東晉時略多。瓷筆筒的
出現，反映了瓷器在社會生活中應用領域的擴大。

青釉香薰

東晉
高17.4厘米　口徑2.7厘米　底徑12.2厘米

Green glazed perfumer
Eastern Jin Dynasty
Height: 17.4cm　Diameter of mouth: 2.7cm
Diameter of bottom: 12.2cm

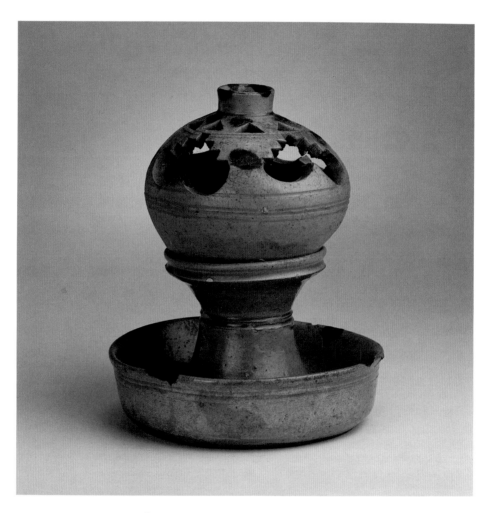

直口，球腹，下置托盤。腹部透雕花瓣紋和三角形紋。通體施青釉。

此器製作較為精細，但與西晉同類器物相比，略顯粗獷。

青釉鏤空褐彩香薰

東晉
高19.2厘米　口徑8.3厘米　底徑11厘米

Green glazed perfumer in openwork with brown splashes
Eastern Jin Dynasty
Heihght: 19.2cm　Diameter of mouth: 8.3cm
Diameter of bottom: 11cm

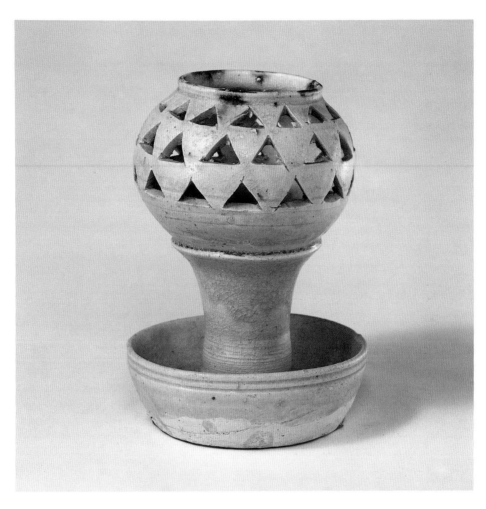

薰斂口，球腹，下置托碗。腹鏤空飾三角形紋三周。通體施青釉，並帶褐斑。此器裝飾簡略，素樸自然。

青釉弦紋碗
東晉
高8.8厘米　口徑18.3厘米
底徑11.9厘米

**Green glazed bowl decorated with
bow-string pattern**
Eastern Jin Dynasty
Height: 8.8
Diameter of mouth: 18.3cm
Diameter of bottom: 11.9cm

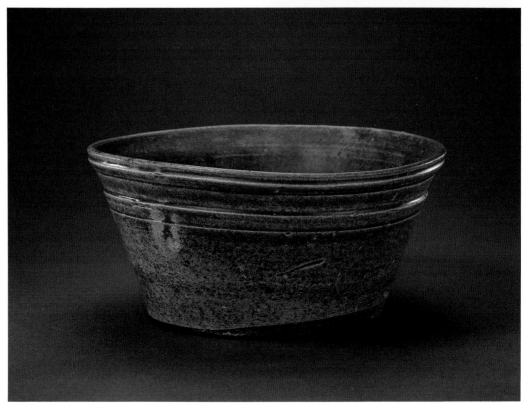

碗敞口，斜壁，平底。口外刻弦紋四道。裏外施釉，裏心有五個支燒痕，外部釉不到底，底部八個支燒痕。

此碗形體較大，紋飾簡略。當時瓷器已趨向細膩精巧，此碗卻保留粗簡作風。

青釉匀淨明快，偶見流釉現象。

青釉唾壺
東晉
高14厘米　口徑10厘米　底徑8.5厘米

Green glazed spittoon
Eastern Jin Dynasty
Height: 14cm　Diameter of mouth: 10cm
Diameter of bottom: 8.5cm

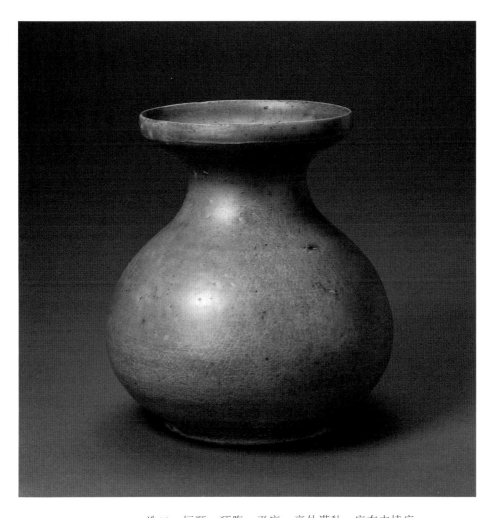

洗口，短頸，碩腹，平底。裏外滿釉，底有支燒痕。

唾壺內口小，渣斗內口大，這是兩者的顯著區別。

黑釉雞頭壺
東晉
高18厘米　口徑7.9厘米　底徑10厘米

Black glazed pot with chicken-head spout
Eastern Jin Dynasty
Height: 18cm　Diameter of mouth: 7.9cm
Diameter of bottom 10cm

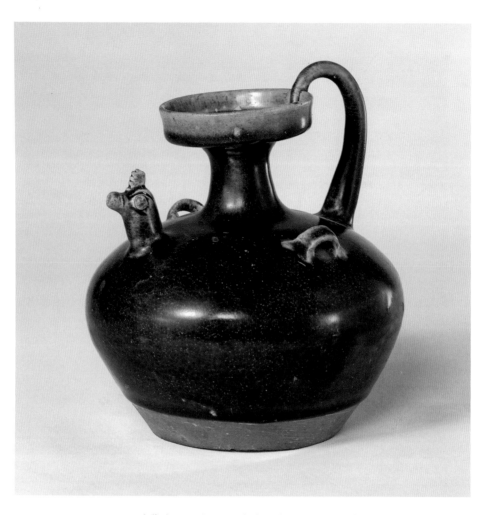

壺為盤口，短頸，球腹。腹一側出流，為雞頭形，另一側口腹間有弧形
柄。

黑釉雞頭壺
東晉
高17厘米　口徑7厘米　底徑9.3厘米

Black glazed pot with chicken-head spout
Eastern Jin Dynasty
Height: 17cm　Diameter of mouth: 7cm
Diameter of bottom: 9.3cm

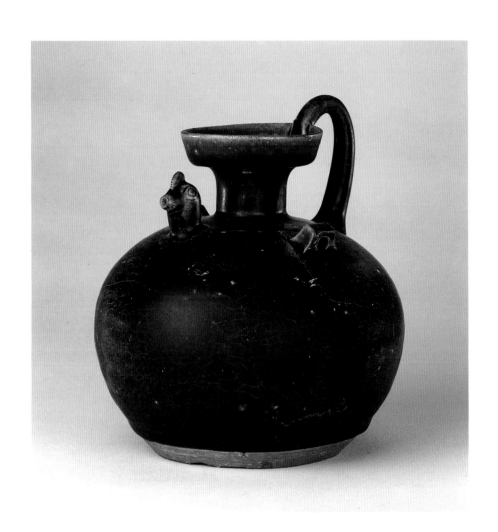

盤口，細頸，球腹。腹一側出雞頭流，另一側安弧形柄，平底。

此器是東晉製品，釉光澤強，色黑如漆。

黑釉唾壺
東晉
高9.9厘米　口徑8.9厘米　底徑9.4厘米

Black glazed spittoon
Eastern Jin Dynasty
Height: 9.9cm　Diameter of mouth: 8.9cm
Diameter of bottom: 9.4cm

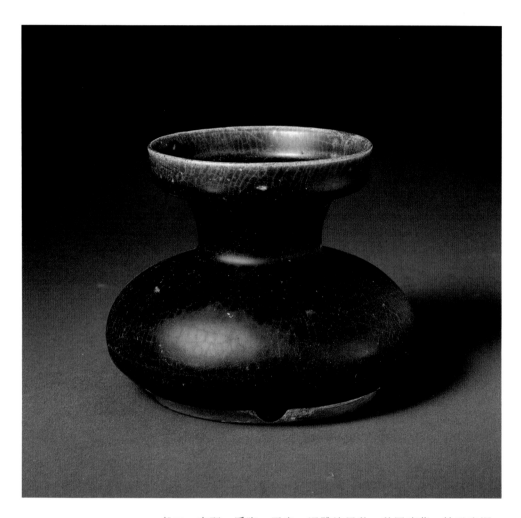

盤口，束頸，扁腹，平底。通體施黑釉，釉層略薄，缺乏光澤。

唾壺又稱唾器，是衛生用具，當時多為青釉製品，也有黑釉製品。此器形制舒展，規整；釉色凝重樸實，表面無光澤；器口處釉薄，下部釉厚，呈垂釉狀態。

青釉弦紋帶托三足燈

50

南朝
高9厘米　口徑9.8厘米
底盤口徑15厘米　底徑14.5厘米

Three-footed lamp with a tray decorated with
bow-string pattern, green glaze
Southern Dynasties
Heinght: 9cm　Diameter of mouth: 9.8cm
Mouth Diameter of tray: 15cm
Diameter of bottom: 14.5cm

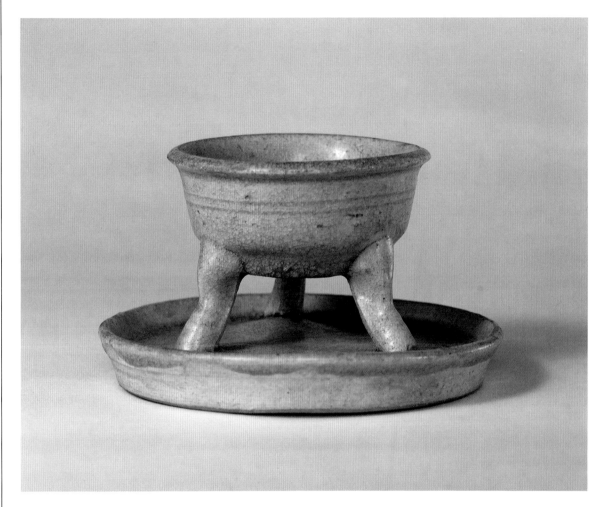

器口出沿，口以下漸斂，底承三撇足，足下有敞口盤狀托。器身飾凸弦紋
兩道，盤內環紋兩周。

在六朝的燈盞中，南北朝的製品已不再採用三國兩晉時那種複雜的雕塑形
式，而趨向簡略、實用。此器即具有樸素實用的特點。

青釉雀杯
南朝
高6厘米　口徑9厘米　底徑5.6厘米

Green glazed cup in the shape of a sparrow decoration
Southern Dynasties
Height: 6cm　Diameter of mouth: 9cm
Diameter of bottom: 5.6cm

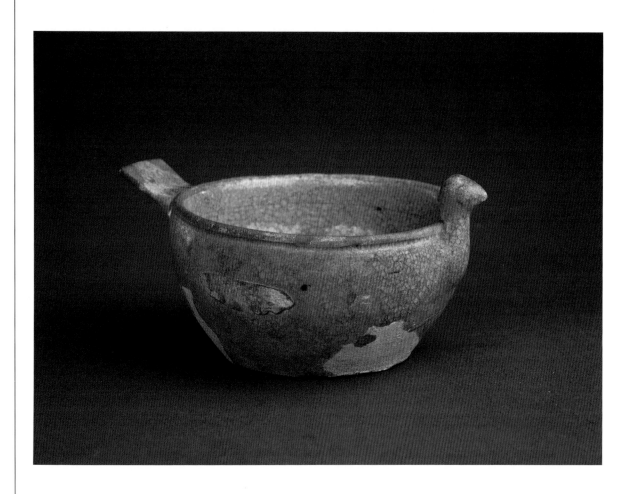

杯唇口，淺腹，一側塑雀頭，另一側塑雀尾。外施青釉，釉不到底。

青釉洗式碗
南朝
高5.8厘米　口徑14.3厘米　底徑7.4厘米

Washer-shaped bowl in green glaze
Southern Dynasties
Height: 5.8cm　Diameter of mouth: 14.3cm
Diameter of bottom: 7.4cm

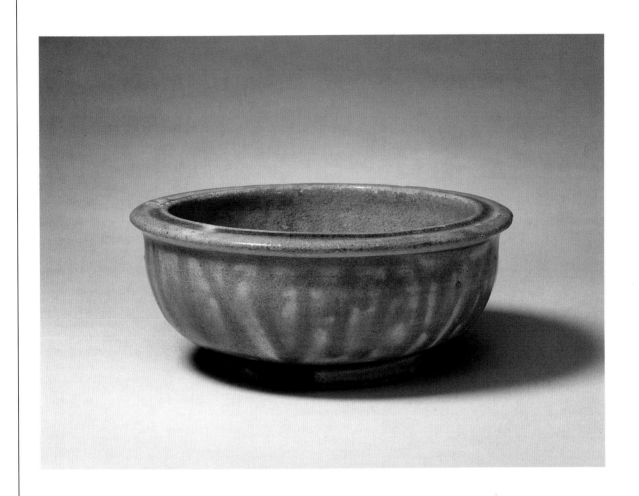

碗口折沿，腹部飽滿，假圈足，裏心凸，胎體厚重。裏外滿釉，釉呈垂流狀。開細紋片。

南朝時的碗較過去略大，器體凝重而規整。

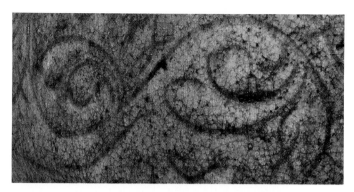

青釉刻花單柄壺

南朝

高21.3厘米　口徑11厘米
底徑12.4厘米

**Single-handled pot with incised
floral design, green glaze**
Southern Dynasties
Height: 21.3cm
Diameter of mouth: 11cm
Diameter of bottom: 12.4cm

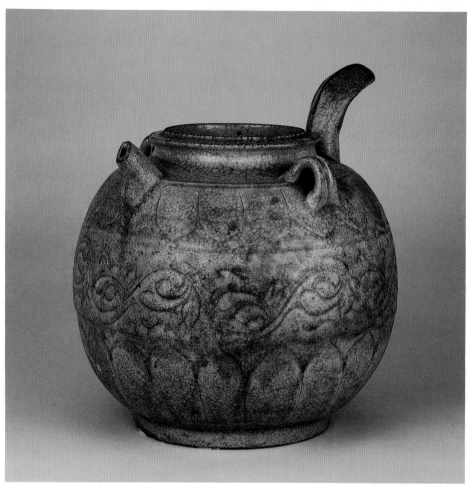

壺口折邊，短頸，圓腹，平底。肩部兩面立起雙繫，一面有一短流，與流相對處為一單柄，柄把高起。壺身裝飾紋樣三組，肩部及腹下刻劃仰覆蓮瓣紋各一周，中間刻劃捲枝紋，紋飾之間隔以弦紋三道。裏外滿釉，釉呈青綠色，厚釉處透明如玻璃。

由於佛教文化的影響，魏晉南北朝的瓷飾紋樣中出現了佛像、飛天、忍冬紋和蓮瓣紋等新的題材。其中尤以蓮瓣紋飾最為突出。蓮花紋形式多樣，有的在碗外沿、盤裏和壺身上部，刻出蓮花瓣，然後在花瓣邊緣用銳利工具刻劃出花瓣的輪廓綫；有的是凸刻，以碗盤一類器皿為多，在刻成蓮花紋四周稍微剔去周圍胎土，使之呈凸出狀；還有一種是模印，往往與形體融為一體，加強了器物造型的美感。

此壺外形莊重、敦實，釉色青綠，胎質灰白色，釉層厚而均勻，光滑潤澤，胎釉結合牢固。壺的造型吸取前期的式樣又加以改造，提高了壺的實用價值，是研究壺形演變的重要實物，反映了這一時期製瓷工藝發展和變化的特點。

青釉雞頭壺
南朝
高24.4厘米　口徑8.8厘米　底徑10.7厘米

Green glazed pot with chicken-head spout
Southern Dynasties
Height: 24.4cm　Diameter of mouth: 8.8cm
Diameter of bottom: 10.7cm

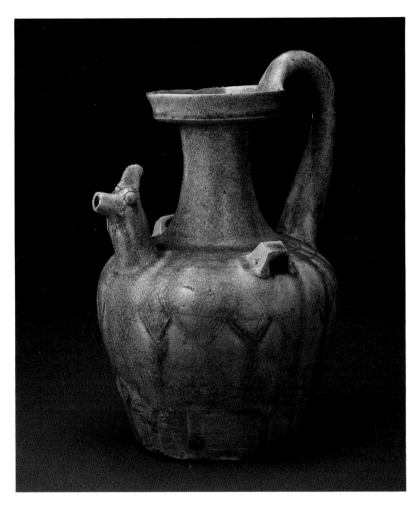

壺洗口，細頸，豐肩，直腹下斂，平底，有支燒痕。肩部立一直頸雞首
流，相對為弧柄，另兩側飾橋形繫。肩刻弦紋兩道，並有倒垂蓮瓣紋。外
施青釉，有流釉現象，施釉不到底。

此製品較東晉同類器物大，流靠上，腹略高。

南北朝時，北方的製瓷業開始興起，並對南方的製瓷工藝產生一定的影
響。此器係南方製品，卻表現出粗率樸實的北方工藝特色。

青釉刻蓮瓣盤
南朝
高4.5厘米　口徑24.2厘米　底徑9.6厘米

Green glazed plate with incised lotus-petal design
Southern Dynasties
Height: 4.5cm　Diameter of mouth: 24.2cm
Diameter of bottom: 9.6cm

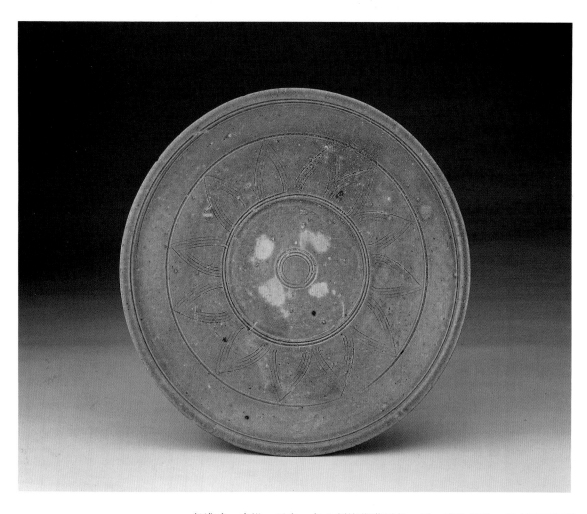

盤淺式，直沿，平底。盤心刻複綫蓮瓣紋一周。裏外施釉，底有四個紅色
墊燒痕。

56

青釉仰覆蓮花尊
北齊
高55.8厘米　口徑15.5厘米
足徑17.8厘米
1948年河北景縣封氏墓羣出土

Green glazed Zun with lotus decoration
Northern Qi
Height: 55.8cm
Diameter of mouth: 15.5cm
Diameter of foot: 17.8cm
Unearthed in 1948 from the tombs of Feng family at Jing County, Hebei Province

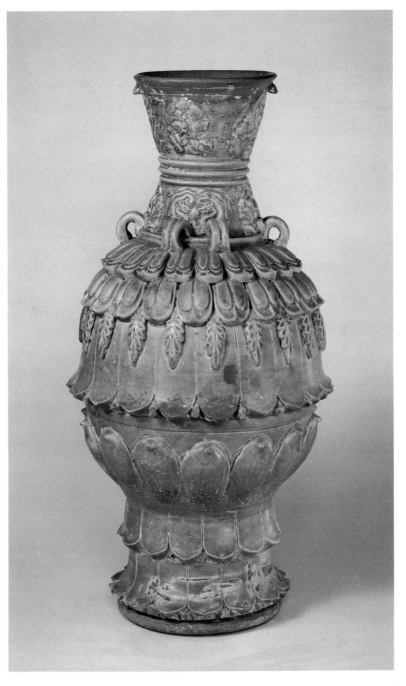

青釉仰覆蓮花尊
北齊

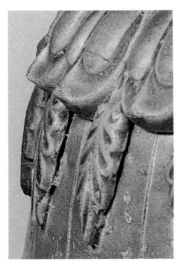

尊撇口，頸細長，腹部碩大，圈足外撇。頸部有二層裝飾：上貼塑飛天，下貼塑團龍圖案，二者之間有一組弦紋相隔，頸與肩相接處有六個複繫。腹部由上覆和下仰的蓮瓣吻合而成。上半部堆貼蓮瓣紋兩層，紋下模印堆貼垂葉紋，下端蓮瓣尖外捲。下半部堆貼兩層上仰蓮瓣紋。足部飾下垂蓮瓣紋兩層，蓮瓣尖均外捲，器身釉色青綠，圈足深厚。

此器主要採用貼塑和刻劃的表現手法，飽滿的蓮瓣富於立體感。整體紋飾排列有序，規整細膩，反映出南北朝裝飾藝術的高超水平。

青釉仰覆蓮花尊
北齊
高67厘米　口徑19厘米　足徑20厘米
1948年河北景縣封氏墓羣出土

Green glazed Zun with lotus decoration
Northern Qi
Height: 67cm　Diameter of mouth: 19cm
Diameter of foot: 20cm
Unearthed in 1948 from the tombs of Feng
family at Jing County, Hebei Province

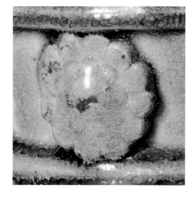

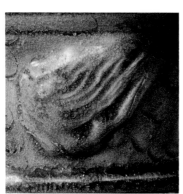

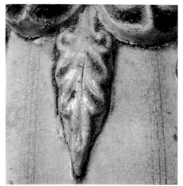

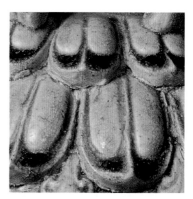

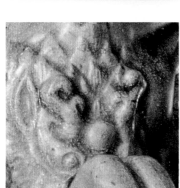

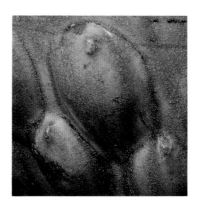

這是1948年河北景縣封氏墓羣出土的四件青釉仰覆蓮花尊之一。器型高大，氣魄雄偉。紋飾華縟精美，並且集中運用了貼印、刻劃、堆塑等多種裝飾工藝。通體施青綠色釉，胎釉結合緊密，釉層厚而均勻，是一件代表北朝時期陶瓷工藝水平的珍品。

尊侈口，長頸，溜肩，鼓腹，高足外撇。周身遍飾紋飾，從口部到頸部的紋飾以弦紋分隔為三層，最上一層貼印六個不同姿態的飛天，中間一層飾寶相花圖案一周，下層貼印團龍圖案一周。頸肩部飾六個條形緊。腹部堆塑上覆下仰的蓮花，上部覆蓮分為三層，層層疊壓，依次遞長，其中第三層蓮花瓣尖向外微捲，下部仰蓮分為兩層，豐滿肥壯。尊足也堆塑覆蓮兩層。北朝時期，佛教盛行，這件仰覆蓮花尊使用了飛天、寶相花、菩提葉、蓮花等佛教裝飾題材，反映了佛教藝術對北方陶瓷的影響。

在中國南方也出土有類似的蓮花尊，只是胎釉化學組成差異較大，説明南北之間陶瓷藝術相互交流，並共有相同的時代風格。

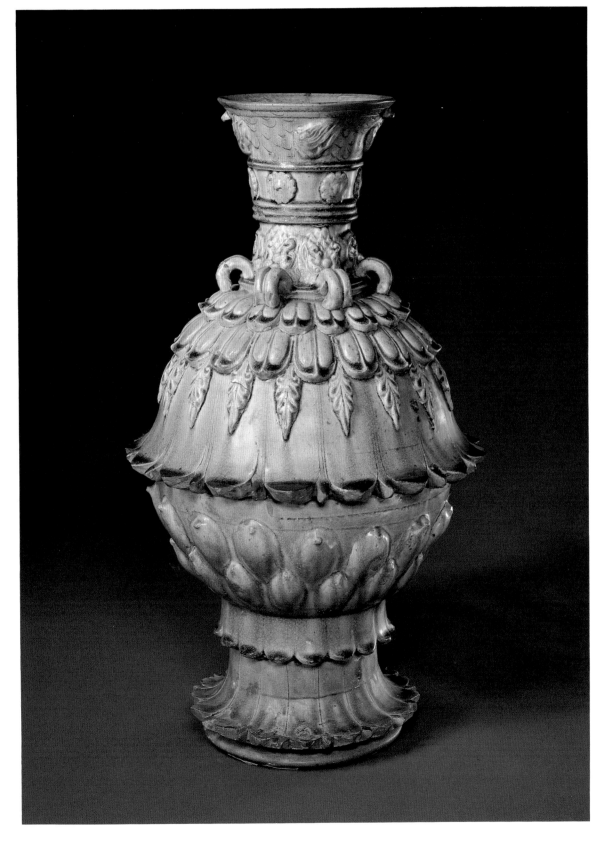

白釉罐
隋
高19.2厘米　口徑9.7厘米　底徑15.2厘米

White glazed jar
Sui Dynasty
Height: 19.2cm　Diameter of mouth: 9.7cm
Diameter of bottom: 15.2cm

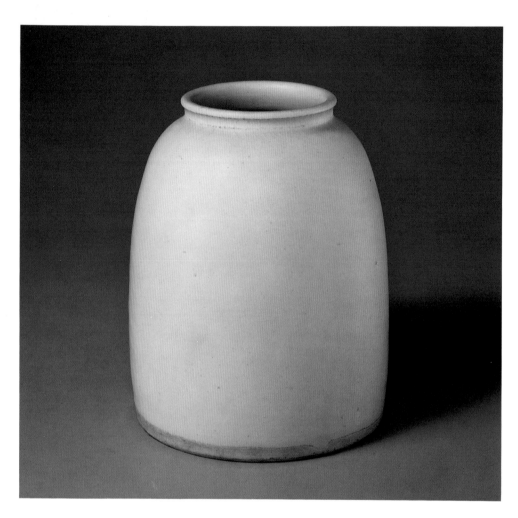

罐口微外捲，短頸，肩以下漸廣，平底。胎厚重，裏滿釉，外部近底處無釉，釉色潔白，並有細碎開片。

隋代白瓷在繼承了北朝白瓷成就的基礎之上，有長足的發展。以這件白釉罐為例，其胎質細膩潔白，釉面滋潤光亮，白色純正，已完全看不到早期白瓷那種白中閃黃或白中閃青的痕跡。這件白釉罐與西安隋姬威墓出土的白瓷罐完全相同，是代表隋代白瓷發展面貌的珍貴實物資料。

白釉高足杯
隋
高10.2厘米　口徑5厘米
足徑4.4厘米

White glazed stem-cup
Sui Dynasty
Height: 10.2cm
Diameter of mouth: 5cm
Diameter of foot: 4.4cm

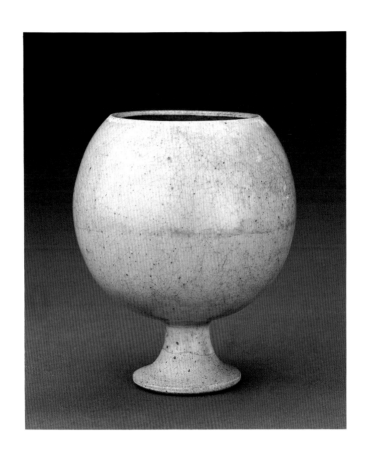

杯斂口，圓腹，高足內凹外撇，裏外施滿釉，足邊無釉，釉開細碎紋片。

這件白釉高足杯，造型極富創新美感，釉質潔白細潤，與北朝時的初期白瓷比較，已可看作是真正的白瓷了。隋代白瓷的燒製成功，為唐代白釉瓷器的發展打下了堅實的基礎。

青釉刻花蓮瓣碗

隋

高8.2厘米　口徑13厘米　足徑4.6厘米

Green glazed bowl with incised lotus-petal design
Sui Dynasty
Height: 8.2cm　Diameter of mouth: 13cm
Diameter of foot: 4.6cm

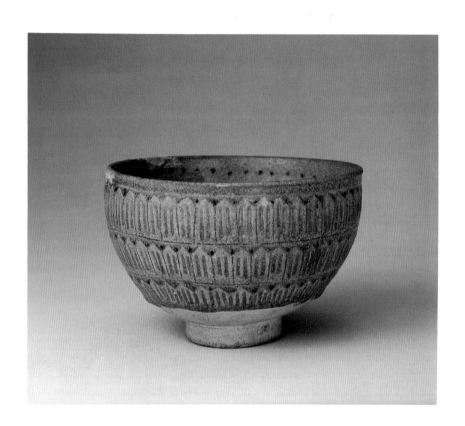

碗直口，下部稍斂，圈足平底，底心稍內凹。外刻三組平行仰蓮瓣紋，內
有三行平行圓點紋，底有陰刻印文。內滿釉，外施釉至近足部。釉透明，
細開片。

刻花是陶瓷裝飾技法之一。係用竹、骨、鐵製的平口或斜口刀狀工具，在
已乾或半乾的坯體上刻出花紋。紋飾有凹有凸，其特點是着力較大，雕刻
較深，花紋有層次。刻花技法在隋代青瓷中出現極少，這件青釉刻花蓮瓣
碗器形完整，釉色青中泛灰，釉質均勻，刻花蓮瓣紋富有層次感。

青釉帶把壺
隋
高17厘米　口徑6.3厘米　底徑5.1厘米

Green glazed pot with a handle
Sui Dynasty
Height: 17cm　Diameter of mouth: 6.3cm
Diameter of bottom: 5.1cm

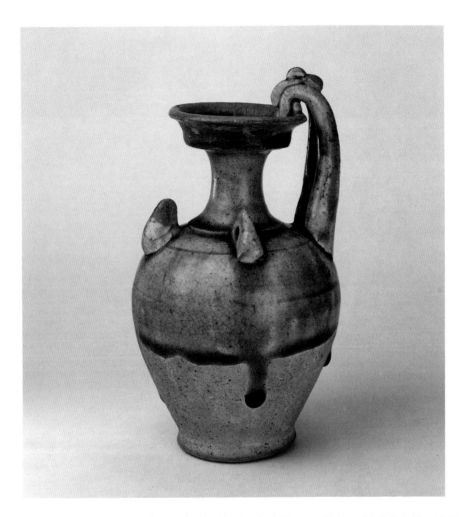

壺盤口，細頸，溜肩，腹略鼓，腹下漸收，近底處外撇，平底。壺肩一邊有流，另一邊有曲柄，從口沿垂於肩上，雙肩各有一對稱橋形繫。裏外施釉，外部施釉不到底，有流釉，釉色青中泛黃，釉面有開片，底無釉。

在陶瓷史上，隋代陶瓷雖然歷史很短，但它卻起到承前啟後的作用，南北瓷業在這時期有一個飛躍性的發展，燒製的器物明顯增多。這件青釉帶把壺為南北朝雞頭壺演變而來，已逐步脫離六朝時期的器物特徵，為典型隋代陶瓷的造型特點。

青釉雞頭壺
隋
高21.8厘米　口徑6.9厘米
底徑6.7厘米

**Green glazed pot with
chicken-head spout**
Sui Dynasty
Height: 21.8cm
Diameter of mouth: 6.9cm
Diameter of bottom: 6.7cm

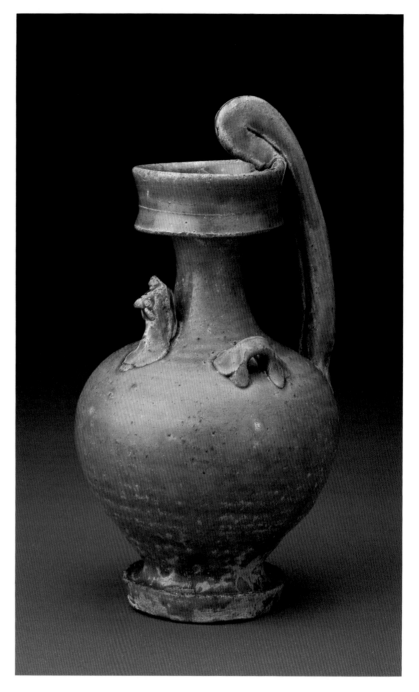

盤口，細頸，豐肩，圓腹，假圈足，底心微內凹。肩一側為雞頭，相對面
有彎柄，柄端高於盤口，並向內傾斜，另兩側各有一橫繫。通體施釉，底
有六個半圓形紫紅色支燒痕。

以雞頭做流的壺從西晉開始流行，發展到唐代已多由短粗的筒狀流所代
替。此器形制甚獨特，器體較過去同類製品大，盤口壁加高，足亦相應增
高。釉色清純，釉面勻淨，在當時青釉器中較為罕見。

青釉蓋盒

隋

高7.2厘米　口徑7.5厘米　底徑6.9厘米

Covered box in green glaze with bow-string pattern

Sui Dynasty

Height: 7.2cm　Diameter of mouth: 7.5cm

Diameter of bottom: 6.9cm

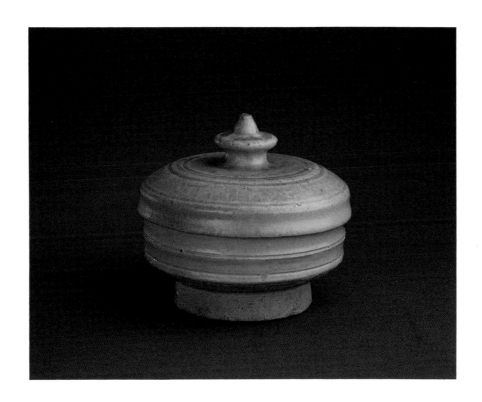

盒分兩部分。蓋口合於底口上，盒身上部微收，壁直而短，近底內斂，平底。蓋頂帽式鈕，蓋平面稍鼓，頂面及盒身有弦紋數道。內無釉，外部施釉不到底，底無釉。釉色青中泛綠，釉面光滑平整，施釉均勻。

盒為貯盛器皿。有陶製或瓷製。陶質和原始青瓷製品多作陪葬器，主要見於戰國、漢代的墓葬中，器形較大，由蓋和盒身組成。瓷製多為日用品，有鏡盒、藥盒和盛裝婦女化妝品用的油盒、粉盒、黛盒、硃盒等，而更為廣泛的用途是盛裝各種香料的香盒。形狀以圓為主，附蓋，器身一般高於器蓋。蓋面微鼓，近底處多折腰。

這件隋青釉蓋盒是此類器中的精品。

青釉盤口瓶

64

隋
高32.5厘米　口徑6.6厘米
足徑9.2厘米

**Green glazed vase with
a dish-shaped mouth**
Sui Dynasty
Height: 32.5cm
Diameter of mouth: 6.6cm
Diameter of foot: 9.2cm

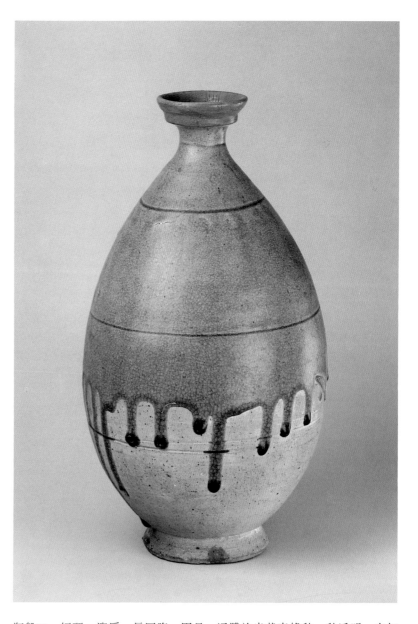

瓶盤口，短頸，溜肩，長圓腹，圈足。通體施半截青綠釉，釉透明，有細
碎小開片，釉向下垂流，形成一種特殊的自然裝飾效果。從它的造型、胎
質與釉色上看，都具有隋代青瓷的典型風格。

青釉盤口瓶
隋
高32.5厘米　口徑7.5厘米
底徑9.8厘米

**Green glazed vase with
a dish-shaped mouth**
Sui Dynasty
Height: 32.5cm
Diameter of mouth: 7.5cm
Diameter of bottom: 9.8cm

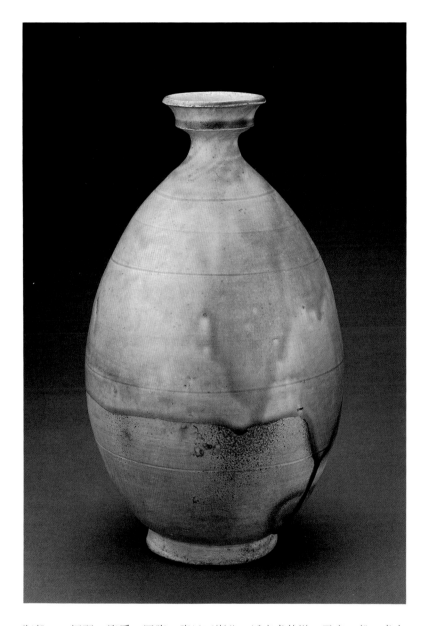

瓶盤口，短頸，溜肩，圓腹，腹以下漸收，近底處外撇，平底。盤口處有結晶，腹部有弦紋五道。裏外施釉，外部施釉不到底，有流釉痕迹，釉色青中泛黃，釉面光亮，釉質感較好，釉面有細開片。

青瓷是隋代瓷器生產的主要產品，以日用生活用瓷為主，一般胎質較為細膩，瓷化程度良好。此件青釉瓶胎壁厚實，釉層清亮，有明顯的流釉現象，是典型的隋代青釉瓷器。

青釉蓮瓣紋四繫洗口瓶
隋
高43厘米　口徑15厘米
底徑13.5厘米

Four-looped jar with a washer-shaped mouth and lotus-petal desigh, green glaze
Sui Dynasty
Height: 43cm
Diameter of mouth: 15cm
Diameter of bottom: 13.5cm

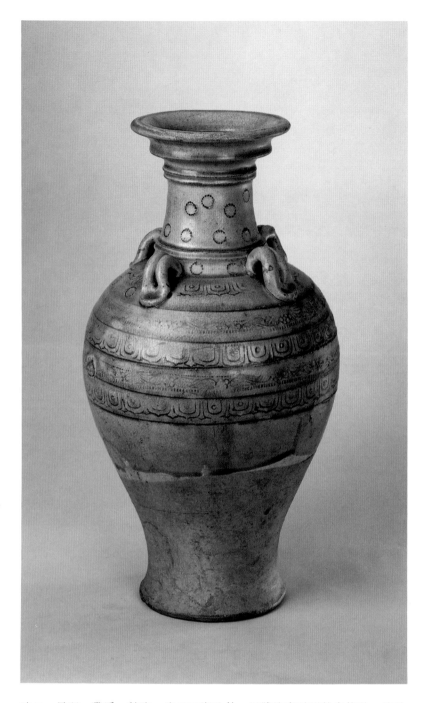

洗口，長頸，豐肩，鼓腹，腹以下漸收斂。通體施半透明的青綠釉，施釉不及底，露胎處胎骨呈灰白色。頸肩部於釉下戳印珍珠地紋，腹有數道弦紋綫，並劃刻兩周蓮花瓣紋為裝飾。製作規整，紋樣典雅。

這種四繫洗口瓶，與安徽淮南窰遺址出土的器物屬同一風格，在安徽地區隋墓中也多有出土。因此，此瓶應是淮南窰具有代表性的作品。

青釉四繫盤口瓶
隋
高42.5厘米　口徑15.5厘米
底徑14厘米

Four-looped vase with a dish-shaped mouth, green glaze
Sui Dynasty
Height: 42.5cm
Diameter of mouth: 15.5cm
Diameter of bottom: 14cm

67

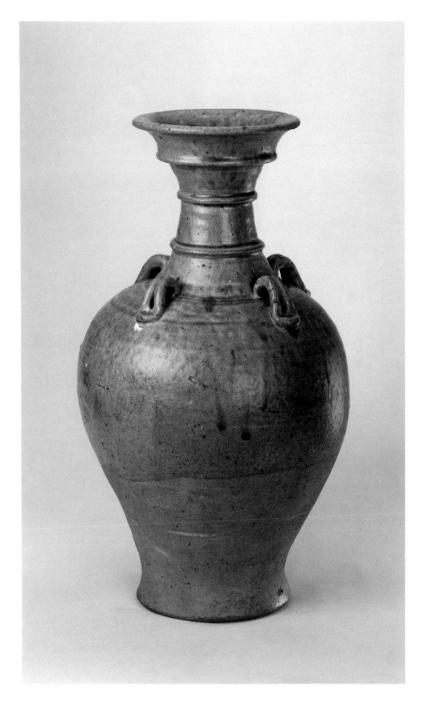

瓶盤口，細頸，溜肩，鼓腹，腹以下漸收，近底處外撇，平底。肩部有四繫，兩兩相對，頸部有三道弦紋。裏外施釉，外部施釉不到底，釉色青黃，釉面有細開片，底無釉。

盤口瓶為隋代典型的器物，大多是盤口下有弦紋，肩部貼附雙繫或四繫。腹部由六朝時期的肥大轉變為瘦長，使得器物更顯秀美挺拔。此瓶為標準隋代器物造型，胎堅釉潤，加上施用化妝土，使得釉層柔和滋潤，外加細開片，更使器物莊重美觀。

青釉蒜頭口瓶
隋
高25.8厘米　口徑3.6厘米
底徑6.4厘米

**Green glazed vase with
a garlic-head mouth**
Sui Dynasty
Height: 25.8cm
Diameter of mouth: 3.6cm
Diameter of bottom: 6.4cm

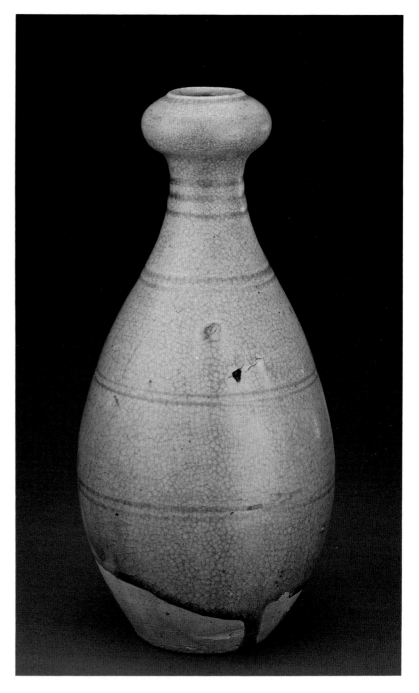

瓶為蒜頭口，細頸，溜肩，圓腹，假圈足。裏施滿釉，外部施釉不到底，釉色青綠，瓶身有幾處漏釉及流釉現象，平底內凹，底心無釉，器身有弦紋九道，釉面有細碎紋片。

蒜頭口瓶，其形源於漢以前的蒜頭形壺。瓷製品在隋唐以前不多見，至明清時期才開始流行。此件隋青釉蒜頭口瓶造型優美，胎質細膩，釉厚處色濃，釉薄處色淡，釉色青中泛綠，釉面的開片極為明顯。

青釉弦紋瓶
隋
高15.8厘米　口徑5厘米　底徑6.1厘米

Green glazed vase with bow-string pattern
Sui Dynasty
Height: 15.8cm　Diameter of mouth: 5cm
Diameter of bottom: 6.1cm

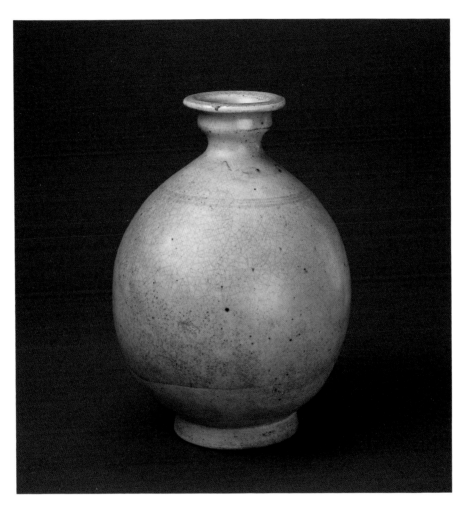

瓶盤口，短頸，溜肩，圓腹，腹以下漸收，近底處外撇，平底。裏外施青釉，外部施釉不到底，釉色青黃，釉面光潤，有細開片。

隋代青瓷一般是在還原燄中燒成，由於窯爐的結構有待改進，因此器物釉色不穩定，並且釉屬石灰釉，透明度強，在高溫中流動大，因而燒成後常呈流珠狀，且釉色常青中泛黃和黃褐色。此瓶由於上述原因，釉色青中泛黃，但它在坯體表面施了一層化妝土作為裝飾層，在一定程度上彌補了由於釉面發色不均而造成的影響。

青釉雙耳罐
隋
高11.4厘米　口徑8厘米　底徑6.9厘米

Green glazed jar with two ears
Sui Dynasty
Height: 11.4cm　Diameter of mouth: 8cm
Diameter of bottom: 6.9cm

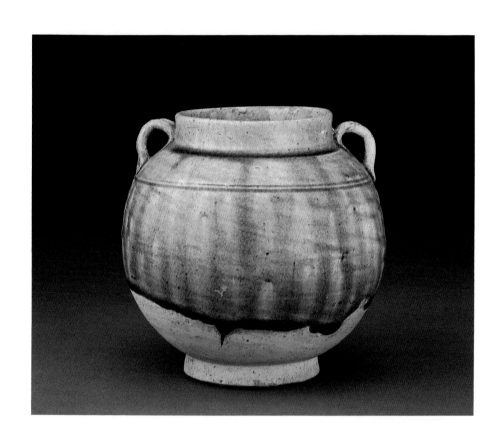

罐直口，短頸，豐肩，肩部對稱雙立繫，圓腹，腹下漸收，平底外撇，底心微凹。裏滿釉，外部施釉不到底，底無釉。釉色青中泛綠，施釉不均匀，釉面有刷釉痕迹。

隋瓷器物一般胎壁較厚，胎質細膩，色灰白，可以看出瓷泥是經過淘洗的。裏外施釉，釉為青色玻璃質，光澤較強，透過釉層可以窺見胎面。它為日益成熟的唐代青瓷打下了技術基礎。

青釉四繫蓋罐
隋
高20.5厘米　口徑7.4厘米　底徑7.5厘米

Four-looped jar with a cover, green glaze
Sui Dynasty
Height: 20.5cm　Diameter of mouth: 7.4cm
Diameter of bottom: 7.5cm

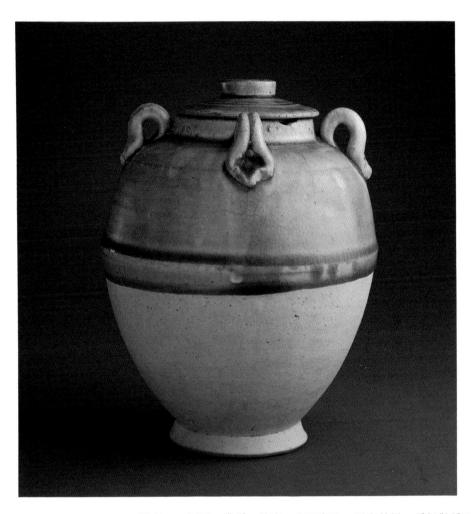

罐直口，無頸，豐肩，鼓腹，腹下漸收，平底外撇，肩部對稱四橋形繫。蓋平頂鈕，蓋面平坦。裏滿釉，外部施釉不到底，底無釉，蓋面施釉，裏無釉。釉色青中泛黃，釉面開細碎紋片。

青釉四繫罐在漢至唐大量生產。其演變規律較為明顯，器體不斷增高，上腹收小，下腹和底相應擴大，重心下移，越來越切合實用。三國、西晉時的四繫罐，造型和雞頭壺有相似之處，多直口、鼓腹、小底，肩部往往有網狀印紋裝飾，有的還有貼花。東晉、南朝時期的四繫罐體型更高，肩部多立橋形四繫。南朝的四繫罐肩部多刻劃蓮瓣紋。隋代的四繫罐和南北朝相比，又有顯著變化，腹部凸起弦紋一道，代替南北朝的蓮瓣裝飾。類似的青釉四繫蓋罐多出在河北、河南、陝西等地隋墓中，並常與高足盤、大小平底碗同時出土，説明此種罐式流行於北方。是隋代瓷器中的典型器物。

青釉貼花四繫罐
隋
高17.7厘米　口徑9.6厘米　底徑9厘米

Four-looped jar with applied floral decoration, green glaze
Sui Dynasty
Height: 17.7cm　Diameter of mouth: 9.6cm
Diameter of bottom: 9cm

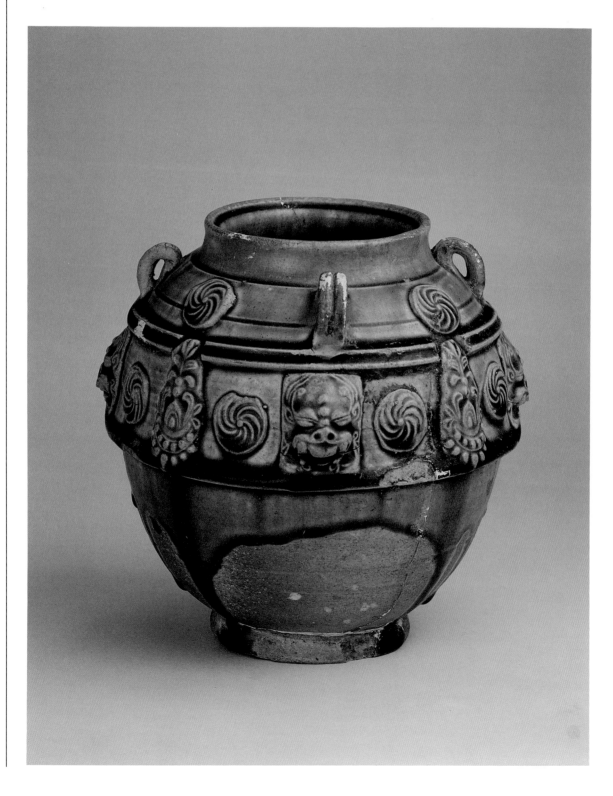

青釉貼花四繫罐
隋
高17.7厘米　口徑9.6厘米　底徑9厘米

72

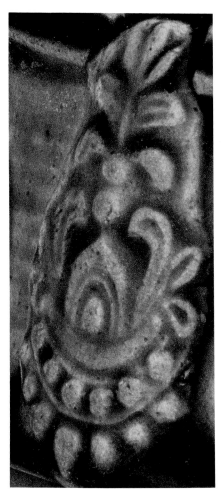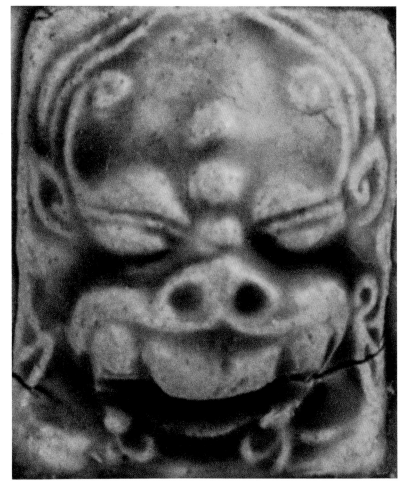

罐直口，短頸，溜肩，圓腹，假圈足，平底。肩部飾四條形繫，四繫之間
貼團花紋樣，下飾凸起的弦紋；罐腹上部貼有團花、草葉、團龍、獸面等
四種紋樣，間隔排列而成的帶形紋飾。下飾一條凸起如棱的弦紋，將罐身
等分為兩部分，罐裏滿釉，外施半截釉，流釉現象明顯，釉呈黃綠色。

這件青釉貼花四繫罐屬於北方流行的罐型，它不僅造型具典型性，而且其
紋飾的裝飾工藝在隋瓷中極為少見。從它的胎釉特徵上看是安徽淮南窰的
產品。

青釉兔鈕蓮瓣紋鐘
隋
高12厘米　底徑12.7厘米

Green glazed bell with a rabbit knob and
lotus-petal decoration
Sui Dynasty
Height: 12cm　Diameter of bottom: 12.7cm

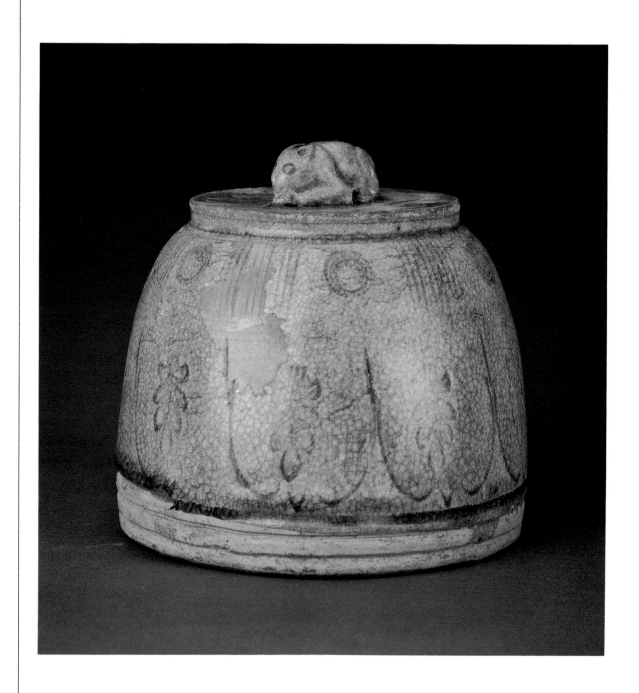

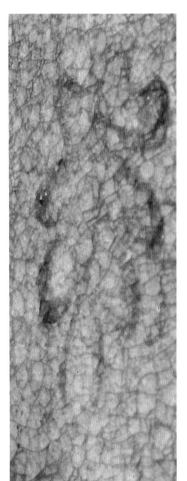

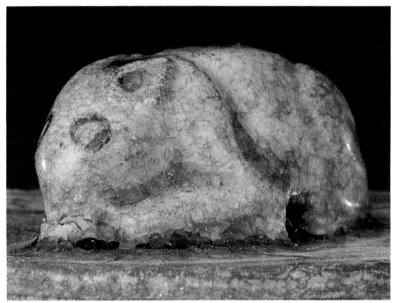

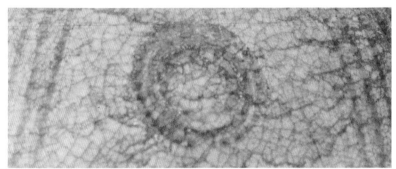

鐘中空，平底，底心有一圓孔。上端有兔鈕，外模印蓮花瓣紋一周，鐘身亦模印蓮瓣紋，紋上六組小團花，花間隔處，間以條紋，外部施釉不到底。

青釉鐘是"隋宮"樂府中的樂器，見於隋代墓出土女俑手持此物。這時期燒製的青釉瓷器不僅釉面光亮，往往還有花紋裝飾。裝飾方法有刻花、劃花、印花和貼花多種。紋飾題材以蓮瓣紋居多。此器是用印花手法在器物上施以蓮瓣紋。印花是隋瓷常用的一種裝飾工藝，準確的稱謂應為模印。它與紡織品印染工藝的印花着色顯然不同，是用陶質的印模在胎上壓印出凸凹的暗花，然後施釉，入窰燒製，顯現出釉下的花紋。此鐘蓮瓣紋模印清晰，佈局規整，綫條流利，極富藝術美感。

青釉弦紋燈盞
隋
高10厘米　最小口徑4.5厘米　底徑4.5厘米

Green glazed Lampstand with bow-string pattern
Sui Dynasty
Height: 10cm　Diameter of the smallest mouth: 4.5cm
Diameter of bottom: 4.5cm

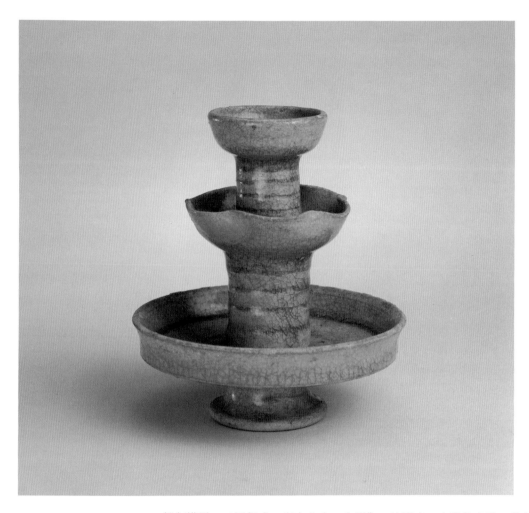

燈似塔形，三層盤式，底大上小，中間為一柱形座，有弦紋多道。整個燈
盞器形美觀大方，並具實用照明功能。通體施青釉，釉色青中泛黃，施釉
均勻，釉面有細碎紋片。燈盞的最上層是放油處，二、三層承接從上面流
下的燈油，並可同時點燃，增加其照明度。此件青釉弦紋燈盞是隋代高足
盤式樣的發展，不失為匠心獨運的精美之作。

黃釉小碗
隋
高6.6厘米　口徑10.3厘米　底徑3.5厘米

Small bowl in yellow glaze
Sui Dynasty
Height: 6.6cm　Diameter of mouth: 10.3cm
Diameter of bottom: 3.5cm

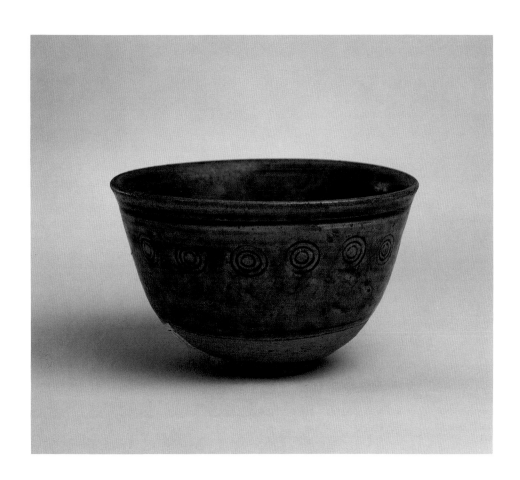

碗圓口，下部稍斂，平底，底心內凹。通體施黃釉，外部施釉不到底，釉
泛黃褐色，釉面有細小紋片。

隋瓷在南北朝瓷業的技術上進一步發展，並在素潔的釉面上增加紋飾的種
類。此黃釉小碗外壁釉面上印有圓圈狀圖案一周，使本不鮮艷的釉面增加
了美感，裝飾效果新穎獨特。

黄釉鉢
隋
高13厘米　口徑23厘米　底徑8.5厘米

Yellow glazed alms-bowl
Sui Dynasty
Height: 13cm　Diameter of mouth: 23cm
Diameter of bottom: 8.5cm

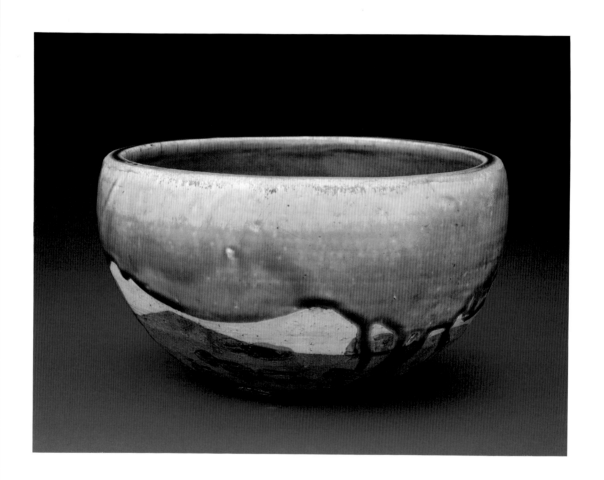

鉢斂口，腹鼓，腹下漸斂，平底無釉，底心內凹。裏滿釉，外部施釉不到底，有流釉現象，裏心有支燒痕三個。

隋代黄釉釉色有蠟黄、黄綠及鐵褐色等，釉層一般厚薄濃淡不勻。由於當時對於還原焰的控制技術還達不到完全成熟的水平，致使一些器物釉色呈現不純正。這件隋黄釉鉢造型比較規整，體態豐滿，釉色黄中泛青，呈色穩定，是隋代典型作品。

黃釉高足盤
隋
高12.5厘米　口徑27.5厘米　足徑14.5厘米

Yellow glazed stem-plate
Sui Dynasty
Height: 12.5cm　Diameter of mouth: 27.5cm
Diameter of foot: 14.5cm

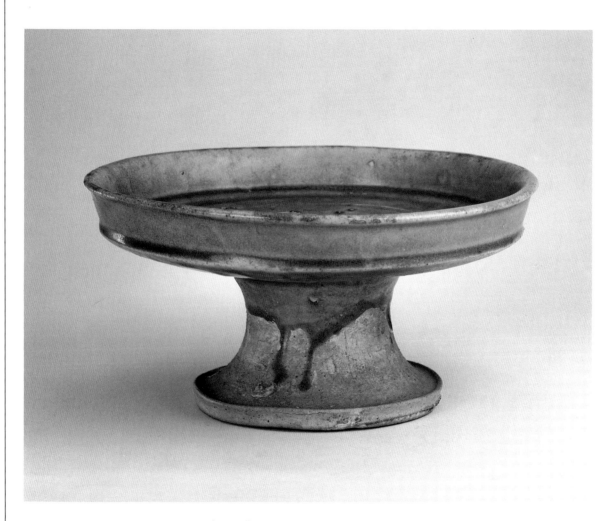

高足盤為淺式，下承以喇叭狀圈足，盤心飾以印花紋。盤心殘留疊燒時支釘燒痕五個，可見高足盤在疊燒時不是放在最上面，也不是單獨燒製。器身施黃釉，釉色黃中泛青，施釉不到底，足底露胎。

北方隋墓中出土大量的碗、缽形器及高足盤，與其他隋代瓷窯的產品造型和燒造工藝基本一致，其中高足盤又具有隋代瓷器的典型風格，是隋瓷中最具典型的器物。南北瓷窯都大量燒製高足盤，有青釉、黃釉之分，盤心常有陰圈綫紋，有的器物在盤心還帶有三、五、七個不等的支燒痕迹。

黃釉撇口瓶
隋
高20.5厘米　口徑5.5厘米
足徑6.2厘米

**Yellow glazed vase with
a dish-shaped mouth**
Sui Dynasty
Height: 20.5cm
Diameter of mouth: 5.5cm
Diameter of foot: 6.2cm

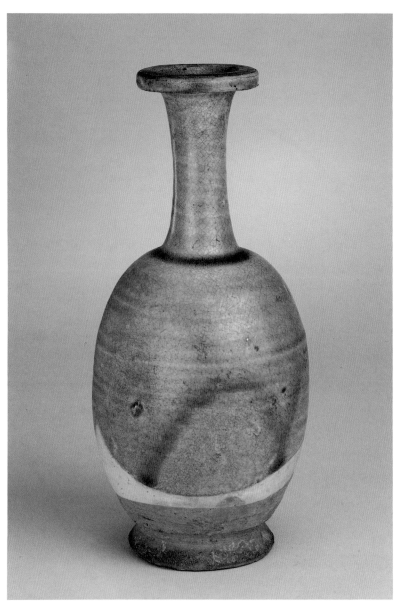

瓶撇口，頸細長，腹徑闊而呈橢圓形，底足中空外撇。器身通體施黃釉，釉層中有氣泡，施釉不到底。

隋代的瓶是由北朝時期的洗口瓶演變而來，它的主要變化是在腹部。北朝的瓶，腹瘦長，最大腹徑在近底處。隋瓶的頸變細長，腹徑闊大略呈橢圓形。瓶的造型在隋代還有許多新的創造，在瓶的頸肩交界處貼附兩繫或四繫，或在頸肩間飾以朵花捲葉紋和蓮瓣紋，形式美觀。而這件黃釉撇口瓶則通體光素無紋飾，器身也沒有貼附任何裝飾，這在隋瓷中是較少見的。

黃釉雙繫盤口瓶
隋
高19.2厘米　口徑5.7厘米
底徑6.1厘米

Two-looped vase with a dish-shaped mouth, yellow glaze
Sui Dynasty
Height: 19.2cm
Diameter of mouth: 5.7cm
Diameter of bottom: 6.1cm

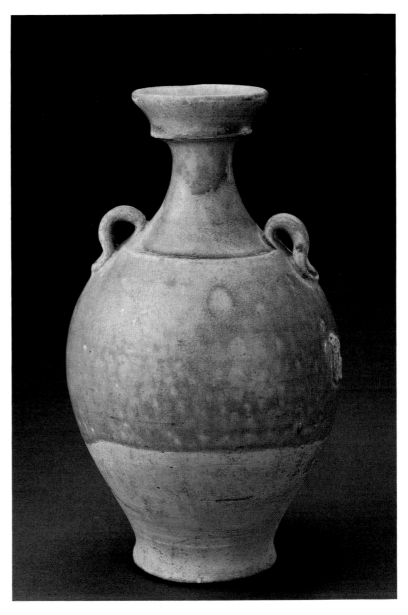

瓶盤口，外撇，細頸，溜肩，圓腹，假圈足。肩部有對稱雙立繫，平底內凹。裏滿釉，外部施釉不到底，底無釉。釉色泛黃灰色，有磨釉現象，釉片開細碎紋片。

黃褐釉蓋盒
隋
高5.4厘米　口徑9厘米　底徑8.5厘米

Covered box in brownish yellow glaze
Sui Dynasty
Height: 5.4cm　Diameter of mouth: 9cm
Diameter of bottom: 8.5cm

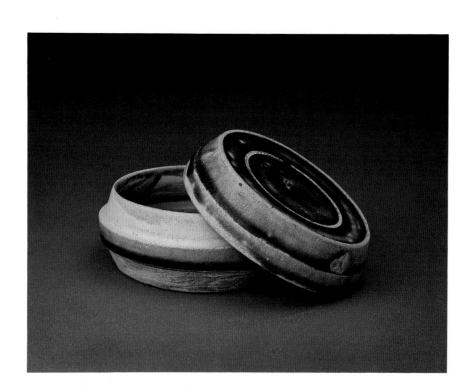

盒分兩部分，蓋口合於底口上，蓋上部微收，平面稍陷，突起弦紋一道。
盒身直口內收，壁直而短，近底內斂，平底。蓋內無釉，外滿釉。盒身內
滿釉，外口及近底、足面均無釉。

隋瓷胎體一般較為厚重，胎色因產地而異，以灰白色居多；釉為青色，青
中泛黃和黃褐者也為數不少。這件黃褐釉蓋盒由於是在還原焰中燒製，釉
色不穩定，由青轉為黃褐色，說明它的窯爐結構還有待改進，使用還原焰
燒成技術尚不成熟。

綠釉螭龍荷瓣爐
隋
通高31厘米　底徑21厘米

Incense burner with dragon and
lotus-petal design, green glaze
Sui Dynasty
Overall height: 31cm
Diameter of bottom: 21cm

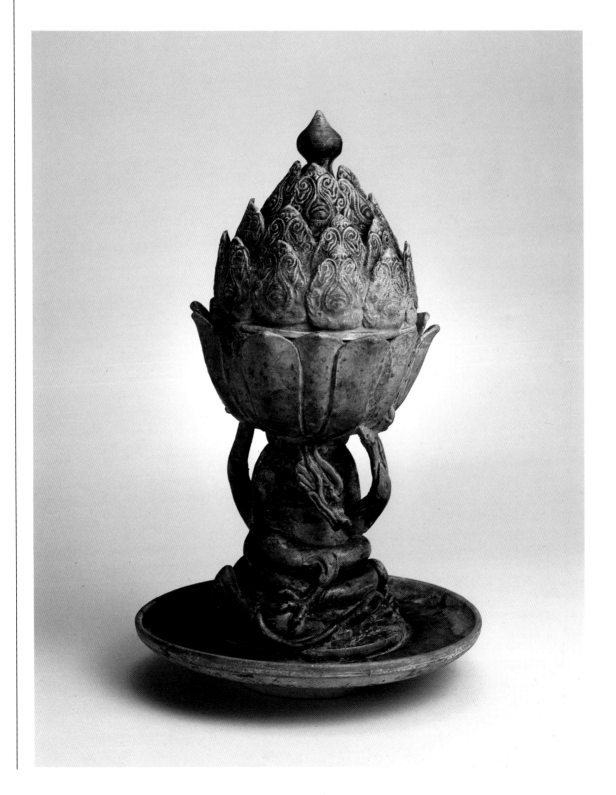

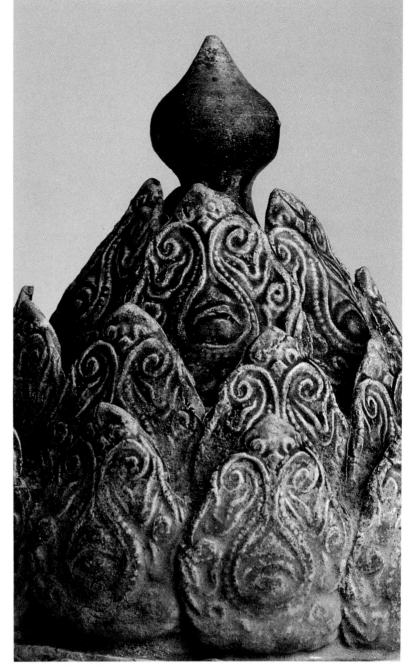

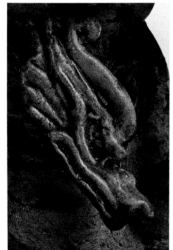

此器俗稱"博山爐"。高而尖，上面堆雕峰巒、雲紋之類，如蓮花狀，象徵仙山勝境。底盤象徵海水，上有螭龍二條，做蟠結狀，龍爪上托蓮花寶座。

青瓷博山爐，是仿漢代薰香用的銅爐而燒製的，盛行於漢、晉。古代盛傳海上有蓬萊等三座仙山，博山爐便是根據這一傳說而設計的。隋代將此製作工藝又提高一步，釉色增添多種變化。但銅製的博山爐造型挺秀，雕鏤精密，是當時的製瓷工藝難以達到的；此爐造型顯得圓渾、飽滿，雕刻紋飾有規律，以適應燒造工藝的特點。但綫形的變化和部位的功能也都基本與銅爐相似。隋代製瓷工匠將此博山爐做得渾圓卻又仍顯挺拔，在釉色上亦進一步多樣化，表明了隋代製瓷工藝的進步。

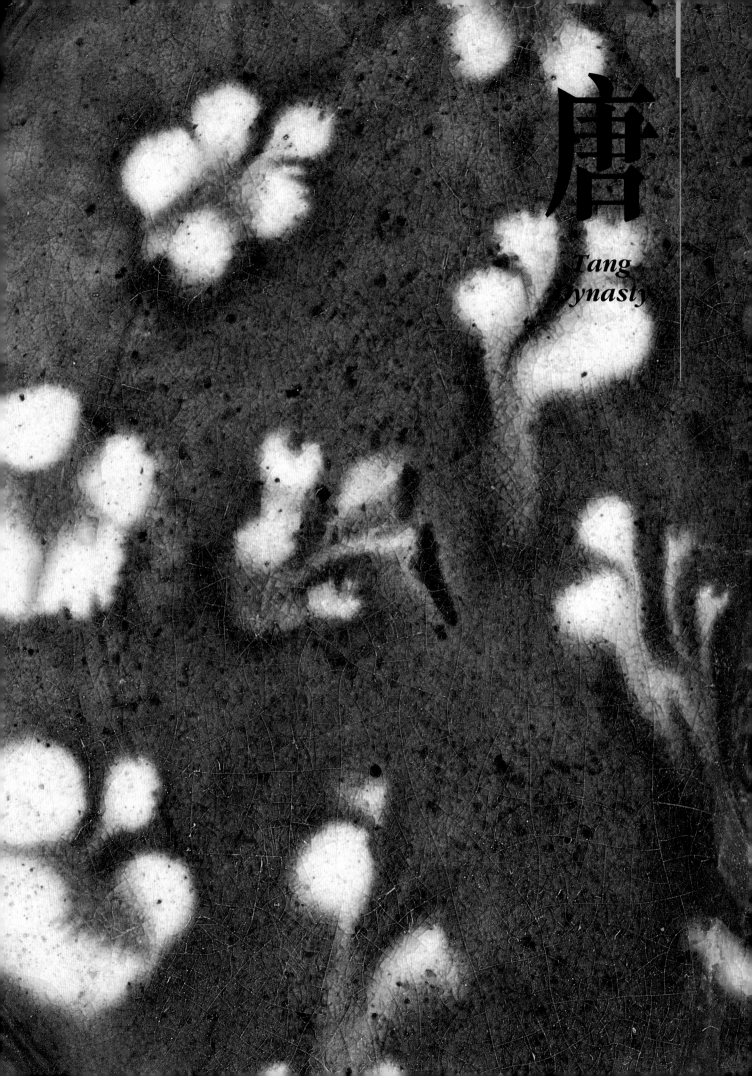

唐

*Tang
Dynasty*

邢窰白釉碗

82

唐
高4.7厘米　口徑15.6厘米　足徑6.7厘米
七十年代河北邢台唐墓出土

White glazed bowl, Xing ware
Tang Dynasty
Height: 4.7cm　Diameter of mouth: 15.6cm
Diameter of foot: 6.7cm
Unearthed in 1970s from a tomb of the Tang
Dynasty at Xingtai, Hebei Province

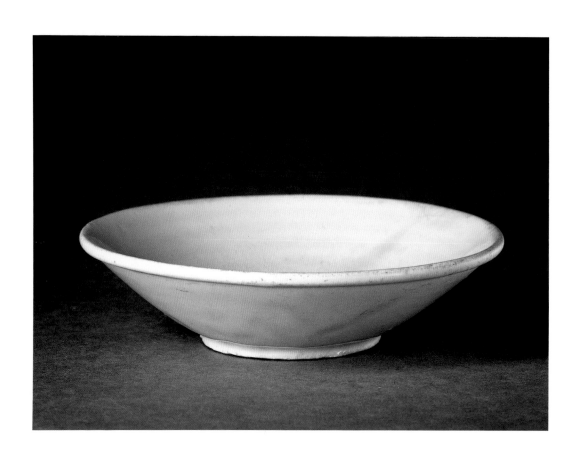

碗敞口，反唇，瘦底，璧形底足。裏外滿釉，足無釉。

碗是生產量最大的一種日用器，南北各地瓷窰都普遍燒製，形制也大體相同。此碗器形完整，碗體較大。唐代中期以後，開始出現一種身淺，敞口外撇，玉璧形底足的碗。晚唐以後這種碗式大量出現，碗的胎壁從厚重逐漸趨向輕薄，從玉璧形底向寬圈足方向發展。這種碗式的流行，與唐代飲茶風尚有直接關係。

此碗在七十年代於河北邢台唐墓出土，釉色瑩潤，白中閃青，是唐邢窰的優秀作品。

邢窰白釉碗
唐
高4.1厘米　口徑15.3厘米　足徑7.2厘米

White glazed bowl, Xing ware
Tang Dynsty
Height: 4.1cm　Diameter of mouth: 15.3cm
Diameter of foot: 7.2cm

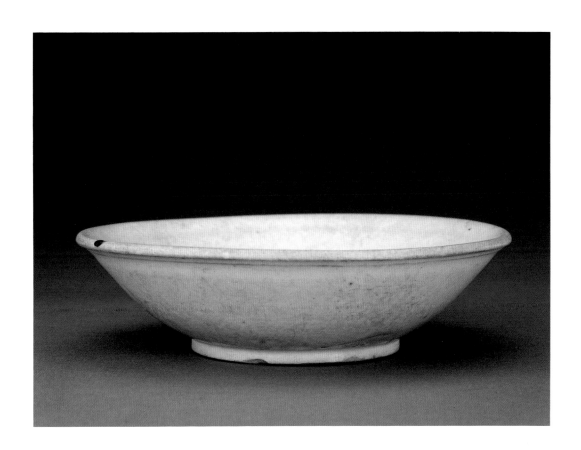

唇口，斜壁，淺腹，瘦底，玉璧形足。裏外施白釉，胎質堅實，厚重，瓷
土白而細潔，瓷化程度高，叩之“噹噹”有金石聲。

邢窰碗是在唐代飲茶風尚盛行之下生產的一種優質的飲茶器皿。俗稱“玉
璧形”底碗，在唐代最為盛行。

邢窰白釉罐
唐
高15.8厘米　口徑7.3厘米　底徑8.1厘米

White glazed jar, Xing ware
Tang Dynasty
Height: 15.8cm　Diameter of mouth: 7.3cm
Diameter of bottom: 8.1cm

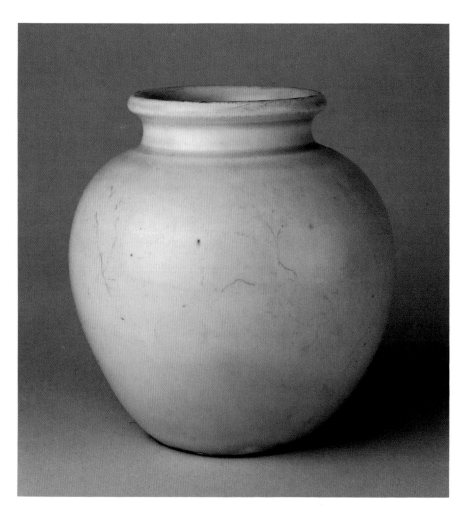

白釉瓷器自北朝創燒以後，歷隋至唐發展成熟，到唐代形成了中國古陶瓷史上有"南青北白"之稱的歷史局面，其中的"北白"就是以邢窰白瓷為其代表。

這件邢窰白釉罐，口微外撇，短頸，豐肩，肩以下漸斂，平底，裏外滿釉，底無釉。釉色潔白似雪，釉面瑩潤光亮，是傳世的邢窰白瓷中一件稀有的珍品。

邢窰白釉瓶
唐
高14.4厘米　口徑6厘米　底徑7.2厘米

White glazed vase, Xing ware
Tang Dynasty
Height: 14.4cm　Diameter of mouth: 6cm
Diameter of bottom: 7.2cm

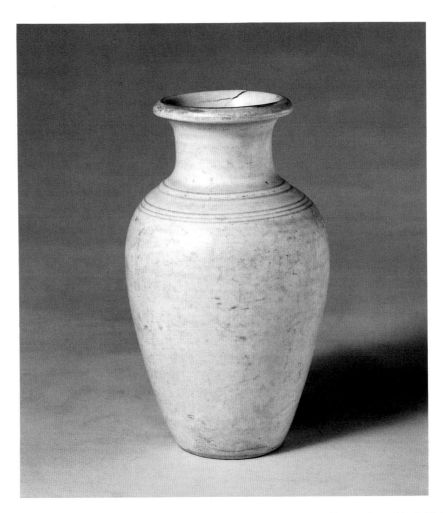

瓶口外撇，細頸，豐肩，肩部以下漸收斂，平底。肩部淺刻弦紋，通體施釉，釉色潔白，胎質細膩無雜質。

邢窰所產瓷瓶，在唐代極為著名，時稱"內丘瓶"。此瓶造型規整，胎釉均潔白無瑕疵，反映了唐代白瓷燒製已達到極高的工藝水平，是現存邢窰白瓷瓶中難得的精品。

邢窰白釉三足爐
唐
高5.6厘米　口徑3.9厘米　足距4.9厘米

Incense burner with three feet, white glaze, Xing ware
Tang Dynasty
Height: 5.6cm　Diameter of mouth: 3.9cm
Spacing of feet: 4.9cm

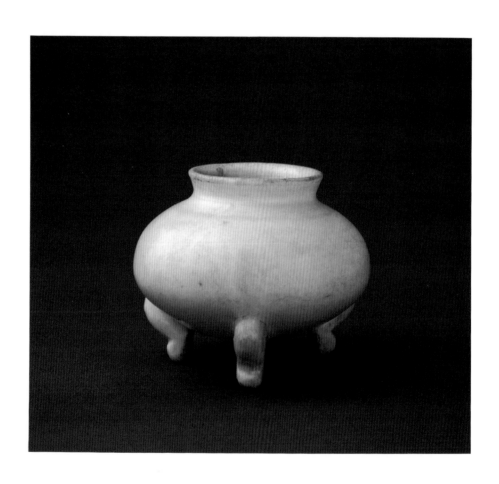

爐撇口，短頸，扁圓腹，平底，腹以下承以三立足。通體施白釉。

爐是古代焚香用具的統稱。造型多樣，用作生活中燃香用具或佛前供器。
有的爐身下還承以三足、五足或高足等。三足爐在宋代開始普遍流行，唐
代卻極為少見。此件白釉三足爐，器形小巧別致，底下三足足尖微向外
撇，穩重端莊。器身滿釉，釉色潔白瑩潤，其釉質表現了唐代白瓷的典型
特徵。

邢窯白釉小壺

唐
高10.5厘米　口徑2.5厘米　足徑5.3厘米

Small pot in white glaze, Xing ware
Tang Dynasty
Height: 10.5cm　Diameter of mouth: 2.5cm
Diameter of foot: 5.3cm

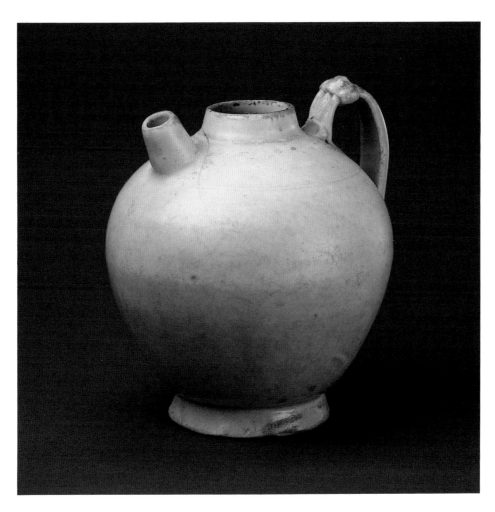

此壺為唐代邢窯產品。小口，短頸，溜肩，圓腹，腹以下漸收，圈足外撇。肩部一邊有一柱形短流，另一邊有一曲柄立於腹部外側。裏外滿釉，釉色潔白，胎質堅致，釉面光亮瑩潤，質感很強。

唐代邢窯白瓷是在隋代燒造白瓷的基礎上開展的，把原料中鐵的氧化物控制在一定的比例之內，使得白瓷製造技術更加提高，胎質純淨，釉色已接近今天的白瓷。此壺造型小巧新穎，胎堅釉白，在邢窯器物中並不多見。

邢窯白釉皮囊壺
唐
高12.5厘米　口徑2.2厘米　底徑12.5厘米
清宮舊藏

White glazed pot in the shape of a waterskin, Xing ware
Tang Dynasty
Height: 12.5cm　Diameter of mouth: 2.2cm
Diameter of bottom: 12.5cm
Qing Court collection

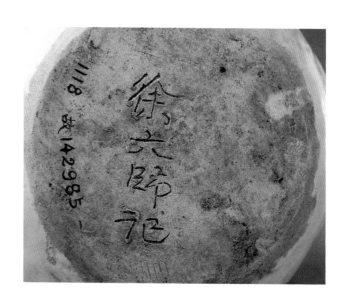

壺提包式，上窄下寬，上端一面有小流，流直口，中間凸起曲形柄，壺兩面凸起包袱摺紋綫各一道，中間凸綫一道，底劃刻"徐六師記"四字匠師題款。

此壺是摹仿少數民族皮囊容器而燒製的，樣式新穎，胎質細膩，釉色白潤，製作精巧。唐代白瓷不以紋飾取勝，而把美化重心放在造型和釉色的諧調及其相互映襯方面。此器物精雕細琢，且有作家名款，是研究唐代白瓷的珍貴實物資料。

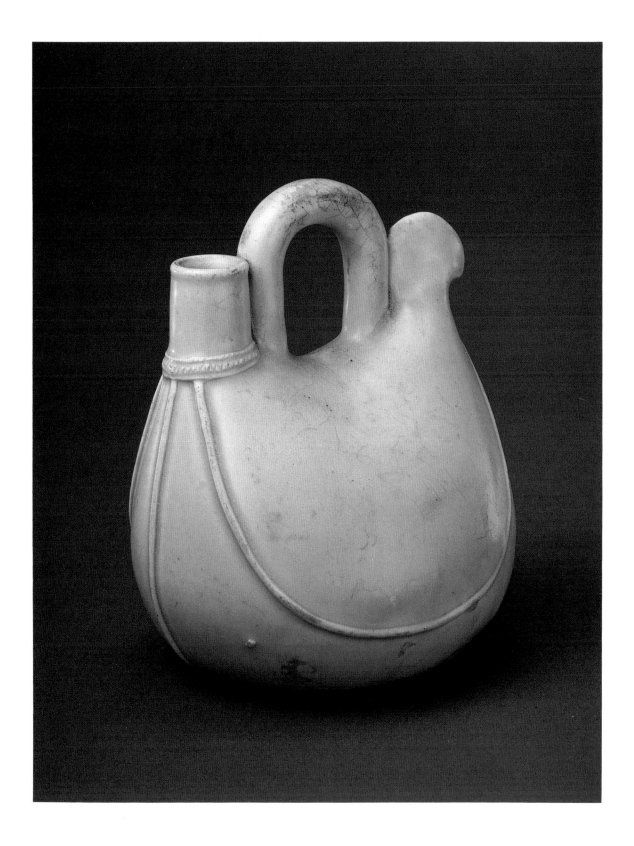

邢窯白釉子母獅
唐
高10.8厘米　底徑6.3厘米

White glazed composite lions, Xing ware
Tang Dynasty
Height: 10.8cm　Diameter of bottom: 6.3cm

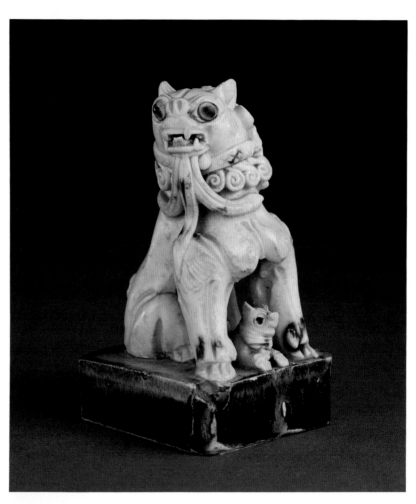

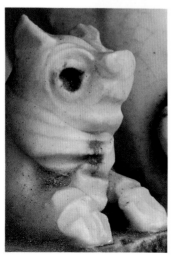

獅昂首，兩眼凸起，雙耳直立，張口露齒。長鬚，捲髮，前腿直，後腿曲，尾上捲，伏臥於方台上。獅兩前腿之間臥一幼獅。獅的眼睛及腿部均點以褐彩。台為長方形，上下垂直，四周施褐色釉，深處呈現黑色。

唐代由於經濟文化的發達，製瓷業也有了很大發展，品種與造型新穎多樣。如這件白釉獅子，姿態雄健，渾厚古樸，將異國情調與中國本土的藝術風格自然巧妙地融合於一體，實為唐代瓷雕藝術的一件傑作。

邢窰白釉刻花鴨式水注

唐

長13.2厘米　高7.3厘米　口徑7.4×5.6厘米

Duck-shaped water dropper in white glaze with
incised floral design, Xing ware

Tang Dynasty
Length: 13.2cm　Height: 7.3cm
Diameter of mouth: 7.4×5.6cm

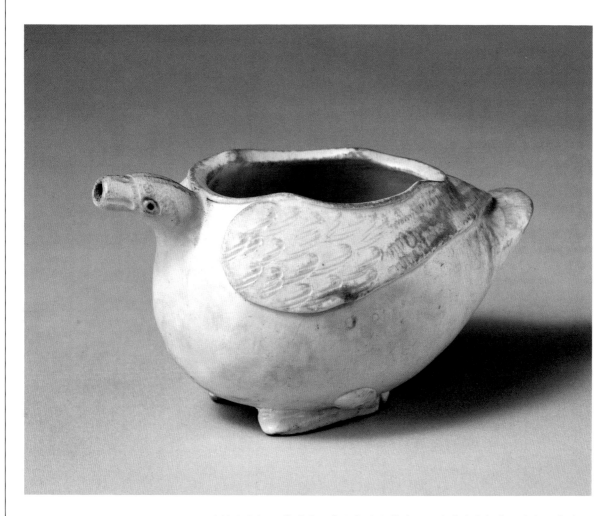

鴨縮頸合翅呈伏臥狀，背上為海棠花式口，注腹內底部伏一小龜，龜身下
有孔通向鴨嘴為流，鴨雙足即為器足。通體施白釉，釉色白中閃青，鴨眼
點黑彩為睛，翅劃刻羽毛紋，翅尾有凝聚的玻璃質釉。

此水注運用寫實與寫意相結合的手法，生動傳神地刻畫出一隻悠然休憩的
水鴨。特別是注流的設計更是匠心獨運，反映出唐代製瓷匠師們豐富的想
像力和高超的技藝。

邢窯白釉黑篷牛車
唐
高16.8厘米　車輪徑5厘米

White glazed cattle cart with black cover, Xing ware
Tang Dynasty
Height: 16.8cm
Diameter of wheel: 5cm

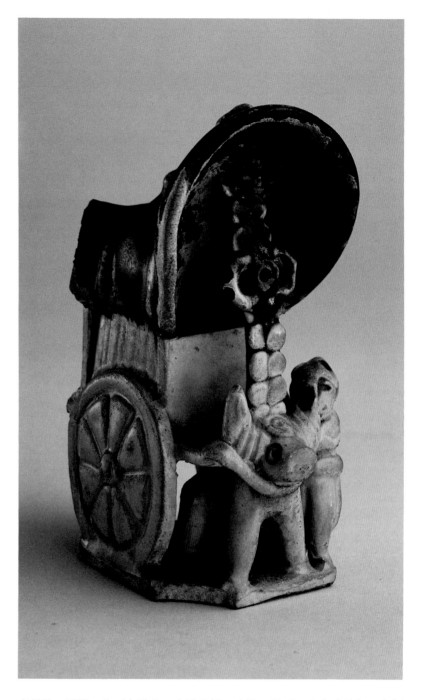

車雙輪，翻篷，內正中端坐一高髻貴婦，車前一壯碩肥牛狀欲前行，左側立一車夫，正勒緊籠套和韁繩做出發前的準備。唐代的雕塑名家，不但十分熟悉當時社會各階層的生活，同時又善於運用陶塑技巧，表現作品的精神內涵。此牛車，通過車中貴婦的高傲神態和車夫謹慎恭敬的神情，表明了他們的主僕關係。此車白身黑篷，色彩對比強烈，更襯托得生動傳神。

邢窰白釉劃花蝶蓋盒

唐

高3.6厘米　口徑4.5厘米　底徑3.6厘米

Covered box in white glazed with
carved butterfly design, Xing ware

Tang Dynasty
Height: 3.6cm　Diameter of mouth: 4.5cm
Diameter of bottom: 3.6cm

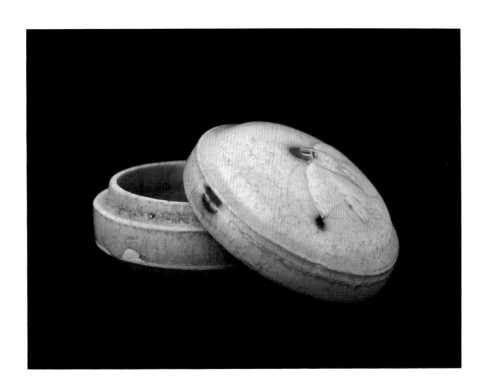

瓷盒在兩晉時已經出現，唐代由於向西域國家源源不斷地輸出香料和珍稀
藥品，需要防潮密封的容器，因而大量生產瓷盒。

此瓷盒直口，平底，通體施青白釉，蓋面隆起，上凸刻一飛舞的蝴蝶，周
圍疏朗地點染褐彩點五個。釉薄而透明，釉表佈滿極細的開片，製作規
整，以凸刻的蝴蝶紋並點釉上褐彩為裝飾，這在唐代瓷盒中是不多見的。

定窯白釉碗
唐
高4.1厘米　口徑11.5厘米　足徑4.9厘米

White glazed bowl, Ding ware
Tang Dynasty
Height: 4.1cm　Diameter of mouth: 11.5cm
Diameter of foot: 4.9cm

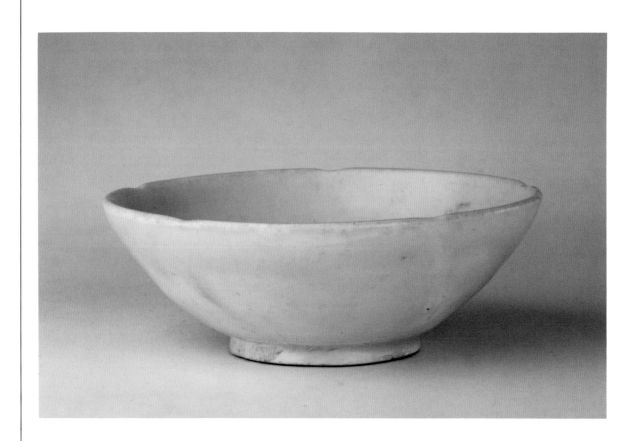

碗花瓣口，口以下漸斂，圈足。裏外滿釉，足無釉。

此碗腹部較淺，口為花瓣式，造型簡潔、美觀。定瓷多為盤、碗、壺等生活用品，偏重實用功能。定窯白瓷釉色純正，工藝精細，行銷海外，馳名古今。

定窯白釉碗
唐
高3.4厘米　口徑14.5厘米　足徑7.7厘米

White glazed bowl, Ding ware
Tang Dynasty
Height: 3.4cm　Diameter of mouth: 14.5cm
Diameter of foot: 7.7cm

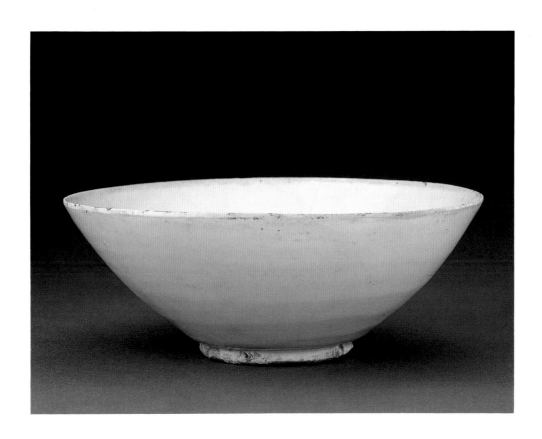

此碗厚唇，淺腹，玉璧底。胎骨厚實，斷面較粗，但燒結較好，胎色白而
略泛灰。為取得潔白的效果，在胎體上先施一層白色化妝土，再罩透明
釉；從施釉方法和胎土的顏色看，當屬河北曲陽澗磁村窯的產品。

定窯白釉唇口碗
唐
高3.6厘米　口徑12.5厘米　足徑4.8厘米

White glazed bowl with a lip-shaped mouth, Ding ware
Tang Dynasty
Height: 3.6cm　Diameter of mouth: 12.5cm
Diameter of foot: 4.8cm

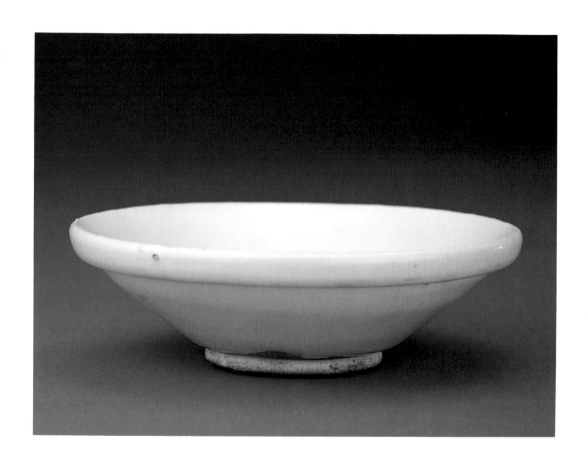

唇口碗是中唐以後典型的茶碗形制，白瓷碗中最多見。唇口的作法是在坯體成型後，把碗口翻摺過來黏合，口外形成一條凸出的口唇狀邊，故稱唇口。這類唇口有的較寬、有的較窄，此碗接近寬唇口。淺腹，玉璧底，胎質堅硬，裏外施白釉，釉薄而光潔，不透明，形制美觀大方。

定窯白釉碗
唐
高3.6厘米　口徑12.5厘米　足徑5.2厘米

White glazed bowl, Ding ware
Tang Dynasty
Height: 3.6cm　Diameter of mouth: 12.5cm
Diameter of foot: 5.2cm

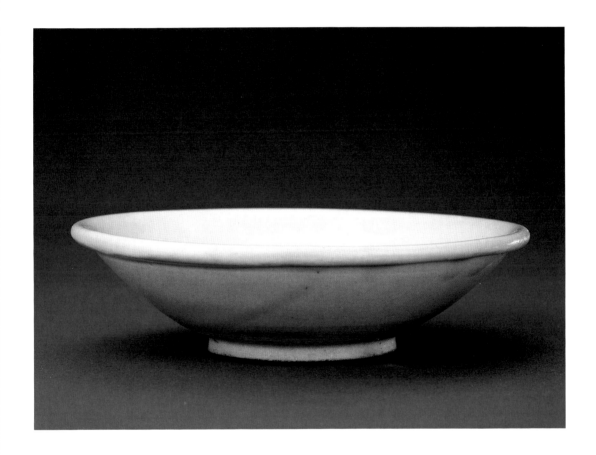

這件白釉碗唇口，淺腹，斜壁，玉璧底，圈足矮淺寬大，中部有臍釉。胎白，釉光亮無雜質。

定窰白釉碗

唐
高7厘米　口徑8.1厘米　底徑3.8厘米

White glazed bowl, Ding ware
Tang Dynasty
Height: 7cm　Diameter of mouth: 8.1cm
Diameter of bottom: 3.8cm

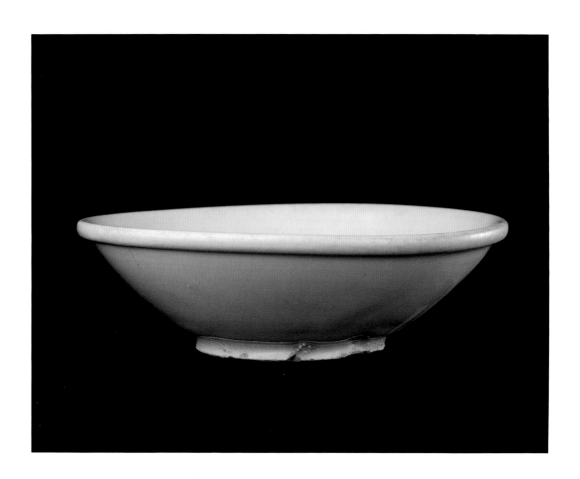

碗深式，撇口，假圈足，平底。裏外施釉，外部釉不到底，有細小紋片。

深腹式碗在六朝時期開始大量流行，有直口和斂口兩種，一般腹部較深，腹壁輪廓由直綫向下傾斜收縮。它的優點是容量較大，且燒製方便。在北齊封氏墓和范粹墓、崔昂墓出土的青瓷碗，都屬於這一類型。封氏墓中還有帶托青瓷碗，碗形也和深腹碗相似。在南朝，這種深腹碗相當普遍，北方部分青瓷碗的形制受南方影響。到了隋代，不僅青瓷深腹碗大量流行，還出現了白瓷產品。

這件白釉深腹式碗，除具有實用性外，造型優美，釉面潔白瑩潤且有細密開片，是在繼承六朝時期製瓷工藝的基礎上，進一步提高的結果。

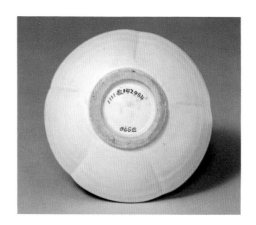

定窰白釉葵瓣碗

98

唐

高3.7厘米　口徑12.6厘米　足徑5.4厘米

**Mallow-petal bowl in white glaze,
Ding ware**

Tang Dynasty

Height: 3.7cm　Diameter of mouth: 12.6cm

Diameter of foot: 5.4cm

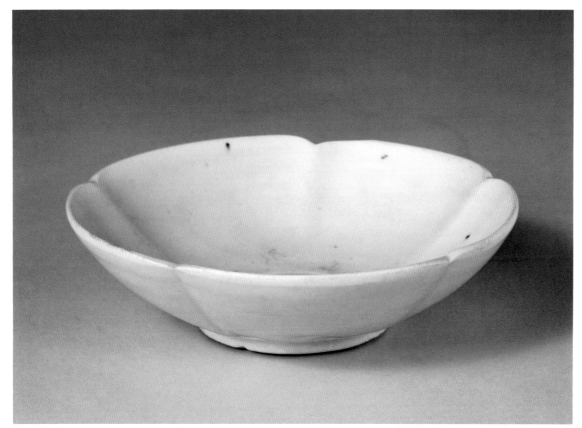

碗五葵瓣式，敞口，圈足。裏外滿釉，足邊無釉。

唐代定窰以大量生產優質白瓷名聞天下。白釉無紋飾，胎質堅硬潔白，造
型極為規整，釉色白中閃青，既有玉質感，又有銀質感，深受人們喜愛，
曾作為地方名產向朝廷進貢。此碗五葵瓣式，口倣宛如盛開的海棠花，優
美奇巧。

定窰白釉葵瓣碗
唐
高3.9厘米　口徑12.6厘米　足徑6厘米

Mallow-petal bowl in white glaze, Ding ware
Tang Dynasty
Height: 3.9cm　Diameter of mouth: 12.6cm
Diameter of foot: 6cm

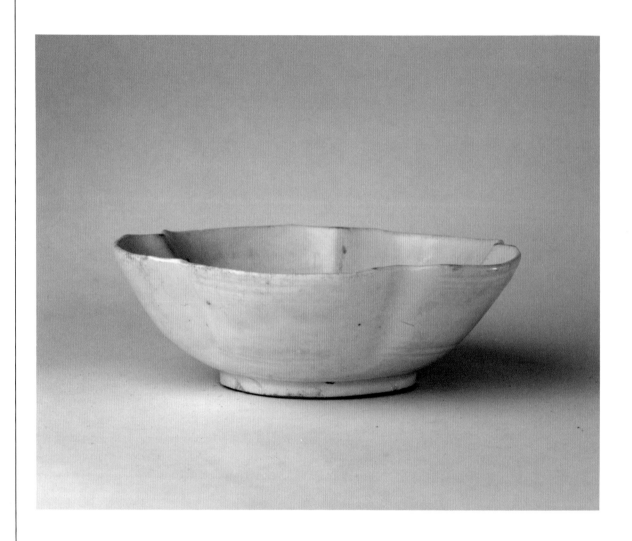

碗五葵花瓣式，敞口，圈足。裏外滿釉，足邊無釉。碗心刻弦紋兩道，碗外刻弦紋五道。

唐代白瓷造型雖注重配合實用功能，但器物的部位，特別是口沿部位，卻往往狀摹瓜果花草。這件葵瓣式口沿碗，為唐代定窰造型裝飾的又一新作，新穎別致，美觀大方，實用而又典雅。

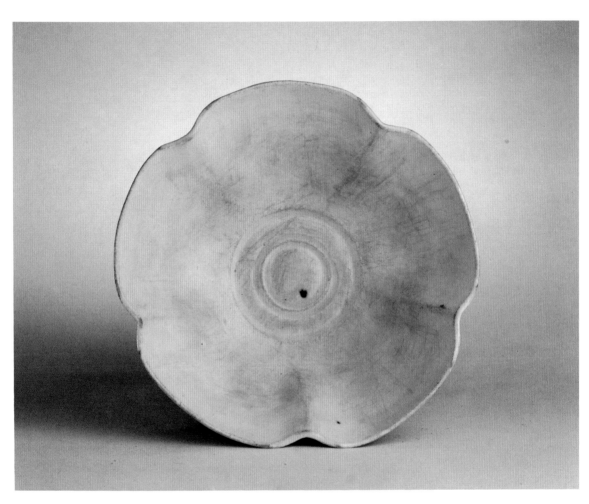

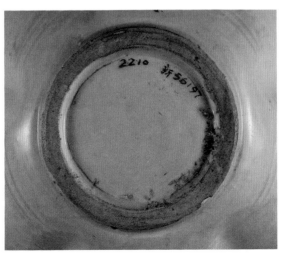

定窰白釉盒
唐
高6.9厘米　口徑9.8厘米　足徑5.4厘米

White glazed box, Ding ware
Tang Dynasty
Height: 6.9cm　Diameter of mouth: 9.8cm
Diameter of foot: 5.4cm

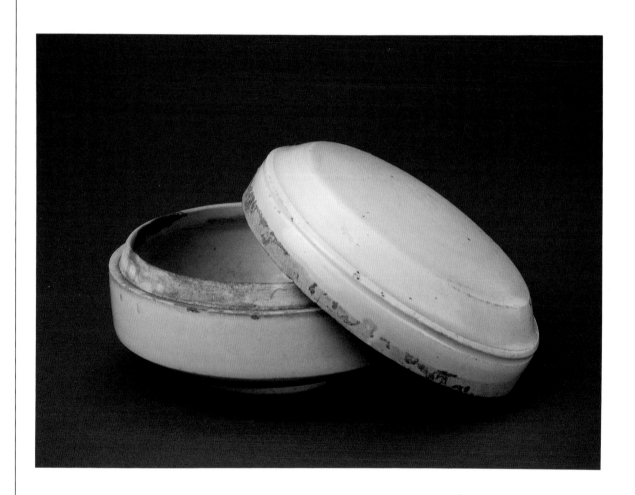

圓形，子母口，直壁，蓋頂隆起，腹向下收，平底，底下為圈足。胎質堅硬，胎壁較厚，火候較高，裏外施白釉，釉色潔白，釉面瑩潤，為典型唐代定窰產品。

唐代定窰的前身是邢窰，唐代邢窰造瓷工藝北傳定窰，帶動和促進了定窰的崛起和發展，這件定窰白釉盒，胎質細密堅致，釉色純正，已不亞於同時代的邢窰產品。

定窰白釉圓盒
唐
高4.5厘米　口徑6.1厘米　足徑3.5厘米

Round box in white glaze, Ding ware
Tang Dynasty
Height: 4.5cm　Diameter of mouthe: 6.1cm
Diameter of foot: 3.5cm

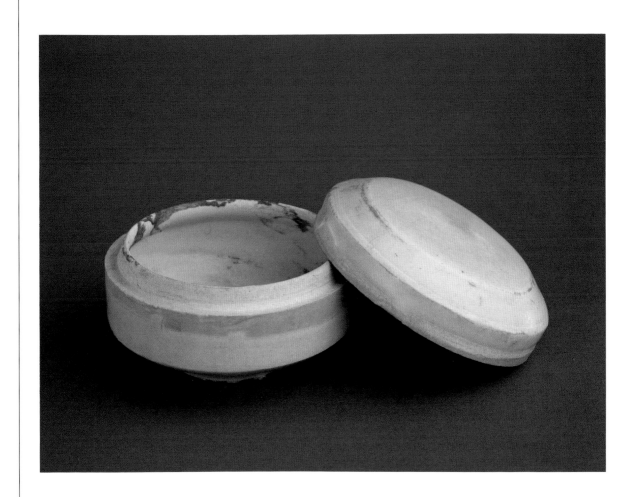

唐代白瓷的燒製水平有了很大提高。中晚唐之後，白瓷多數採用高質量的坯料，很少有先在瓷胎上施加白色化妝土的了。這種白釉圓盒，子母口，直腹，平蓋，圓餅形實足。胎質堅致細膩，胎色潔白，無化妝土遮蓋。通體施白釉，釉色透明而略閃青色。器形精巧古樸。

定窰白釉鉢
唐
高7.9厘米　口徑11厘米　底徑5.5厘米

White glazed alms-bowl, Ding ware
Tang Dynasty
Height: 7.9cm　Diameter of mouth: 11cm
Diameter of bottom: 5.5cm

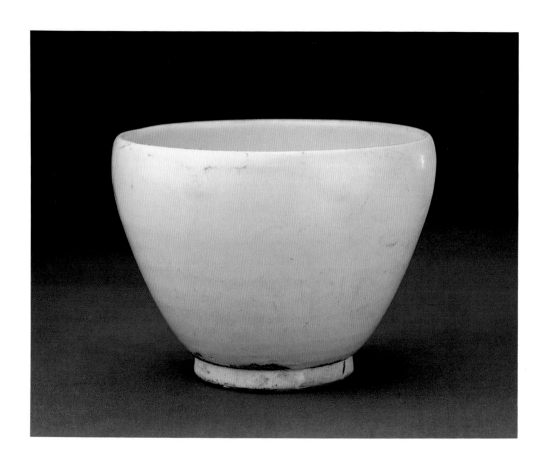

直口，斜腹，平底。裏施滿釉，外施釉不及底，釉色白中閃黃，有細小的
開片紋，為北方白瓷產品。

唐代瓷器的造型特點是渾圓飽滿，不論大小器物都不例外。瓷鉢造型小中
見大，是民間常用的形制之一，唐代生產十分普遍。

越窰青釉碗
唐
高3.5厘米　口徑14.4厘米　足徑6.6厘米

Green glazed bowl, Yue ware
Tang Dynasty
Height: 3.5cm　Diameter of mouth: 14.4cm
Diameter of foot: 6.6cm

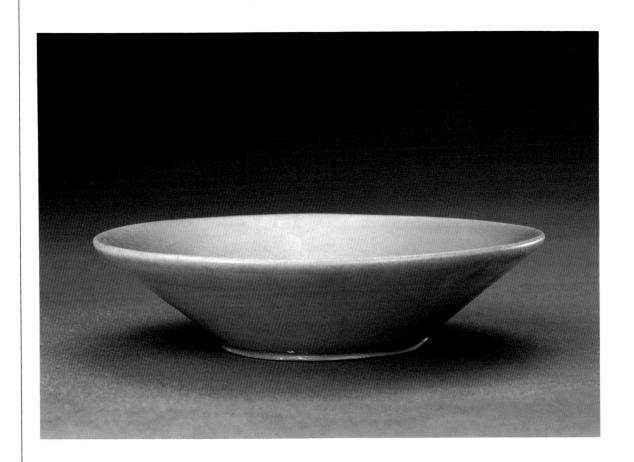

碗敞口，淺腹斜收，玉璧形底。裏外滿施青釉。

這種碗式的流行，與唐代飲茶風尚有直接關係，唐代稱這種碗為"茶甌"。陸羽在《茶經》中曾對當時各地所產的茶碗做過細緻的比較和評論，他評論越窰碗説："碗，越州上。"又説："越瓷青而茶色綠。"可見越窰所產茶碗在當時已深受讚譽。

越窰青釉碗
唐
高4.8厘米　口徑13.7厘米　足徑6.8厘米

Green glazed bowl, Yue ware
Tang Dynasty
Height: 4.8cm　Diameter of mouth: 13.7cm
Diameter of foot: 6.8cm

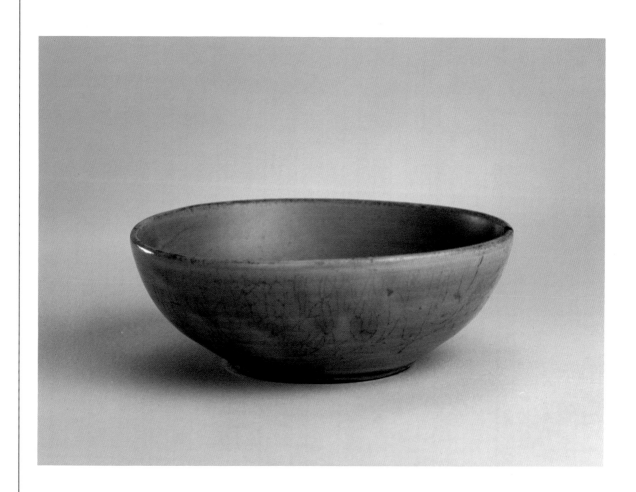

碗敞口，圓腹，腹下漸斂至底，玉璧形底，底有火石紅色支燒痕。碗裏外施青釉，釉面滋潤，光亮，有開片紋。

唐代越窰大量燒造民用瓷器，碗即其中一項大宗。據墓葬、窰址等考古發掘調查顯示，這一時期碗的造型多種多樣，有敞口斜腹玉璧底碗、翻口碗、斂口碗、淺腹平底碗、荷葉形碗、海棠式碗、葵瓣口碗等等。

越窯青釉碗
唐
高3.5厘米　口徑15.1厘米　足徑6.7厘米

Green glazed bowl, Yue ware
Tang Dynasty
Height: 3.5cm　Diameter of mouth: 15.1cm
Diameter of foot: 6.7cm

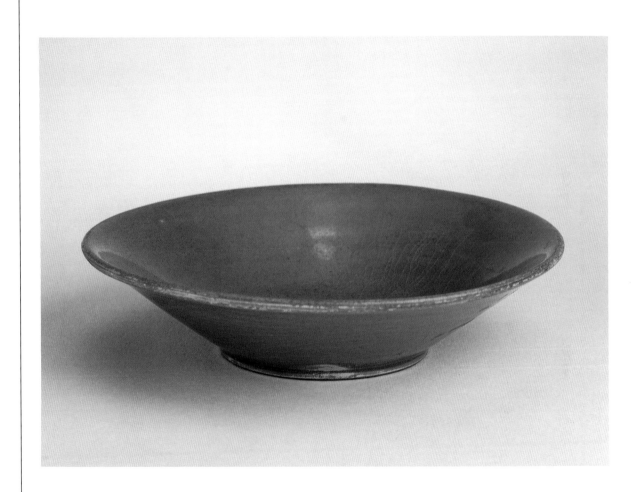

碗撇口，斜腹，玉璧底，裏外滿釉，釉色青灰，有開片紋。

根據浙江諸暨縣牌頭茶場唐貞元十年（公元794年）和上虞縣聯江鄉帳子山唐貞元十七年（公元811年）墓葬的出土資料證明，當時已通行一種撇口碗，這種碗斜腹，璧形底，是中唐時出現的一個新品種。這種碗與敞口斜壁玉璧底盤及撇口平底碟的器型風格相同，成為一種新穎的飲食用具。

越窰青釉花瓣口碗
唐
高3.6厘米 口徑14.1厘米 底徑6.5厘米

Green glazed bowl with a petal-shaped mouth, Yue ware
Tang Dynasty
Height: 3.6cm Diameter of mouth: 14.1cm
Diameter of bottom: 6.5cm

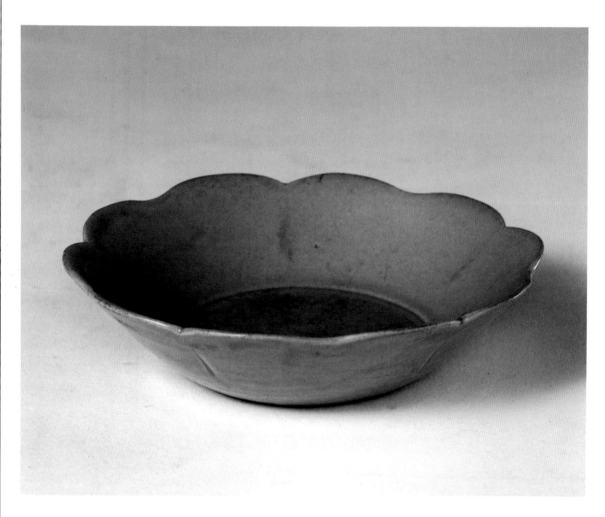

碗十花瓣口，口以下漸斂，平底。裏外滿釉，底一圈支燒痕，碗外刻直綫
五條。

根據唐代墓葬資料，當時已通行撇口碗。這種碗口腹向外斜出，壁形底，
製作工整，是中唐時出現的新品種。它與敞口斜壁形底盤和撇口平底碟器
形風格類同，成為一套新穎的飲食用具。同時還有口沿外翻，碗壁近於斜
直、矮圈足的翻口碗和斂口淺腹的平底碗等。到了晚唐，碗的形式越來越
多，如荷葉形碗、海棠式碗和葵瓣口碗等。荷葉形碗，邊緣起伏，碗面坦
張，很像初出水的荷葉。海棠碗則形如盛開的海棠。這件花瓣口碗是越窰
碗中的一種，其造型優美，胎釉細膩，為越瓷中之精品。

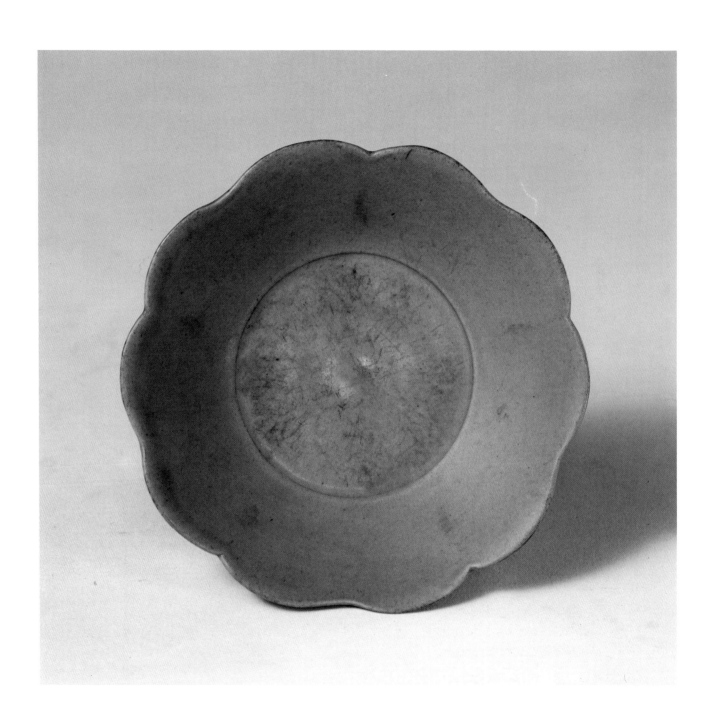

越窰青釉葵瓣碗
唐
高4.5厘米　口徑12厘米　足徑5.2厘米

Mallow-petal bowl in green glaze, Yue ware
Tang Dynasty
Height: 4.5cm　Diameter of mouth: 12cm
Diameter of foot: 5.2cm

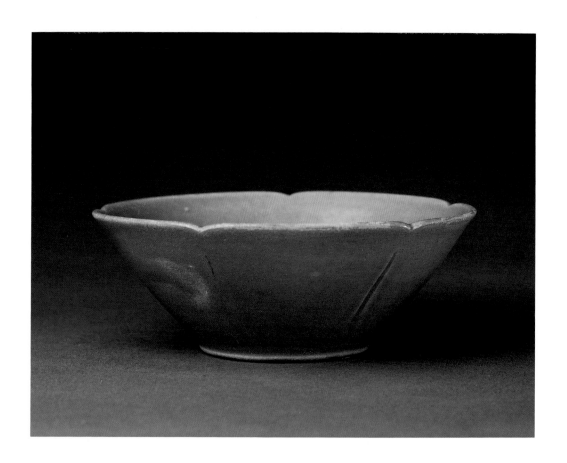

碗為葵花瓣口，口以下漸斂，圈足稍寬。碗外刻五條直綫，裏外滿釉，足邊有支燒痕。

此碗造型自然，釉色勻潤，青中閃黃，光澤柔和，是傳世越窰瓷器的代表作品。

唐代晚期，越窰在原有的窰具基礎上創製了匣鉢。它的形狀很簡單，圓筒體下加一個底，底有平底或內凹底幾種。匣鉢多用耐火土製成，耐高溫，在瓷窰內可以叠得很高而不倒塌，因而出現支燒痕。因此，晚唐開始，除大件器物外，中小型的器物都用匣鉢叠成柱來裝窰，坯體受匣鉢的保護，不易損壞，且火溫均勻又可防止窰煙和窰灰的污染，質量得到大大提高，使越窰風靡一時。

越窰青釉葵瓣口碗
唐
高7.4厘米　口徑17.1厘米　足徑7.8厘米

Geen glazed bowl with a mallow-petal-shaped mouth,
Yue ware
Tang Dynasty
Height: 7.4cm　Diameter of mouth: 17.1cm
Diameter of foot: 7.8cm

108

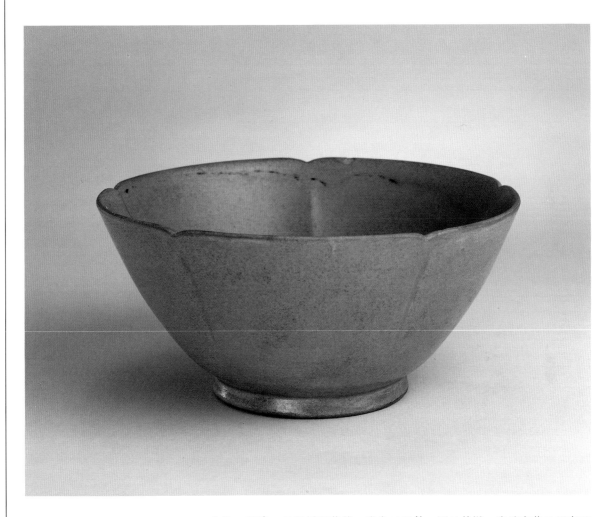

碗敞口折邊，呈五瓣葵花狀，腹自口下斂，圈足外撇。腹壁在花口下有五道凹進直綫，整器似一朵盛開的鮮花。

此碗的造型與當時所流行的金銀器皿造型有密切關係，也是瓷器逐漸代替金銀器皿的例證。

越窰青釉刻花臥足碗
唐
高5.5厘米　口徑14.9厘米　足徑6.4厘米

**Green glazed bowl with concave foot and
incised floral design, Yue ware**
Tang Dynasty
Height: 5.5cm　Diameter of mouth: 14.9cm
Diameter of foot: 6.4cm

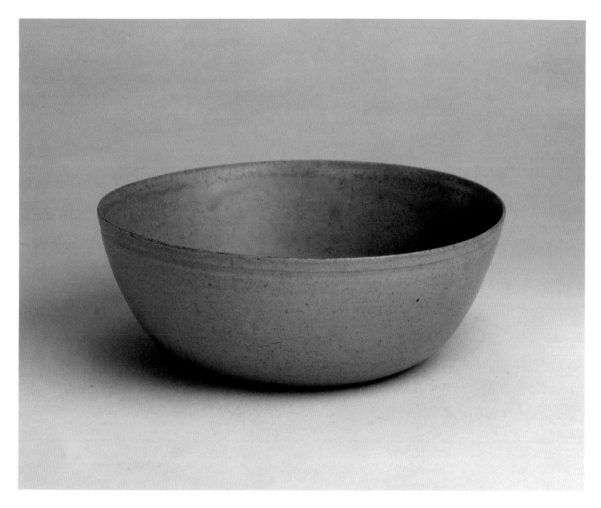

唐墓出土瓷器中，青瓷出土數量仍然多於白瓷，其中南方越窰青瓷代表了
最高水準。此碗撇口，弧壁，臥足，器型規整，胎面光滑，通體施青釉，
釉層勻淨，釉面潤澤光潔，碗裏釉下刻花紋，綫條纖細流暢，是越窰青瓷
的佳作。

越窰青釉硯

110

唐
高3.9厘米　口徑16.6厘米　足徑13.4厘米

Inkstone in green glaze, Yue ware
Tang Dynasty
Height: 3.9cm　Diameter of mouth: 16.6cm
Diameter of foot: 13.4cm

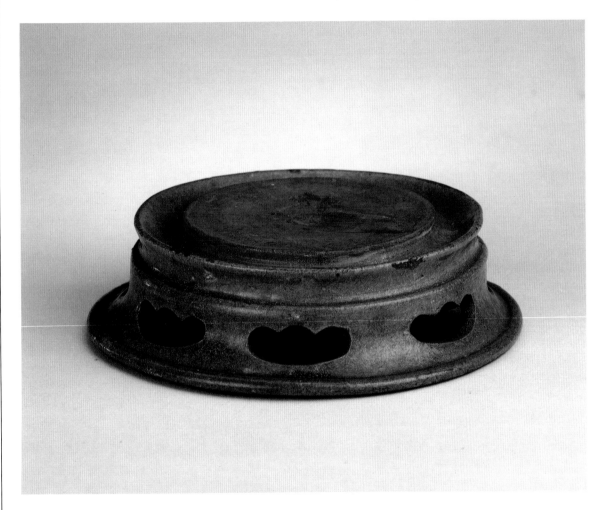

唐越窰製品不僅釉色美，形制也很多。此硯面微向內凹，周圍有溝槽，下
承圓形中圈足，圈足的周壁上鏤孔七個月牙形花邊，足內中空。通體施青
綠釉，釉薄而均勻，胎呈青灰色，致密而厚重，是唐代高級文房用品。

越窰青釉刻花小盒
唐
高3.4厘米　口徑3.7厘米
底徑2.8厘米

越窰刻花小盒
唐
高3厘米　口徑4.2厘米
底徑3.5厘米

Small boxes with incised
floral design, Yue ware
Tang Dynasty
Height: 3.4cm
Diameter of mouth: 3.7cm
Diameter of bottom: 2.8cm
Height: 3cm
Diameter of mouth: 4.2cm
Diameter of bottom: 3.5cm

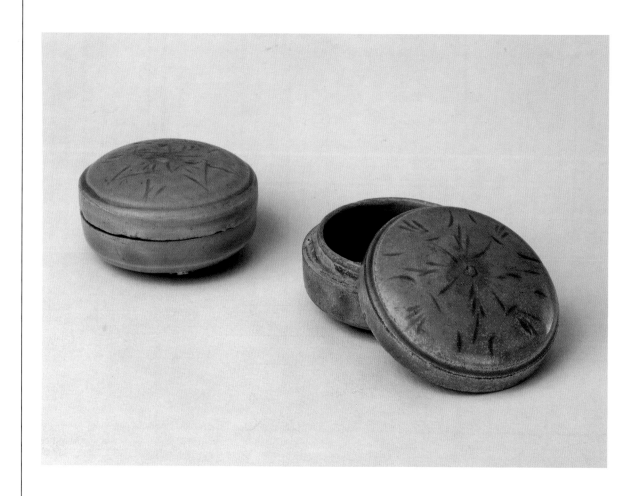

　　兩盒均圓形、子母口，通體施青釉，釉呈青灰色。兩盒蓋面都飾刻花紋
飾，紋飾綫條簡練，奔放有力，寥寥幾筆描繪出一朵盛開的花朵，與器物
純靜的釉色相得益彰。

越窯青釉刻花小盒

唐

高3.4厘米　口徑3.7厘米　足徑2.8厘米

Small box with incised floral design, Yue ware

Tang Dynasty

Height: 3.4cm　Diameter of mouth: 3.7cm

Diameter of foot: 2.8cm

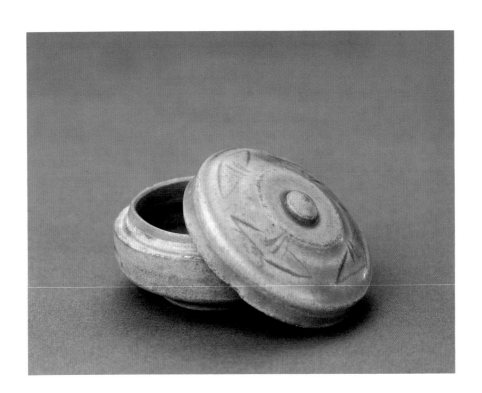

盒扁圓形，分蓋及身兩部分。蓋面隆起，中央突起圓形台階一層，並立一桃形鈕。蓋面對稱刻劃四朵折枝花卉紋。盒身直口，直腹，腹下折收，淺圈足。盒通體施青釉，釉面勻淨，開細碎紋片。

盒為古代婦女梳妝用具，唐代南方地區的各青瓷窯址及長沙窯等地的考古調查資料中，都有各種粉盒、油盒等器物標本出土，足見當時社會消費量之大。

這件刻花小盒，器型細小精巧，刻花綫條纖細圓潤，非常精美。

越窰青釉水丞
唐
高4.6厘米　口徑3.6厘米　底徑5.4厘米

Green glazed water container, Yue ware
Tang Dynasty
Height: 4.6cm　Diameter of mouth: 3.6cm
Diameter of bottom: 5.4cm

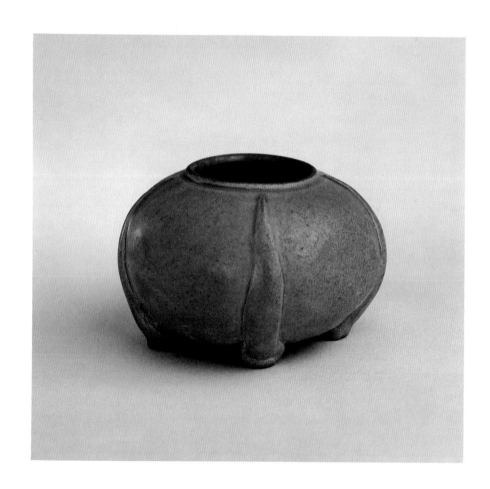

丞斂口，方圓腹，平底，腹貼上尖下寬四帶形裝飾，條帶下為足，器裏外
滿釉。水丞又稱水盂，是古代文房用具，用以研磨盛水之用。此器造型新
穎雅致，四條凸起棱帶裝飾是唐中晚期越窰水丞器一種常見的裝飾技法。

越窰青釉唾壺
唐
高5.7厘米　口徑8厘米　足徑4.4厘米

Green glazed spittoon, Yue ware
Tang Dynasty
Height: 5.7cm　Diameter of mouth: 8cm
Diameter of foot: 4.4cm

114

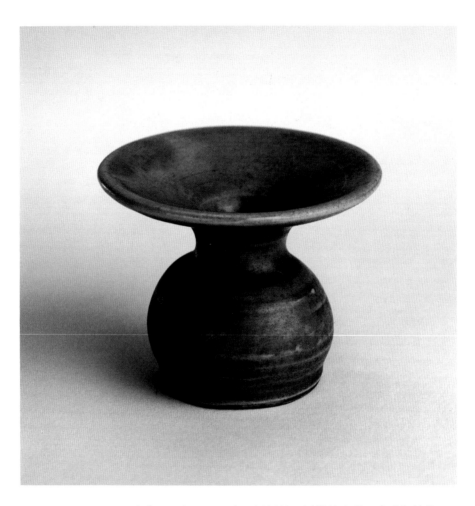

壺侈口，細頸，圓腹，矮圈足。通體施青釉，光素無紋飾。

唾壺是一種古代衛生用具，在安徽阜陽雙古堆西漢汝陰侯墓中，有一件出土的漆器唾壺，自銘"女陰侯唾器"，可見古代人們稱此類器物為"唾器"。越窰燒造青瓷唾壺的歷史始自三國、晉初，一直到宋代。唐代除越窰外，南北方各地瓷窰也多有燒造，其製品有青瓷、黑瓷和白瓷等多種。

越窰青釉四足扁罐
唐
高7.8厘米　口徑4厘米　底徑6.3厘米

Flat jar in green glaze with four feet, Yue ware
Tang Dynasty
Height: 7.8cm　Diameter of mouth: 4cm
Diameter of bottom: 6.3cm

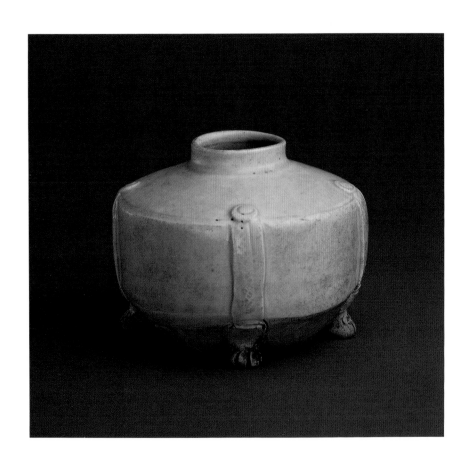

罐直口，廣肩，直腹，腹下部斜收至底，平底。罐自肩至底凸起四個條形
裝飾，下接四獸足。裏滿釉，外部施釉不到底，釉色青中泛白。

罐胎體較厚重，露胎處呈灰白色，造型規整，釉面勻淨，四條形裝飾及獸
足，是越窰青瓷製品中少見的裝飾手法。

越窰青釉瓜楞壺
唐
高20.4厘米　口徑8.8厘米
足徑9.4厘米

**Melon-shaped pot in green glaze,
Yue ware**
Tang Dynasty
Height: 20.4cm
Diameter of mouth: 8.8cm
Diameter of foot: 9.4cm

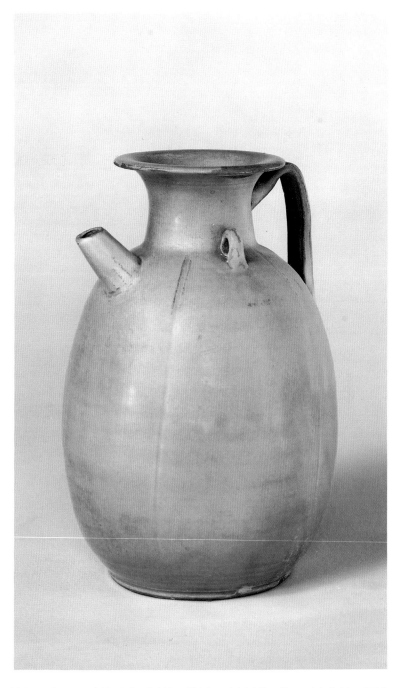

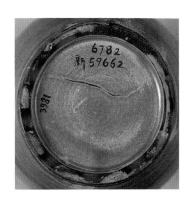

壺撇口，短頸，腹橢圓形，圈足。肩部一面有短流，另一面有曲柄，柄連
於頸肩之間，另兩面有立形雙繫。腹部淺刻綫紋四條。裏外滿釉，足無
釉。

此壺器形完整，釉色瑩潤，造型新穎，是唐代越窰典型器物。

越窰青釉壺

唐
高13.4厘米　口徑5.9厘米　足徑7.3厘米
1936年浙江紹興唐墓出土

Green glazed pot, Yue ware
Tang Dynasty
Height: 13.4cm　Diameter of mouth: 5.9cm
Diameter of foot: 7.3cm
Unearthed in 1936 from a tomb of the Tang
Dynasty at Shaoxing, Zhejiang Province

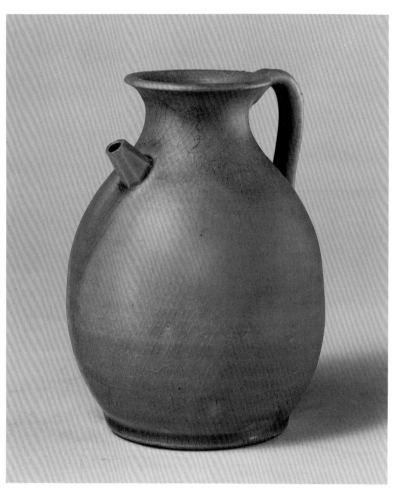

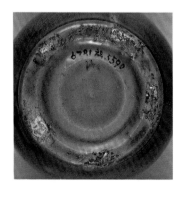

此壺敞口，豐腹、短流、淺圈足。通體施青釉，釉色青綠透明，釉汁瑩潤，釉表佈滿細碎的開片紋。

此壺是陳萬里先生於1936年在浙江紹興的唐戶部侍郎北海王府君夫人墓發現的，該墓出土的墓誌磚中明確記載紀年為唐元和五年（公元810年）。這一發現，最早地揭示了唐越窰的真實面貌，在中國陶瓷史上產生了重大深遠的影響。

這件越窰壺造型飽滿，雍容，釉汁瑩潤，如玉似冰，具有鮮明的時代特徵，由於出土有明確的紀年墓中，更顯得彌足珍貴。

越窰青釉壺
唐
高14.2厘米　口徑6.1厘米
足徑7.4厘米

Green glazed pot, Yue ware
Tang Dynasty
Height: 14.2cm
Diameter of mouth: 6.1cm
Diameter of foot: 7.4cm

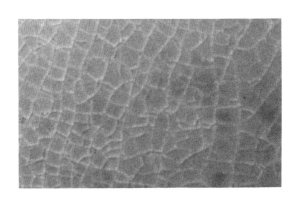

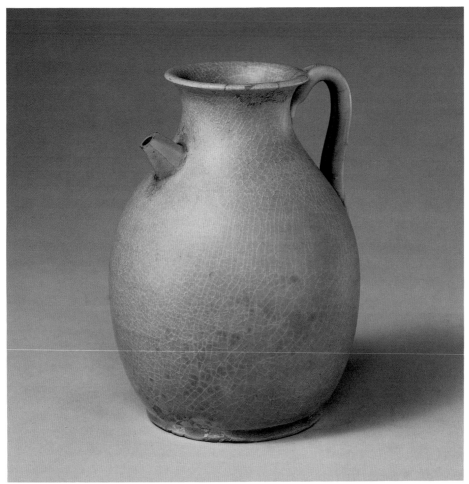

壺撇口，短頸溜肩，圓腹，橢圓形圈足。頸部一面有八方形短流，另一面
有曲柄，柄連於頸肩之間。裏外施釉，釉青中閃黃，晶瑩透徹，開細小紋
片。

青瓷的燒造至唐代已相當精美，浙江越州一帶所產的青釉瓷器，體現了唐
代青瓷生產的時代水平。從此壺可以看出這時的青瓷已克服釉汁不勻的缺
點，釉面細潤如玉，光潔無疵。

119

越窯青釉四繫瓶
唐
高35厘米　口徑18.9厘米
底徑11厘米

Four-looped vase in green glaze, Yue ware
Tang Dynasty
Height: 35cm
Diameter of mouth: 18.9cm
Diameter of bottom: 11cm

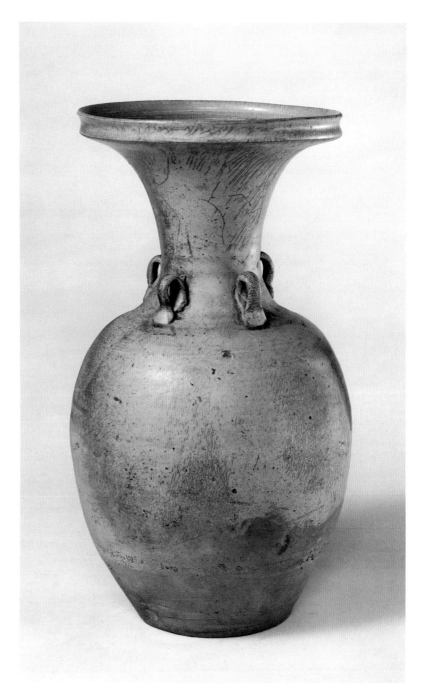

瓶撇口邊上折，細頸，橢圓腹，平底。肩上立起四繫，裏外釉開片，外釉
不到底。

越窯瓷器品種豐富，且造型式樣優美。此器體型較大，盤口細頸，頸肩處
豎立四繫，使瓶體顯得協調穩重。體型如此大的器物，在唐越窯器中比較
少見。

越窰秘色瓷長頸瓶
唐
高22.4厘米　口徑2.3厘米
足徑7.3厘米

Olive-green flask, Yue ware
Tang Dynasty
Height: 22.4cm
Diameter of mouth: 2.3cm
Diameter of foot: 7.3cm

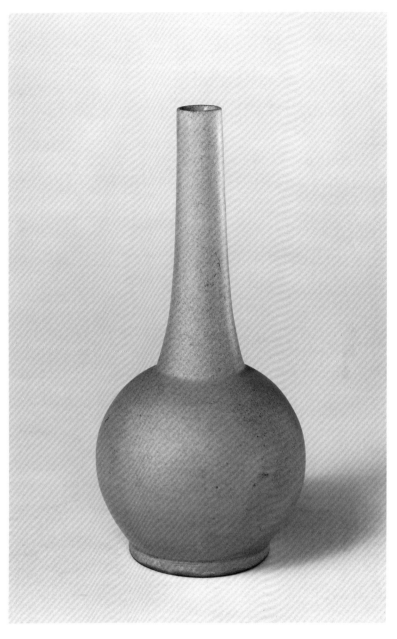

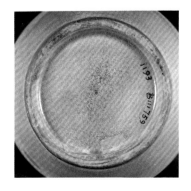

瓶直口，長頸，頸上窄下寬，圓腹，圈足，通體滿釉，稱"秘色"。

秘色瓷之名，始見於晚唐詩人陸龜蒙《甫里集》卷十二《秘色越器》：
"九秋風露越窰開，奪得千峯翠色來。好向中宵盛沆瀣，共嵇中散斗遺
杯。"有說唐宋間的秘色瓷是進貢朝廷的一種特製的瓷器精品，因製作工
藝保密而得名。所謂"秘色瓷"也就是唐、五代之際越窰青瓷中選出的上
乘之作，用以進貢宮廷的。

此瓶器形完整，造型優美，且式樣與西安唐咸通十二年墓出土器物一般無
異，由此可斷定其確切年代。其圓鼓的腹部，大而淺的圈足，具有唐代瓷
器圓潤豐腴的特色，然而，腹上部直立的細管狀長頸卻是唐瓷造型中少見
的，使瓶體增添了挺勁之美，別具一格。

越窯秘色瓷八棱瓶
唐
高21.7厘米　口徑2.3厘米
足徑7.9厘米

**Olive green octagonal vase,
Yue ware**
Tang Dynasty
Height: 21.7cm
Diameter of mouth: 2.3cm
Diameter of foot: 7.9cm

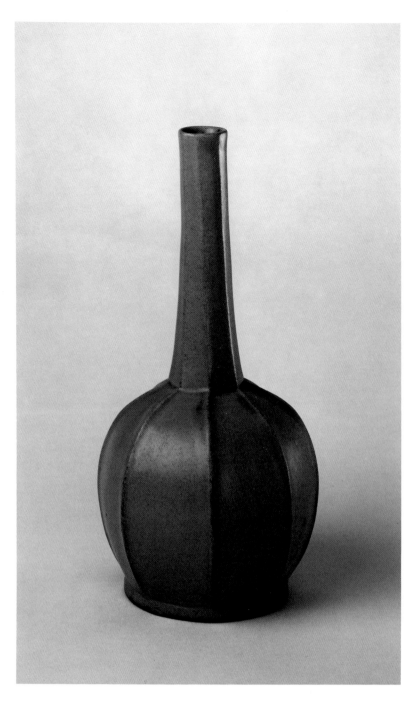

八十年代初，陝西省扶風縣法門寺唐代地宮，出土了晚唐秘色瓷的真品實物，此瓶的形制、釉色，都與法門寺出土的秘色瓷八棱瓶近似，只是在瓶的肩頸處缺少三道台階狀弦紋裝飾。

此瓶呈八方形，直口，細長頸，豐肩，鼓腹，淺圈足，由口至底凸起八棱，通體施青釉，釉色青綠，釉層薄而均勻，呈半透明狀，代表了當時青瓷製作的最高水平。

越窯秘色瓷八棱瓶　唐

越窰秘色瓷八棱瓶
唐
高22.5厘米　口徑1.7厘米
足徑7.2厘米

**Olive green octagonal vase,
Yue Ware**
Tang Dynasty
Height: 22.5cm
Diameter of mouth: 1.7cm
Diameter of foot: 7.2cm

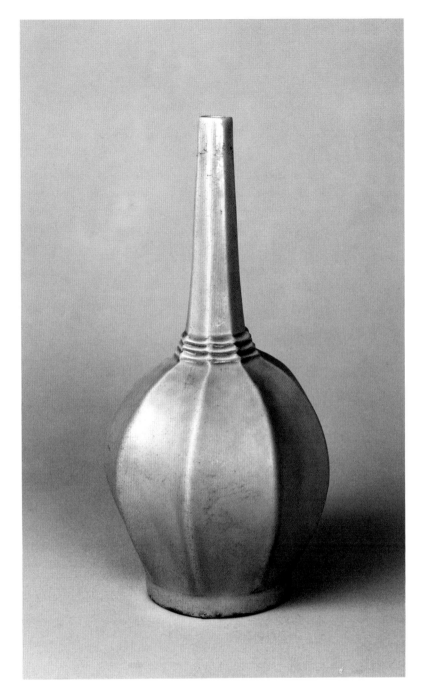

瓶直口，長頸，溜肩，鼓腹，肩以下漸收至底，淺圈足，肩頸處凸起三道
弦紋，通體凸出八棱，施滿青綠釉，足內劃刻一"七"字。通過釉層的底
部和露胎部分觀察，可見胎體其質色澤較淺，泛淺青灰色，其質地十分細
膩致密。

此瓶的造型、釉色，與陝西扶風縣唐代法門寺地宮出土的秘色瓷八棱瓶完
全一致，同樣的八棱瓶還有一件是咸通十一年陝西張叔遵墓中出土的。這
三件八棱瓶都是進貢朝廷的精品，具體用途是做洗手用的淨水瓶。

岳州窯青釉鉢
唐
高13.5厘米　口徑17.5厘米　底徑10厘米

Green glazed alms-bowl, Yuezhou ware
Tang Dynasty
Height: 13.5cm　Diameter of mouth: 17.5cm
Diameter of bottom: 10cm

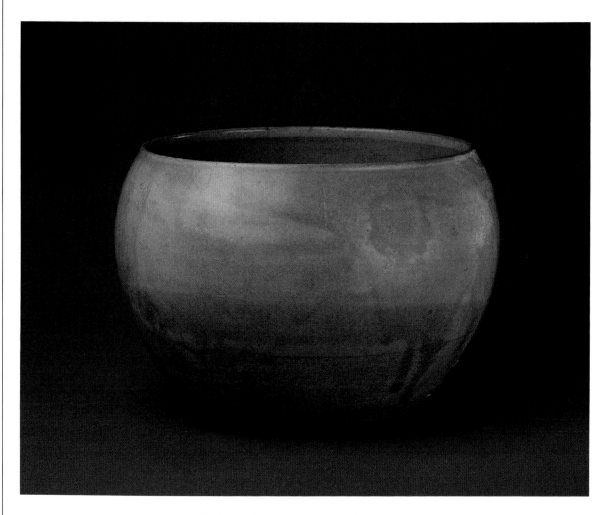

鉢直口，鼓腹，平底，裏外滿釉，釉呈黃綠色。

經科學的考古調查和化學分析，岳州所施的青釉是一種CaO含量高的石灰釉，這種釉在還原氣氛下，如果掌握的好，會呈現純正的青灰色，如果窯中還原氣氛控制不好，就會出現各種深淺不同的黃色釉面。因此岳州窯的傳世品，其釉色經常不能呈現純正的青色，而以黃色為多。

岳州窰青釉碗
唐
高8.1厘米　口徑16.4厘米　足徑8.3厘米

Green glazed bowl, Yuezhou ware
Tang Dynasty
Height: 8.1cm　Diameter of mouth: 16.4cm
Diameter of foot: 8.3cm

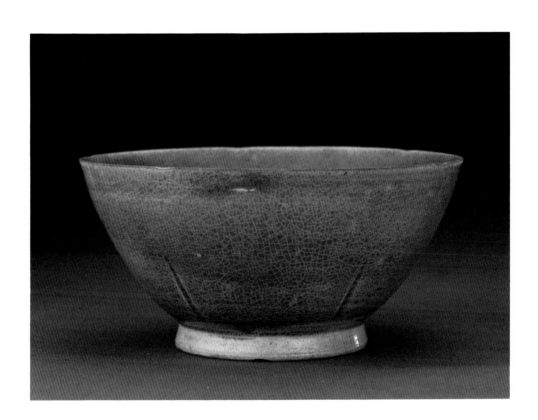

碗口微敞，闊底，淺腹，圈足。腹刻五瓣蓮花紋，裏外施青釉，釉薄而不勻，色青中閃綠，釉表有細密的開片紋。

唐代詩人陸羽在《茶經》中把岳州窰排在第四位，且說"越州瓷、岳州瓷皆青，青則益茶。"岳瓷的胎質特色是比較粗鬆，呈鐵灰色。釉有米黃、薑黃或紅棕色。

125

岳州窰青釉盤口執壺
唐
高16厘米 口徑7.1厘米
足徑6.6厘米

**Green glazed ewer with a dish-
shaped mouth, Yuezhou ware**
Tang Dynasty
Height: 16cm
Diameter of mouth: 7.1cm
Diameter of foot: 6.6cm

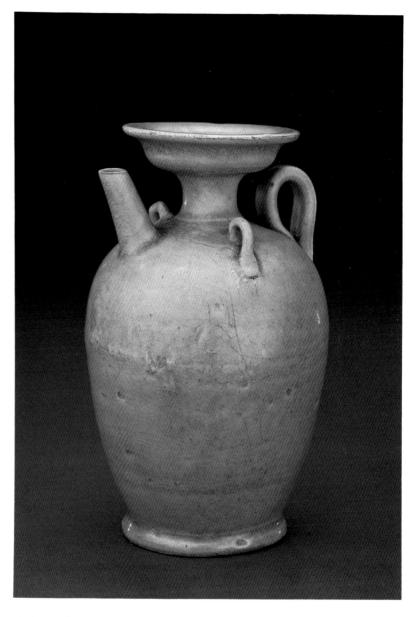

唐代岳州窰瓷器造型以盤、碗為多，也有瓶、壺、罐等。此壺盤口，細
頸，溜肩，長圓腹，圈足外撇，肩安直流、曲環柄及雙繫。釉勻淨透明，
開細小片紋，是岳州窰青釉的代表作品。

耀州窰茶葉末釉壺
唐
高17.6厘米　口徑10.8厘米
底徑9.1厘米

Brown glazed pot, Yaozhou ware
Tang Dynasty
Height: 17.6cm
Diameter of mouth: 10.8cm
Diameter of bottom: 9.1cm

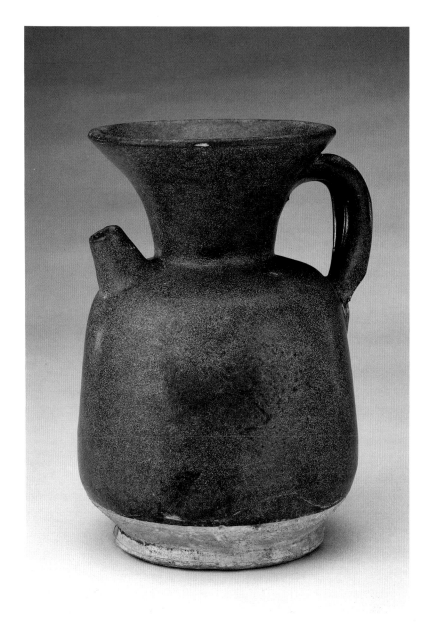

壺撇口，短頸，豐腹，平底。短粗流，曲柄寬扁，通體施褐色茶葉末釉，
釉肥厚潤澤，極其勻淨。唐代耀州窰以燒青釉瓷與黑釉瓷為主。當燒黑釉
瓷時，由於火候偏低而形成一種類似茶葉末的顏色，故稱其為"茶葉末"
釉。此器形制規整，造型飽滿，具有十分鮮明的時代特徵。

耀州窰青釉蓮瓣碗
唐
高7.6厘米　口徑17.5厘米　足徑7.8厘米

Lotus-petal bowl in green glaze, Yaozhou ware
Tang Dynasty
Height: 7.6cm　Diameter of mouth: 17.5cm
Diameter of foot: 7.8cm

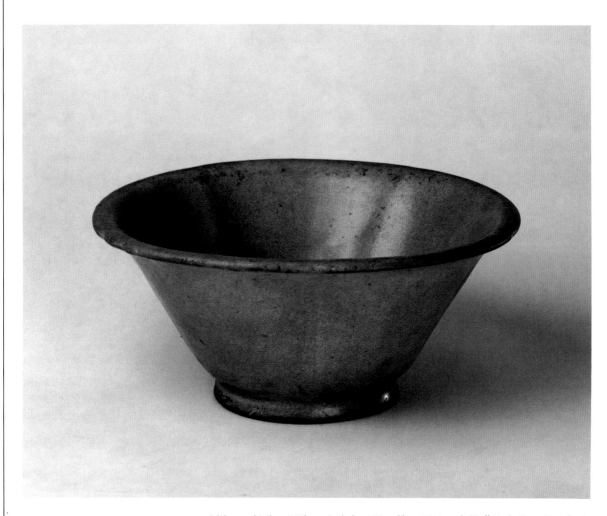

碗撇口，斜壁，深腹，碗壁有五道凹棱，圈足，裏外滿施青釉，釉呈灰青
色。

唐代耀州窰受越窰的影響開始燒製青瓷，但產量很少，故保存於世的不
多，此碗器型規整秀麗，碗面略有起伏，似一朵五瓣蓮花綻放，是唐代耀
州窰青釉瓷碗中有代表性的佳品。

耀州窰白釉黑花鉢
唐
高9.5厘米　口徑11厘米　足徑8.4厘米

**White glazed alms-bowl with black floral decoration,
Yaozhou ware**
Tang Dynasty
Height: 9.5cm　Diameter of mouth: 11cm
Diameter of foot: 8.4cm

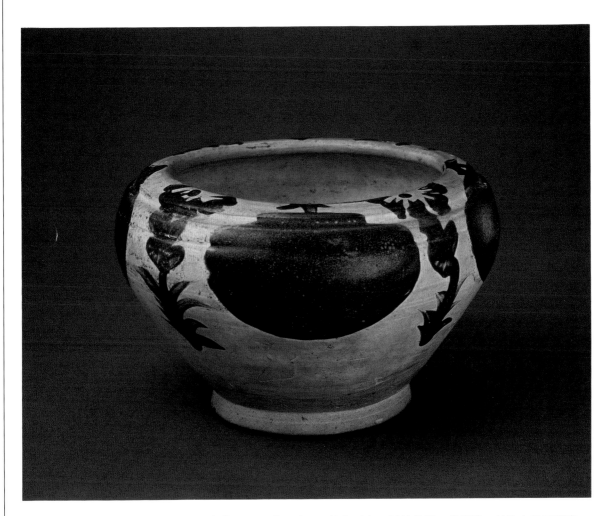

鉢斂口，溜肩，肩以下斜收至底，圈足外撇。裏素胎，外施白釉不到底，
釉色白中泛黃。肩腹部飾黑色斑紋三塊和蔓草紋三組。

白釉黑彩瓷是唐代耀州窰一個極有特色的品種，其製作工藝是先將成型瓷
器施白釉為地，後用黑色釉料描繪花卉、蔓草等裝飾紋飾，再入窰焙燒，
燒成後黑釉突起，與器物淺色底色形成強烈的對比，極富裝飾效果。

邛窯青釉雲鳳盒
唐
高4.1厘米　口徑5.9厘米
底徑3.1厘米

**Green galzed box with cloud and
phoenix design, Qiong ware**
Tang Dynasty
Height: 4.1cm
Diameter of mouth: 5.9cm
Diameter of bottom: 3.1cm

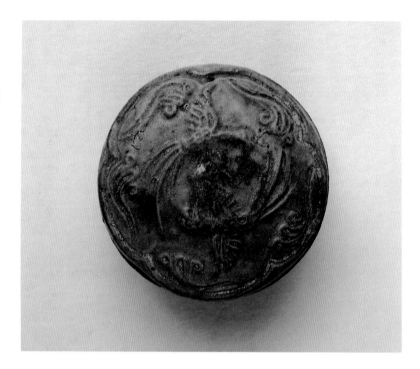

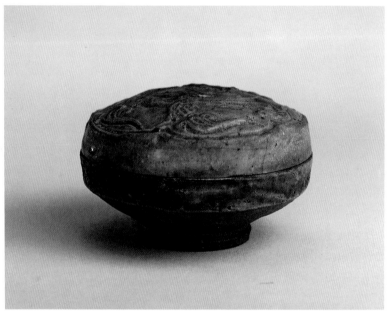

邛窯在今四川省邛崍縣境內的固驛鎮和什方堂兩地，創燒於南朝，是隋唐時代四川的一處重要的青瓷窯場。它的產品以製作各種釉上彩斑裝飾見長。

邛窯製品不僅釉色豐富，品種也很多，其中有數量不少的各式盒子。此盒扁圓，直壁，平底。蓋面呈五瓣梅花形，每瓣內凸印朵雲，中部為對稱飛舞的雙鳳紋。裏外均施青釉，外釉不及底，露紅褐色胎骨。

130

邛窰青黄釉"丙午"款碟

唐
高4厘米　口徑11.4厘米
底徑4.9厘米

**Greenish yellow glazed dish
marked with "Bingwu",
Qiong ware**
Tang Dynasty
Height: 4cm
Diameter of mouth: 11.4cm
Diameter of bottom: 4.9cm

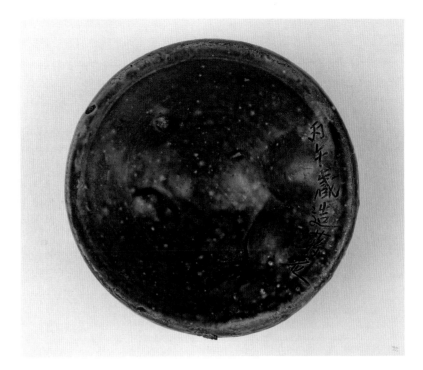

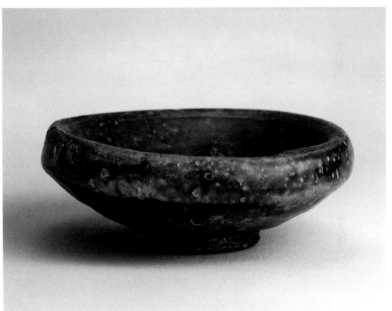

碟敞口，坦底，平底實足。胎體厚重，裏外施青黃釉，裏釉不勻，外釉不
及底。裏口邊刻有"丙午歲造蔣應"款。邛窰瓷器有款字的極少，尤其是
有年代及匠人名款的，更為珍貴。

邛窰黃褐釉多足硯

唐

高5厘米　口徑11.4厘米　足徑14.6厘米

Multi-footed inkstone in yellowish brown glaze, Qiong ware

Tang Dynasty

Height: 5cm　Diameter of mouth: 11.4cm

Diameter of foot: 14.6cm

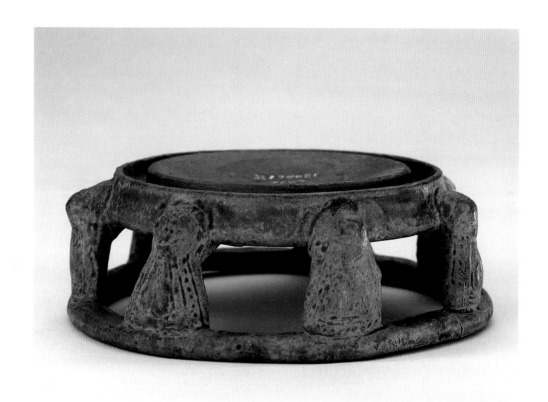

邛窰瓷器胎體較厚，一般胎內分佈均勻的細砂料，胎色甚多，有灰胎、土黃色胎、醬黃色胎、褐黃色胎等，然而最多的是這種紫紅色胎。此硯圓形，硯面內陷，周圍有溝槽，器壁斜直，下有環形圈足，器底與圈足之間有七個束結足，足上劃豎道紋裝飾，施黃褐色釉。

邛窰綠釉燈盞
唐
高3.7厘米　口徑13厘米　底徑6.8厘米

Green glazed lamp-bowl, Qiong ware
Tang Dynasty
Height: 3.7cm　Diameter of mouth: 13cm
Diameter of bottom: 6.8cm

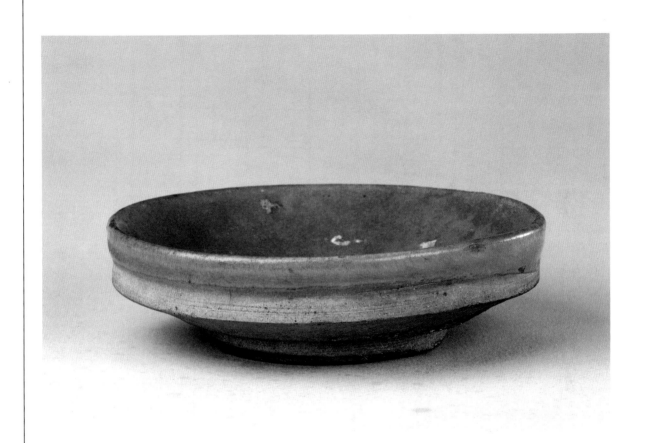

邛窰瓷器在造型方面，不少器物具有四川地區的特色，在唐代其他瓷窰中極少見。此燈盞的製作十分別致，盞身做成中空夾層，可以注冷水降低溫度，減少油的過熱揮發，達到省油的目的，所以亦稱"省油燈"。通體施綠釉，釉薄而失透，勻淨而無光澤，這種表面無光澤的綠釉給人以含蓄的美感。

邛窰青釉赭斑雙繫壺

唐
高10厘米　口徑5.1厘米　底徑4.1厘米

Green glazed pot with two loops decorated with
ochre spots, Qiong ware
Tang Dynasty
Height: 10cm　Diameter of mouth: 5.1cm
Diameter of bottom: 4.1cm

133

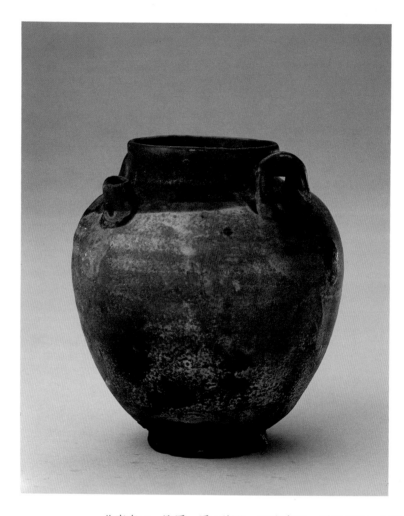

此壺直口，溜肩，肩下漸收，平底實足，肩單側有一短流，另兩側各有一
小繫。器身施青釉，釉不及底。流口部有赭釉斑塊裝飾，繫部飾以綠釉斑
塊。壺身小巧、色彩多變，是邛窰中的精細之作。

邛窰青釉加彩四繫罐
唐
高18.2厘米　口徑9.8厘米　底徑9.2厘米

Green glazed jar with four loops and added colour
Tang Dynasty
Height: 18.2cm　Diameter of mouth: 9.8cm
Diameter of bottom: 9.2cm

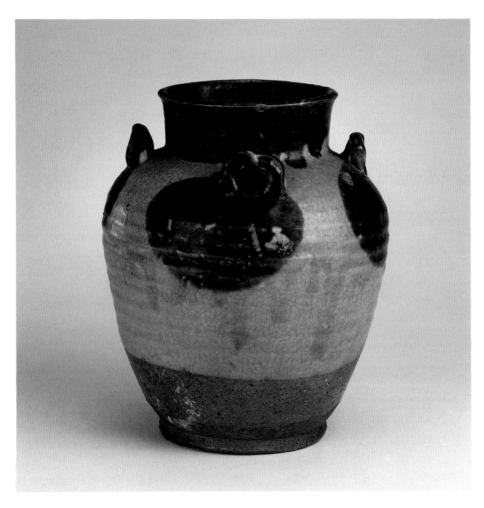

邛窰瓷器用黑褐釉點彩裝飾的較多，一般裝飾在罐、缸的口或肩部。此罐短頸，溜肩，直腹，腹下漸收，平底。頸部塗飾黑褐釉，肩下有四塊圓形黑褐斑，器身為青灰釉，黑褐斑上有四立耳。胎黑灰色，質堅而粗鬆，胎上有月白色化妝土，罩透明釉後呈青灰色，釉下的旋坯紋清晰可見，為邛窰的精品。

長沙窰白釉綠花枕
唐
長16.5厘米　寬10厘米
高9.5厘米

**White glazed pillow with green
floral decoration, Changsha ware**
Tang Dynasty
Length: 16.5cm　Width: 10cm
Height: 9.5cm

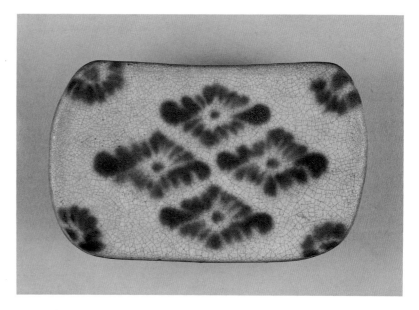

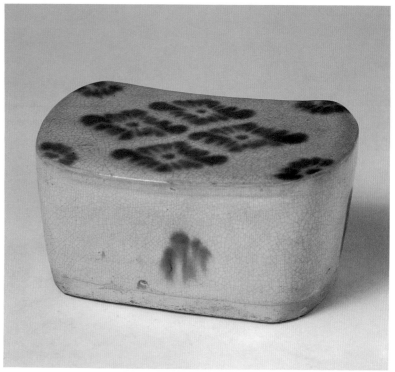

枕長方形，圓角。正面及四周白地綠彩，正面中心繪四菱形圖案式花紋，
組成一大菱形紋，四角各繪一朵花紋，四周各點綠彩一組，釉開細小紋
片，枕身有一孔。素底無釉。

瓷枕最遲在隋代已經出現，唐代有較大發展。唐代瓷枕一般為長方形小
枕，此枕器型小巧雅致，在圖案裝飾上，畫筆簡明，畫風清新。唐代長沙
窰釉下彩繪常以斑點組成各種圖案，這些裝飾雖只是寥寥數筆，卻神態如
生，意趣盎然。釉下彩繪與傳統繪畫有別，它是在瓷坯上作畫，而生坯吸
水性很強，筆一着坯體，水份就被迅速吸乾，作畫難度頗大。從此枕上也
可看出長沙窰匠師們運筆嫻熟自如的功力。而融傳統繪畫技法於陶瓷裝飾
中，則是長沙窰釉下彩繪獨特的裝飾風貌。

長沙窯黃釉雙耳瓜棱罐
唐
高15.5厘米　口徑8.8厘米　底徑10.9厘米

**Melon-shaped jar with two ears in yellow glaze,
Changsha ware**
Tang Dynasty
Height: 15.5cm　Diameter of mouth: 8.8cm
Diameter of bottom: 10.9cm

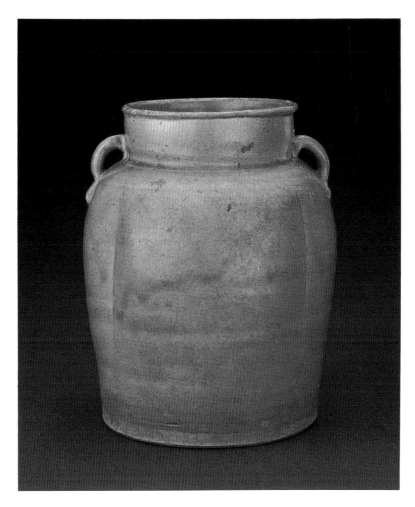

這件黃釉雙耳瓜棱罐，唇口，短頸，溜肩，腹壁略直，平底。肩部兩側安雙耳，由肩至腹下凹進四條瓜棱綫。器外壁施黃釉，不到底，釉面透明光潤，有小開片。器內不施釉。

長沙窰黃釉加彩獸流瓜棱壺
唐
高5.9厘米　口徑3.9厘米　底徑4.5厘米

Melon-shaped pot with a beast-head spout in
yellow glaze with added colour, Changsha ware
Tang Dynasty
Height: 5.9cm　Diameter of mouth: 3.9cm
Diameter of bottom: 4.5cm

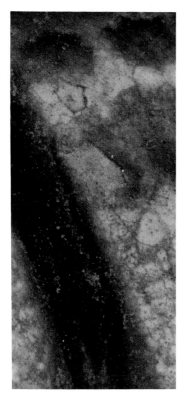
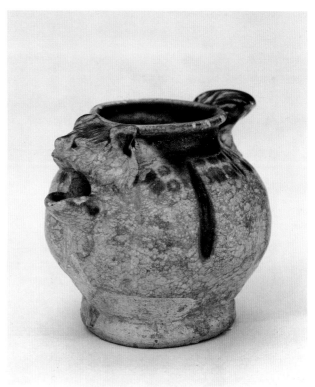

壺撇口溜肩，圓腹下斂，平底足。壺腹以直綫劃瓜棱八道，以張口獅首作
流，對稱處獸尾作柄。裏外施青釉，外部施釉不到底，口邊及獸頭、獸尾
着青綠色釉，肩部飾黃褐色圓點紋兩周。

此壺為唐代湖南長沙銅官窰製品，在窰址考古發掘的瓷器標本中，有一件
題有唐宣宗"大中九年"（公元855年）款的雙繫瓜棱形壺腹殘片，其造
型與此壺相同，可見腹做瓜棱形壺是長沙窰唐代中晚期比較流行的一種壺
式。

壺造型新穎，並利用了堆塑獅首，銅綠釉裝飾獸頭和獸尾，釉下褐彩等多
種裝飾技法。

長沙窰釉下彩花鳥壺
唐
高22.7厘米　口徑11厘米

Pot decorated with flower and bird in underglaze enamel, Changsha ware
Tang Dynasty
Height: 22.7cm
Diameter of mouth: 11cm

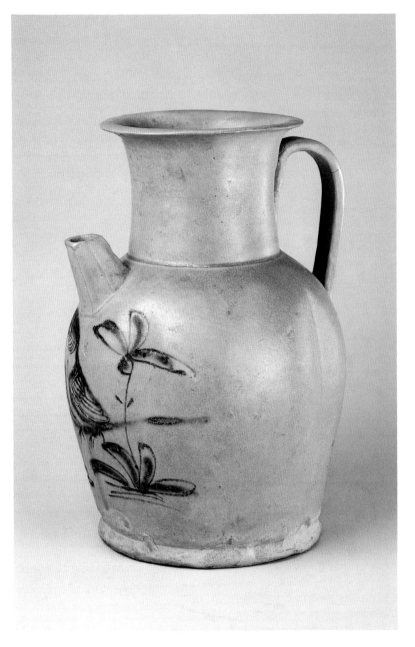

釉下彩繪為長沙窰首創，並形成自身的特殊風格，這件花鳥壺，撇口，粗頸，長圓腹做瓜棱形，肩一側安六棱形短流，另一側安單柄，腹以釉下褐彩勾勒一株花草及一隻碩鳥，釉下褐彩綫條內塗飾釉下綠彩。長沙窰紋樣多見花鳥，一般繪在壺流之下，此壺造型飽滿，釉下有褐、綠兩色，筆劃綫條極其流暢，的確是不可多得的珍品。

長沙窰青釉褐斑貼花壺
唐
高22.5厘米　口徑10厘米

**Green glazed pot with applied
floral design and brown splashes,
Changsha ware**
Tang Dynasty
Height: 22.5cm
Diameter of mouth: 10cm

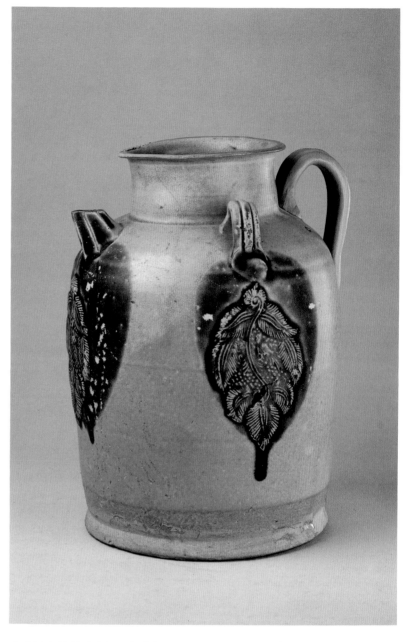

青釉褐斑是長沙窰另一個裝飾品種。此壺直口，粗頸，豐肩，腹壁斜直，
淺圈足。通體施青釉，釉色略閃灰黃，肩腹處貼團花，在貼花位置上覆蓋
大斑塊狀釉下褐彩，形成三個橢圓形斑紋，突出了貼塑團花的裝飾效果。

長沙窰青釉褐斑壺
唐
高14.1厘米　口徑7厘米　底徑7.8厘米

**Green glazed pot with brown splashes,
Changsha ware**
Tang Dynasty
Height: 14.1cm　Diameter of mouth: 7cm
Diameter of bottom: 7.8cm

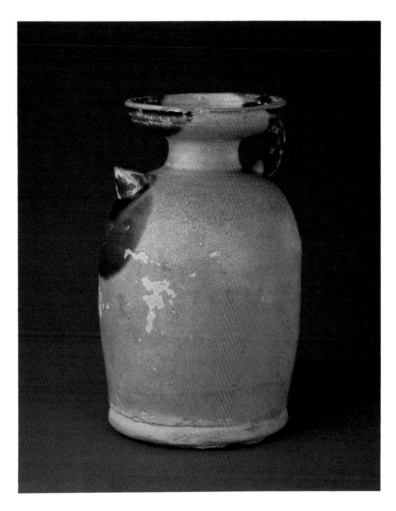

壺洗口，細頸，壺身橢圓形，平底。肩上一面有短流，流口削平，一面有
曲柄，上端連於口下。壺裏外青釉，外部釉不到底。口流及柄下飾以四褐
彩圓斑點，素底。

在瓷器"以青為尚"的唐代，勇於探索的長沙窰匠師把毛筆運用到了瓷器
裝飾上，借助毛筆用彩料在生坯上繪畫紋飾，然後上一層透明釉在高溫中
燒成。彩料經高溫處理後色彩經久不變，在透明釉下的彩繪形象可永不褪
色。長沙窰首創的釉下彩繪，打破了青釉一統裝飾的局面。這件長沙窰青
釉褐斑壺器形優美，釉下彩斑色澤絢麗。

長沙窰青釉四足蓋爐
唐
高8.1厘米　口徑8厘米　足距8.3厘米

**Four-footed burner with a cover in green glaze,
Changsha ware**
Tang Dynasty
Height: 8.1cm　Diameter of mouth: 8cm
Spacing of feet: 8.3cm

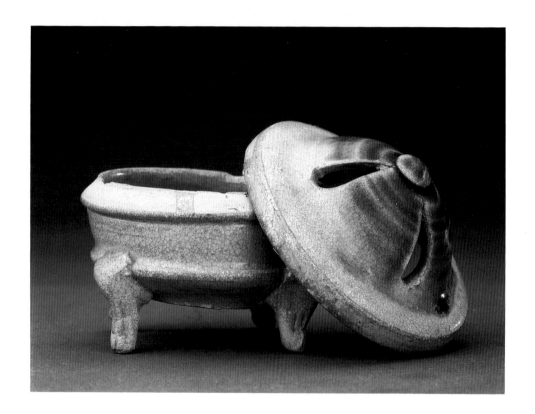

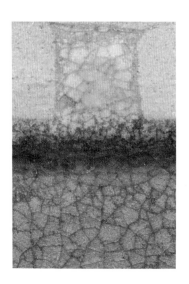

此蓋爐仿古青銅器造型，通體施青釉，釉色青中泛灰，溫雅柔和。

長沙窰藍釉圓盒
唐
高2.5厘米　口徑4.5厘米　底徑3.7厘米

Round box in blue glaze, Changsha ware
Tang Dynasty
Height: 2.5cm　Diameter of mouth: 4.5cm
Diameter of bottom: 3.7cm

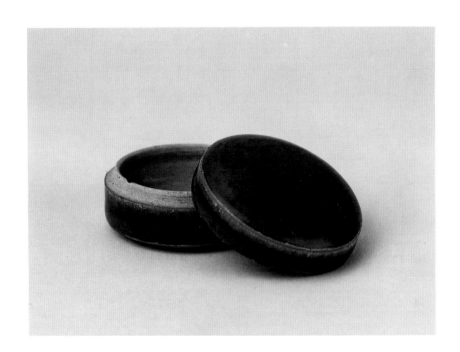

長沙窰的釉色種類很多，有褐釉、黃釉、醬釉、黑釉、白釉、綠釉、藍釉
等。此盒扁圓形，子母口，通體施藍釉，釉色藍中泛綠，潤澤光亮，是藍
釉器中的上品。這件藍釉盒代表了長沙窰燒製低溫彩釉的高超水平。

白釉唾壺
唐
高9.9厘米　口徑12厘米　底徑6.9厘米

White glazed spittoon
Tang Dynasty
Height: 9.9cm　Diameter of mouth: 12cm
Diameter of bottom: 6.9cm

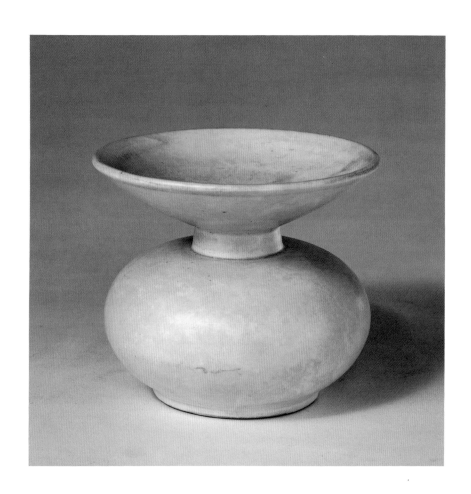

唾壺口外撇，口沿呈漏斗形碗狀，扁圓腹，平底。上部近似淺碗，下部略
如水盛。整個器形是兩者結合而成。器裏外滿釉，底無釉。

這件白釉唾壺胎質潔白細膩，結構緊密，釉色雪白、瑩潤，屬白釉瓷中上
乘之作。

白釉花口唾壺
唐
高9.8厘米　口徑13.7厘米　底徑7.8厘米

White glazed spittoon with petal-shaped mouth
Tang Dynasty
Height: 9.8cm　Diameter of mouth: 13.7cm
Diameter of bottom: 7.8cm

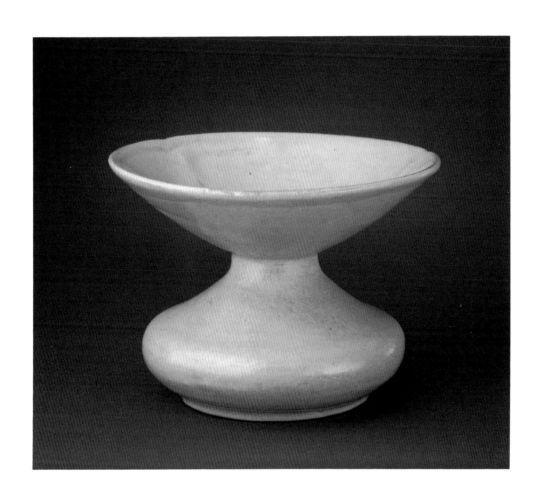

壺侈口，呈三花瓣狀，細頸，扁圓腹，平底。花口下凸起三道直綫紋。壺裏外通體施白釉，釉面開細碎紋片，底無釉。

三國、晉初越窰已大量燒製唾壺，器型為大口，圓球腹，高圈足，其形似尊。以後又逐漸演變為盤口，扁圓腹，平底或假圈足。南朝時，有的還配以蓋和托盤。唐、五代南北窰場均有燒造，口沿多呈漏斗形碗狀。這件唐代白釉花口唾壺，口沿設計成花瓣狀，更添美觀新穎。

白釉帶蓋唾壺
唐
高13.5厘米　口徑10.2厘米　底徑10.5厘米

Covered spittoon in white glaze
Tang Dynasty
Height: 13.5cm　Diameter of mouth: 10.2cm
Diameter of bottom: 10.5cm

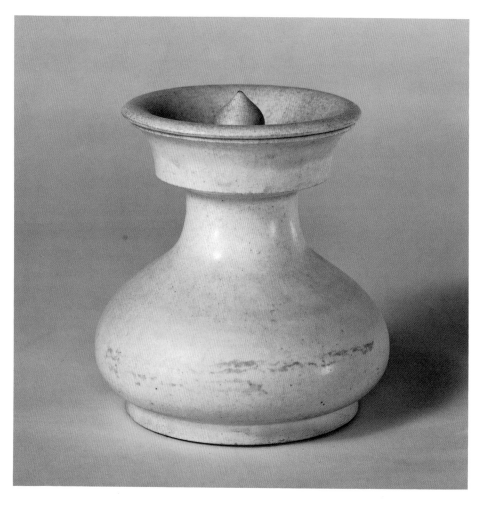

唾壺洗口外撇，短頸，溜肩，扁腹，平底。釉呈白色，裏外施釉，外部釉不到底。口承以蓋，蓋桃形頂，蓋面凹下，邊緣微撇，蓋合於口上。

這種帶蓋唾壺始見於隋朝白釉製品，在唐代墓葬中亦常見。此器大約是唐代中前期製品，造型秀美，釉色白中透青，晶瑩細潤，既美觀又實用，同時也是研究中國古代衛生器具的實物資料。

白釉弦紋匜
唐
高8.5厘米　底徑9.2厘米　流長19.3厘米

White glazed Yi with bow-string pattern
Tang Dynasty
Height: 8.5cm　Diameter of bottom: 9.2cm
Length of spout: 19.3cm

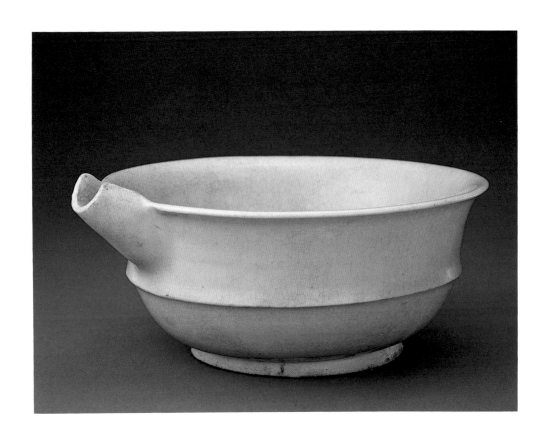

匜，古代盥洗器，唐代始燒瓷匜。此匜敞口，平底，口邊單側出一槽形短
流，流略高於器身。裏外均施白釉，釉純白透明，微閃牙黃色，釉表密集
細碎的開片紋。唐代白瓷施釉一般不及底，此匜裏外滿釉，潔白光潤，十
分罕見。

白釉碗
唐
高3.8厘米　口徑15.4厘米　底徑6.8厘米

White glazed bowl
Tang Dynasty
Height: 3.8cm　Diameter of mouth: 15.4cm
Diameter of bottom: 6.8cm

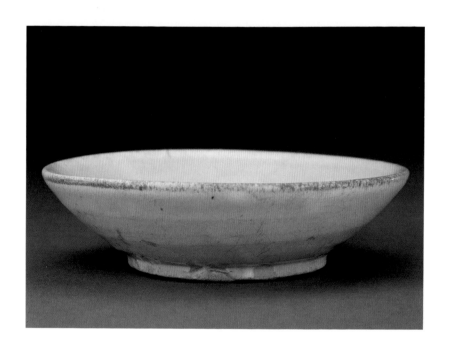

碗淺式，侈口，玉璧底。裏外施白釉，釉色勻淨潔白，胎質細膩，形制簡潔、典雅。

白釉三足盤
唐
高8厘米　口徑25.5厘米　足距18.5厘米

White galzed plate with three feet
Tang Dynasty
Height: 8cm　Diameter of mouth: 25.5cm
Spacing of feet: 18.5cm

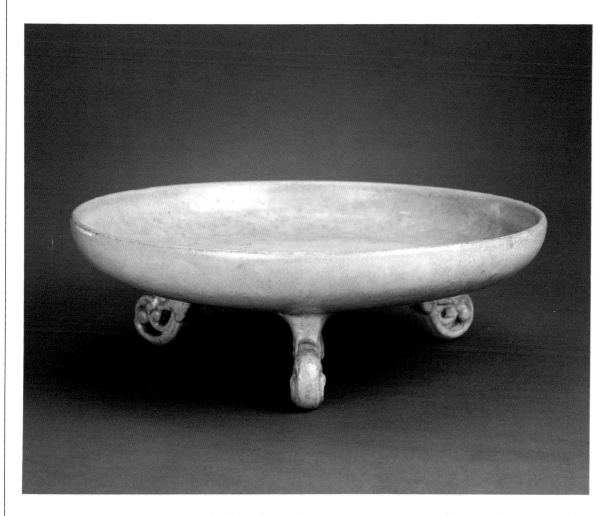

盤淺式，斂口，盤心平坦，下承以三足，足外撇。通體施白釉，釉色潔
白，釉面有細小紋片，盤心和足心中間無釉。

這件白釉三足盤器形完整，施釉均勻，釉面平整光滑，燒製技術成熟。

白釉帶足圓硯
唐
高6.2厘米　口徑13厘米　足徑15.6厘米

Round inkstone with feet in white glaze
Tang Dynasty
Height: 6.2cm　Diameter of mouth: 13cm
Diameter of foot: 15.6cm

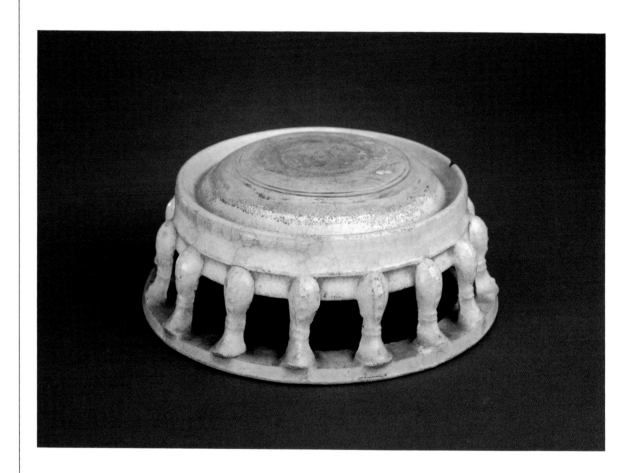

此硯通體施白釉，硯面隆起，內口斜削，形成深凹的水槽，由十五個緊密
排列的獸蹄組成圈足。硯面胎質細膩堅硬，釉色純淨透明，造型典雅別
致，顯示出唐硯的典型風格。

多足瓷硯初創於西晉，始見六、七個足，唐代中期以後發展成這樣的鏤孔
圈蹄足，蹄形足多在十五個以上。

白釉多足硯
唐　高2.2厘米　口徑4.8厘米　足徑5.4厘米

白釉瓶
唐　高4.4厘米　口徑1.7厘米　底徑1.7厘米

白釉水丞
唐　高3.4厘米　口徑2.4厘米　底徑2.5厘米

白釉壺
唐　高4.6厘米　口徑2厘米　底徑1.7厘米

Multi-footed inkstone, vase, water container and pot, white glaze
Tang Dynasty
Inkstone:
Height: 2.2cm　Diameter of mouth: 4.8cm
Diameter of foot: 5.4cm
Vase:
Height: 4.4cm　Diameter of mouth: 1.7cm
Diameter of bottom: 1.7cm
Water container:
Height: 3.4cm　Diameter of mouth: 2.4cm
Diameter of bottom: 2.5cm
Pot:
Height: 4.6cm　Diameter of mouth: 2cm
Diameter of bottom: 1.7cm

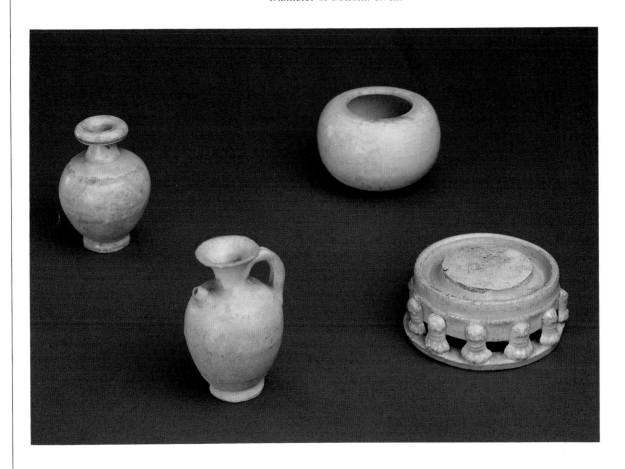

硯圓形，多足座，硯面中心微隆起，周邊環以凹進水槽，又稱辟雍硯。
瓶捲唇口，長頸，溜肩，圓腹漸斂至底，假圈足外撇；裏外施白釉，外部
釉不到底，釉色白中閃青，釉面有開片紋。水丞斂口，廣肩，弧形腹，平
底；裏外滿施白釉，底素胎無釉；白釉色澤微泛青色，並開細碎片紋；腹
底相接處陰刻弦紋一周。壺撇口，長頸，溜肩，腹自肩下斂至底，平底略
外撇，肩部一面有短流，一面執柄連於口肩之間；裏外施白釉，外部釉不
到底，釉色白中閃黃。

在故宮博物院所藏唐代白瓷中，有白釉小硯、小瓶、水丞、小壺等器型細
小、器高多在5厘米以下的製品，其器型風格與同時期的大型器物相同，
釉色也多具有定窰白瓷的特徵。由於器型細小，實用價值似已不大，多是
作為供人觀賞旳玩具。

白釉罐
唐
高13厘米　口徑7.4厘米　底徑6.1厘米

White glazed jar
Tang Dynasty
Height: 13cm　Diameter of mouth: 7.4cm
Diameter of bottom: 6.1cm

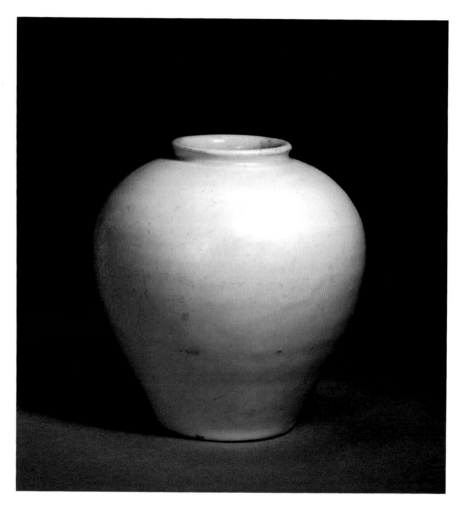

罐口微撇，短頸，圓腹，腹以下漸收斂，平底。通體施白釉，底無釉。此
罐形制飽滿，釉色胎質均潔白細膩。

白釉雙繫罐
唐
高17厘米　口徑10.5厘米　底徑10.3厘米

Two-looped jar in white glaze
Tang Dynasty
Height: 17cm　Diameter of mouth: 10.5cm
Diameter of bottom: 10.3cm

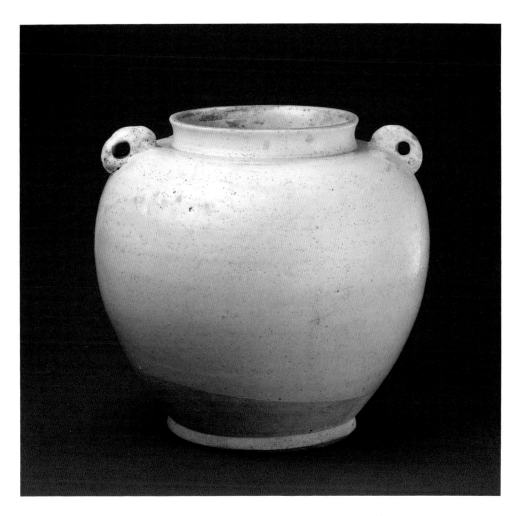

罐敞口，直頸，溜肩，鼓腹，平底。裏滿釉，外施半截釉，釉色白中閃
青。肩飾雙繫。

雙繫罐是唐代流行的罐式，北方燒造白瓷的窯場幾乎都有出產。此罐器型
規整，釉面瑩亮，是一件具有代表性的作品。

白釉四繫大罐

唐
高32厘米　口徑12厘米　底徑13厘米

Four-looped jar in white glaze
Tang Dynasty
Height: 32cm　Diameter of mouth: 12cm
Diameter of bottom: 13cm

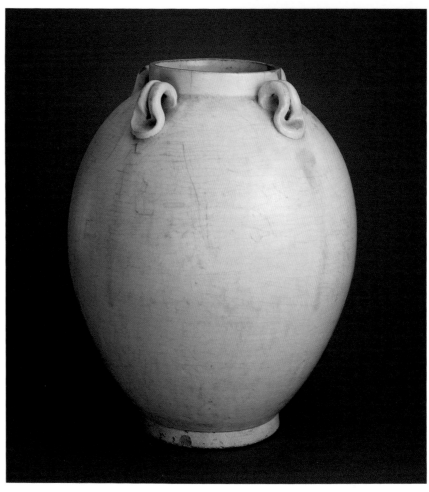

此罐小口，短頸，碩長腹，平底。胎質堅硬，細潔，泛淺青，釉色純白，
釉面透明而有橫向開片紋，屬上乘作品。

白釉罐
唐
高20.3厘米　口徑10.2厘米　底徑9.8厘米

White glazed jar
Tang Dynasty
Height: 20.3cm　Diameter of mouth: 10.2cm
Diameter of bottom: 9.8cm

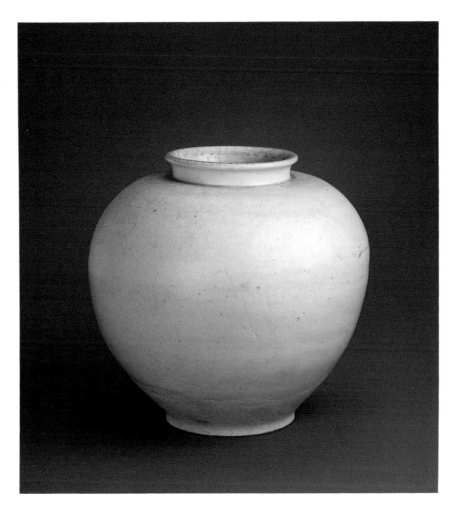

罐口沿外捲，頸極短，圓肩，鼓腹，平底。胎極白，未施化妝土，釉瑩潤
透明，開細小紋片。整體造型莊重豐滿，是唐代典型的罐式之一。

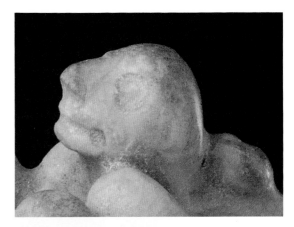

白釉"丁道剛"花口瓶

唐
高11.2厘米　口徑3.3厘米　足徑4.5厘米

**White glazed vase marked with "Ding Daogang"
with a petal-shaped mouth**
Tang Dynasty
Height: 11.2cm　Diameter of mouth: 3.3cm
Diameter of foot: 4.5cm

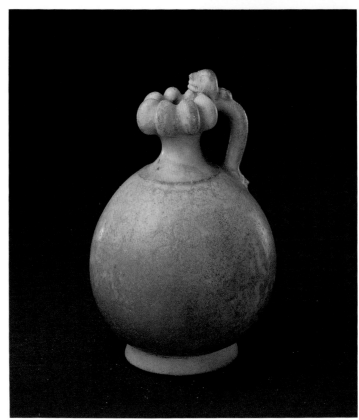

瓶口呈蓮瓣形，細頸，溜肩，圓腹，圈足微外撇。通體施白釉，有細小片
紋。人面把手與肩部相連，肩部凸弦紋及花瓣紋各一周，腹部刻朵花紋間
有"丁道剛作瓶大好"文字。底足內刻"記"字。

此瓶器型新穎，白瓷質地細密，釉色光潔如雪，並且在瓶身的腹部和底部
刻有帶字款記，是唐代白瓷的精細之作。

白釉淨瓶
唐
高25厘米　口徑14厘米
足徑7.7厘米

Holy-water bottle in white glaze
Tang Dynasty
Height: 25cm
Diameter of mouth: 14cm
Diameter of foot: 7.7cm

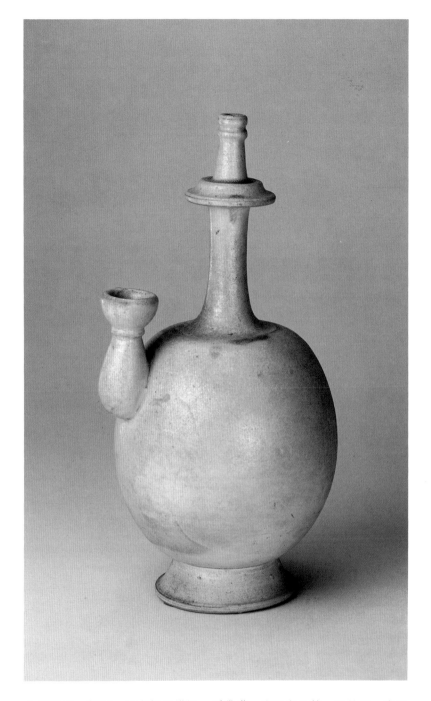

此瓶盅口，細頸，頸中部出塔沿，肩豐滿，腹下漸收斂，足外撇，淺圈
足。小彎流，流口也作盅形。造型借鑑唐代銅淨瓶，綫條更為優雅，柔
和。胎極白，釉細潤而略泛黃色，釉質晶瑩似玉，有極小而細碎的開片。
此類瓶式大多出於晚唐、五代的墓葬中。

白釉大梅瓶
唐
高42.5厘米　口徑9厘米
底徑17.5厘米

Large prunus vase in white glaze
Tang Dynasty
Height: 42.5cm
Diameter of mouth: 9cm
Diameter of bottom: 17.5cm

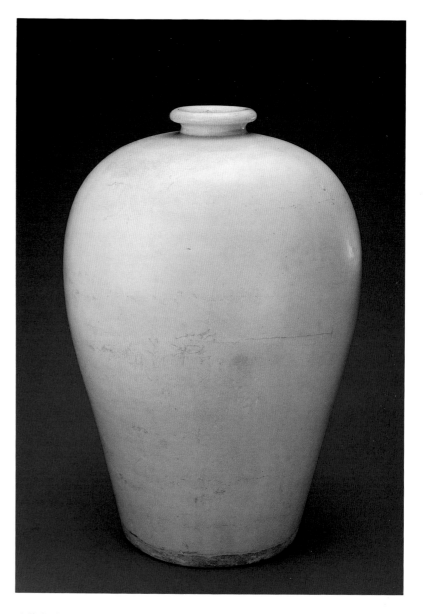

此梅瓶小口，短頸，溜肩，碩腹，平底實足。胎色極白，有化妝土。釉面
光潔潤澤，無任何雜質，玻璃質感極強，透明度高，釉面上佈滿均勻細碎
的開片紋。梅瓶一般認為起始於宋代，此件實物證實，梅瓶在唐代就已經
出現。

白釉雙龍耳瓶
唐
高26厘米　口徑5.4厘米　底徑7.6厘米

White glazed vase with two dragon-shaped ears
Tang Dynasty
Height: 26cm　Diameter of mouth: 5.4cm
Diameter of bottom: 7.6cm

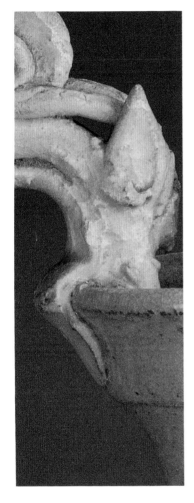
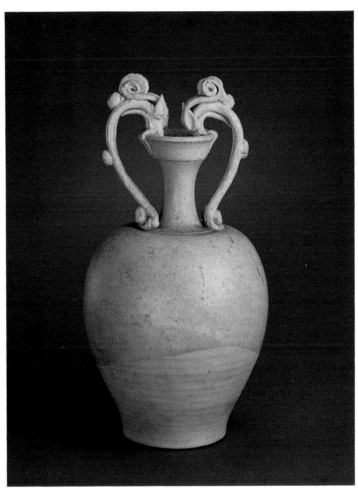

此瓶盤口，細長頸，豐肩，長圓腹，平底。口肩連以雙龍形長柄，龍首低
垂，張嘴唧瓶口，龍身各飾三圓珠。胎極白，施半截釉，釉瑩潤透明，有
開片。雙龍耳瓶是唐代流行的瓶式，除白釉外還有青釉、唐三彩等品種。
其形制是由雞首壺和外來的胡瓶相結合，逐漸演變而成的。從此瓶優美的
造形和潔白的瓷胎看，當屬北方瓷窰的作品。

白釉貼花雙龍耳瓶

唐
高28.3厘米　口徑8厘米　底徑7厘米

White glazed vase with two dragon-shaped ears and applied design
Tang Dynasty
Height: 28.3cm　Diameter of mouth: 8cm
Diameter of bottom: 7cm

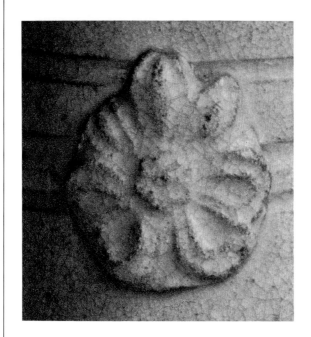
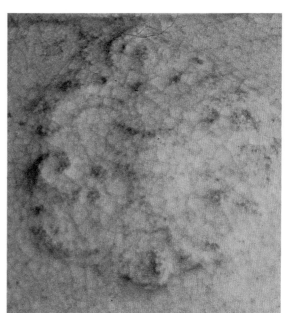

瓶雙龍耳喇口，細長頸，有弦紋數道，並貼塑四寶相佛花，隆肩圓腹，腹貼塑相同的寶相佛花四株。雙龍耳瓶出土的數量很多，但一般為光素器，附加貼花裝飾的較少見。此瓶造型優美，大小適中，貼花精緻，是盛唐時期北方白瓷的代表作。

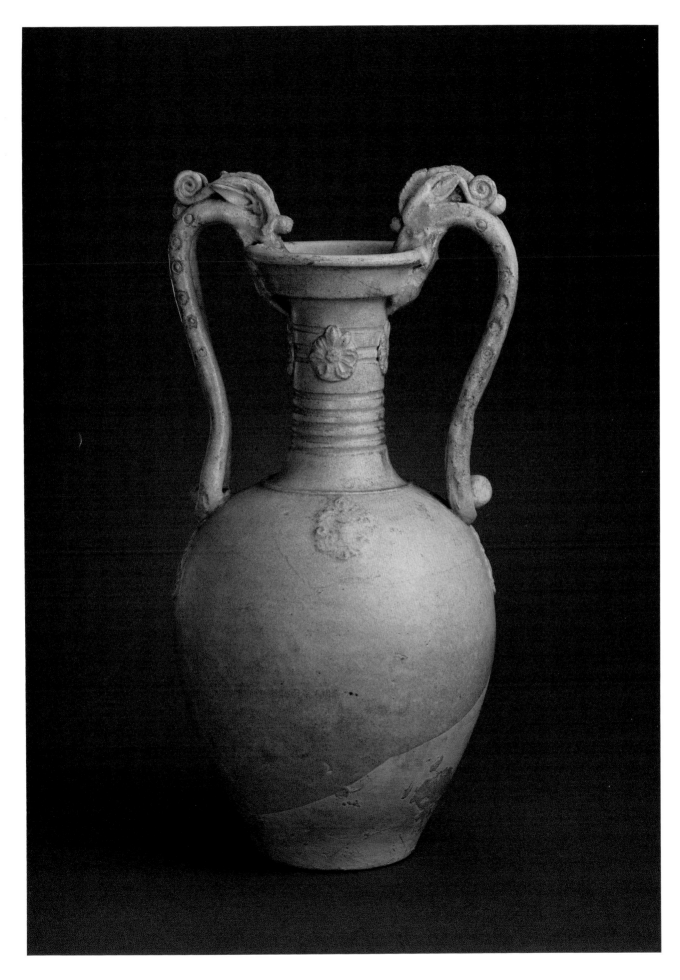

白釉四繫壺
唐
高29.5厘米　口徑10厘米
底徑10.2厘米

Four-looped pot in white glaze
Tang Dynasty
Height: 29.5cm
Diameter of mouth: 10cm
Diameter of bottom: 10.2cm

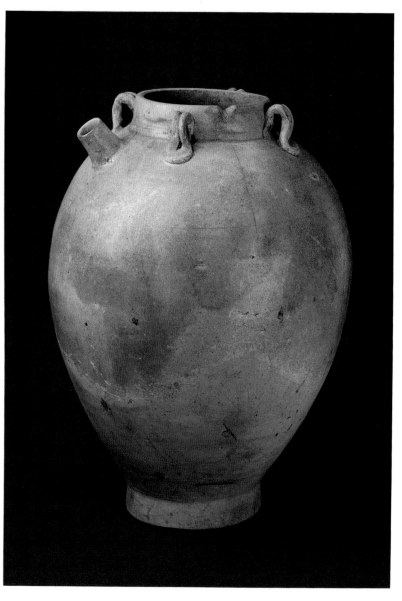

直口，溜肩，圓腹，腹以下漸收，近底處外撇，平底內凹。肩部有四繫，一邊有一短柱形流。胎質堅硬細膩，瓷化程度很高，裹外施青釉，外部施釉不到底，釉色白中泛黃，底無釉。

這件白釉四繫壺為唐代早期產品，還保留隋代器形的很多特徵，但已大大提高了器物的瓷化程度，為唐代白瓷的輝煌發展開拓了道路。

白釉雙繫壺
唐
高27.5厘米　口徑8.9厘米
底徑11.5厘米

Two-looped pot in white glaze
Tang Dynasty
Height: 27.5cm
Diameter of mouth: 8.9cm
Diameter of bottom: 11.5cm

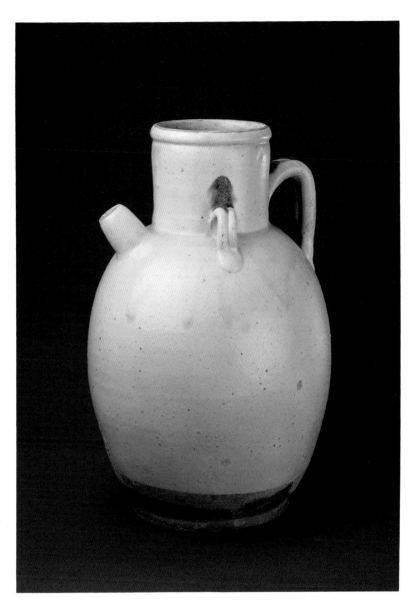

壺直口，長頸，溜肩，弧腹，平底。頸肩相接處兩面對立條形繫，另兩面，一面有短流，一面有執柄連於頸肩之間。壺裏口施白釉，外部施釉不到底，釉色白中泛黃。

雙繫壺為唐代盛行的壺式，從初唐、中唐的短頸、圓腹的器型，至晚唐改為長頸、長弧腹。此壺應為晚唐雙繫壺的典型代表。

白釉獸柄貼花鳳嘴壺
唐
高26.5厘米　口徑9厘米
足徑9.8厘米

Pheonix-spout pot with animal-shaped handle and applied design, white glaze
Tang Dynasty
Height: 26.5cm
Diameter of mouth: 9cm
Diameter of foot: 9.8cm

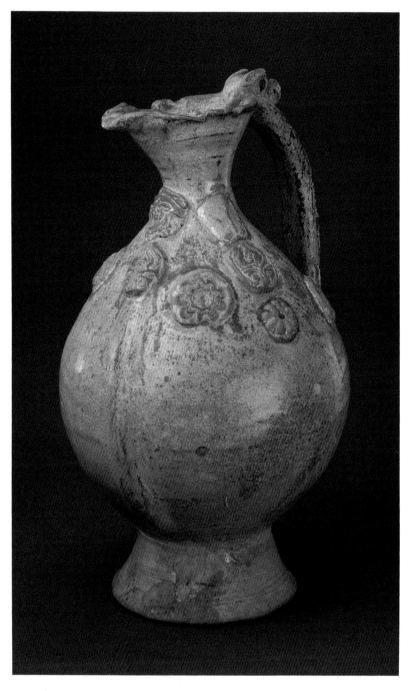

鳳頭口，細頸，立獸為柄，溜肩，圓腹，腹部以下漸收，高圈足外撇。肩腹部各模印堆貼花紋一周。通體施白釉，釉作青白色，圈足內外無釉。

該器仿鳳頭壺造型。在公元七世紀至九世紀當中，中西交通發達，經濟和文化上的往來非常頻繁，中國的陶瓷不僅傳播到鄰國，還遠傳到西亞和非洲等地，中國陶瓷在文化藝術上受外來影響亦頗深。此壺肩腹之間堆貼紋飾及獸形紋柄，就是西亞波斯一帶的風格，可作為中西文化交流的佐證。

白釉壺
唐
高19.2厘米　口徑7.8厘米
足徑7.4厘米

White glazed pot
Tang Dynasty
Height: 19.2cm
Diameter of mouth: 7.8cm
Diameter of foot: 7.4cm

163

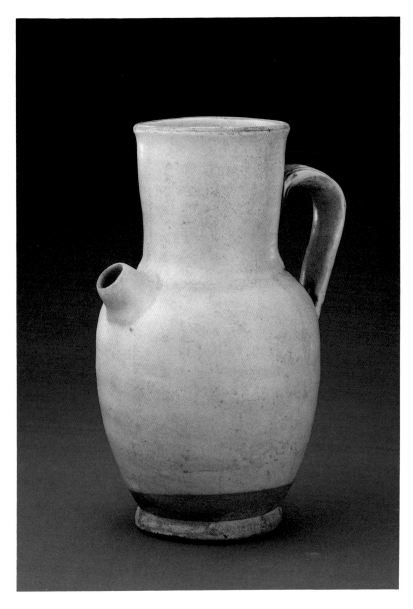

壺口微撇，直頸，溜肩，肩以下漸瘦，圈足。肩一側立一短流，對側為曲柄連於頸腹。內釉至肩，外部施釉不到底。壺身立柄側有紅色彩斑。釉色白而發黃。

整個器形渾圓飽滿，施釉近足部，下面有明顯的垂釉現象。壺的一面自上而下有一道清晰奪目的紅斑，使得整個白釉壺尤為醒目。

白釉單柄壺

唐
高11.8厘米　口徑4.1厘米　底徑8.3厘米

Single-handled pot in white glaze
Tang Dynasty
Height: 11.8cm　Diameter of mouth: 4.1cm
Diameter of bottom: 8.3cm

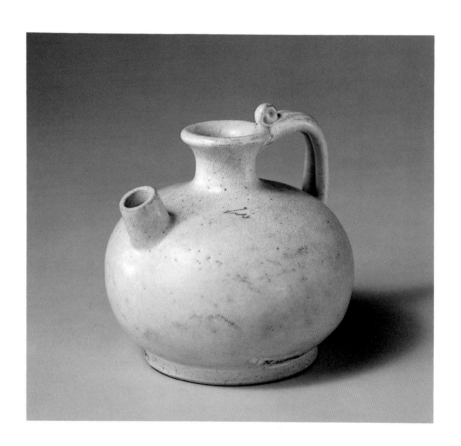

壺口外撇，短頸，圓腹，平底。肩上一面有短流，另一面立起曲柄，柄上
端與口唇接，並凸起一回紋頭。施釉不到底，開碎紋片。

魏晉南北朝流行的雞首壺，在唐代已不再出現，常見的是一種多棱形式圓
柱形短流的執壺。正如此器物一樣，壺柄由以前的龍柄變為曲柄，在流與
柄之間立耳繫的形式也少見。壺口也由盤口變為喇叭口，壺腹一般作圓形
或橢圓形，有的呈瓜形。唐代文獻稱之為"注子"，顧名思義是當時一種
酒器或茶具。在南北各地瓷窰中均大量生產，具有典型的時代特徵，為唐
代標準器型。

白釉奩
唐
通高26.7厘米　口徑19.2厘米
底徑20.5厘米

White glazed Lian
Tang Dynasty
Overall height: 26.7cm
Diameter of mouth: 19.2cm
Diameter of bottom: 20.5cm

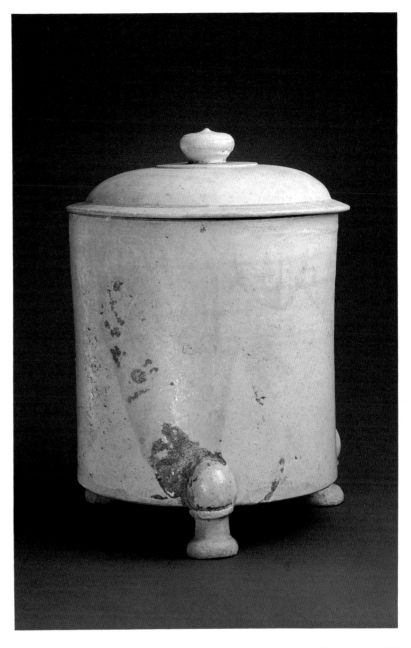

奩有蓋、身兩部分。蓋沿平，面鼓起，中部突起一層圓平面，中央立一扁
形桃鈕。身直壁，下承三蹄足。蓋面施釉，內無釉。奩身滿釉，底及足下
無釉，釉閃青黃色，有土浸。

奩是盛放梳妝用具的器皿。漢代開始流行，主要以陶或鉛綠釉陶製，圓
形，直腹，附蓋，平底下承以三足。除素面外，尚有刻、印花紋等裝飾。
這件唐白釉奩應該是出土之物，其造型別有風味，通體光素無紋飾，釉色
潔白均勻，獨具特色。

白釉綠彩壺
唐
高16.7厘米　口徑7.3厘米　底徑5.8厘米

White glazed pot with green splashes
Tang Dynasty
Height: 16.7cm　Diameter of mouth: 7.3cm
Diameter of bottom: 5.8cm

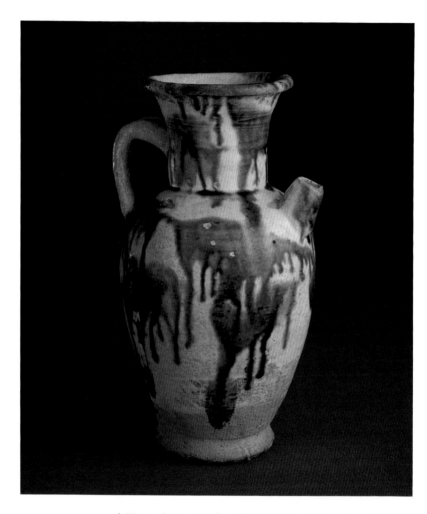

壺撇口，細頸，圓肩，肩以下漸瘦，平底。肩一面有凸起短流，一面有曲
柄連於頸肩之間，通體白釉散佈綠色斑點，外釉不到底。

白釉綠彩壺在白色底釉上噴灑綠色斑點，白色與綠色互相浸潤，形成斑駁
明麗的紋飾圖案，是唐代白釉彩陶器的上乘之作。

白釉綠彩壺
唐
高10.4厘米　口徑8.6厘米　底徑6.9厘米

White glazed pot with green splashes
Tang Dynasty
Height: 10.4cm　Diameter of mouth: 8.6cm
Diameter of bottom: 6.9cm

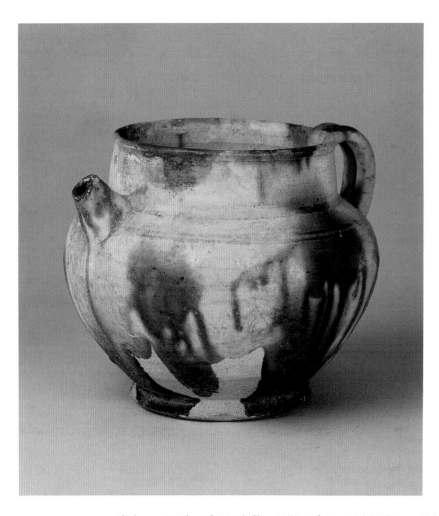

壺直口，圓肩，肩以下漸斂，平底。肩上一面有短流，一面有曲柄，上端
連於頸。裏外施釉，外壁下部不滿釉，通體飾以綠色斑點。

唐代的白釉綠彩器是繼北朝出現白釉綠彩器之後，進一步提高的彩陶產
品。1957年在河南省鞏縣小黃冶、鐵匠爐村、白河鄉等地，出土大量白瓷
和白釉綠彩器及其殘片，據《河南鞏縣古窰址調查紀要》報導中的排列對
比，可以推斷這種器物可能是河南鞏縣窰產品。這件白釉綠彩壺器形完整
無損，綠彩清晰美觀，白、綠色釉彩相間，自然流暢，清新明快。

白釉綠彩蓋盒
唐
高7.3厘米　口徑6.7厘米　足徑6.8厘米

Covered box in white glaze with green splashes
Tang Dynasty
Height: 7.3cm　Diameter of mouth: 6.7cm
Diameter of foot: 6.8cm

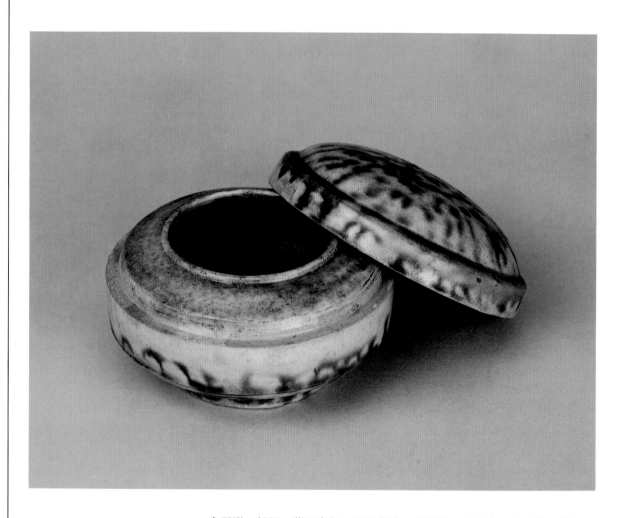

盒圓形，折腰，蓋面隆起，圈足微撇，蓋與盒口相吻合，盒身飾以綠色斑點。

這件蓋盒以白色為地，裝點綠彩，甚是少見，白釉綠彩鮮艷，造型圓潤，端莊穩重，是唐代盒類的典型作品。

白釉藍彩盤
唐
高3.1厘米　口徑15厘米
底徑13厘米

**White glazed plate with
blue splashes**
Tang Dynasty
Height: 3.1cm
Diameter of mouth: 15cm
Diameter of bottom: 13cm

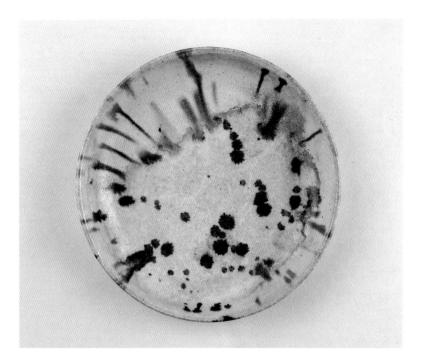

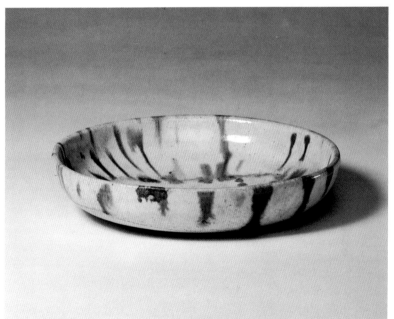

唐三彩陶器通常有黃、綠、白、赭、藍等色，如果只具備兩種顏色則不能
稱之為唐三彩。此盤只有白、藍二色，與唐三彩一樣同屬低溫釉陶器。盤
淺壁，坦底，下承三小足。施白色低溫鉛釉，上面塗灑藍彩斑點，藍白相
間，絢麗斑駁。

青釉褐斑洗
唐
高6厘米　口徑17.4厘米　底徑7.8厘米

Green glazed washer with brown splashes
Tang Dynasty
Height: 6cm　Diameter of mouth: 17.4cm
Diameter of bottom: 7.8cm

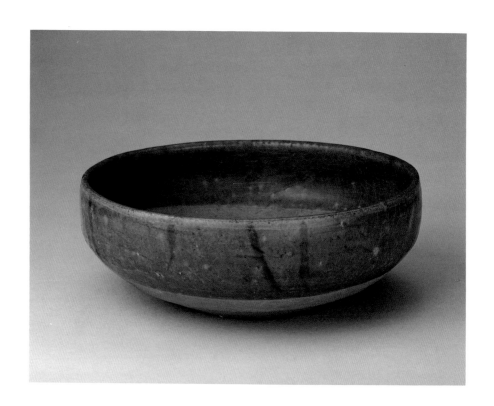

洗直口，中部以下折腰下斂，平底。裏外施半釉，外飾褐色直條紋，洗心及底均有紅色支燒痕。

此器褐彩不似唐時其他器物的褐彩呈斑點狀，而是根據器形的特點而設計。此器形較矮，飾直條形彩，可使器物顯得舒展而大方。

青釉蟠螭燈
唐
高21厘米　口徑4.5厘米　足徑12.5厘米

Green glazed lamp with interlaced hydras design
Tang Dynasty
Height: 21cm　Diameter of mouth: 4.5cm
Diameter of foot: 12.5cm

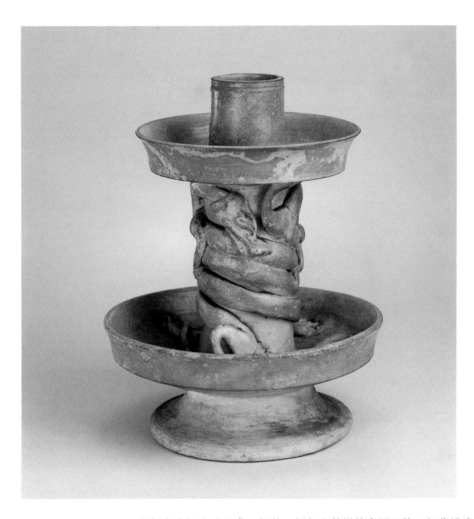

這件青瓷燈由洗形盞、燈柱、燈盤和外撇的高圈足等四部分構成，通體施
青釉，釉呈灰綠色。燈盞、盤均素面無紋，燈柱堆塑兩條盤繞的蟠龍，兩
龍尾上頭下，似追逐爭鬥，形態威猛生動。

據《三才圖會》釋文稱：“螭亦龍類，但無角。”相傳螭亦龍的一種。螭
形盤屈，又稱蟠螭。中國古代對龍的圖騰崇拜體現在工藝裝飾上有悠久歷
史，蟠螭堆塑的陶瓷裝飾方法，早在漢代的釉陶博山爐上就已出現。這件
蟠螭燈是對前朝傳統的繼承。

青釉鳳頭龍柄壺
唐
高41.3厘米　口徑9.3厘米　足徑10.2厘米

**Green glazed pot with a phoenix-shaped lid and
a dragon-shaped handle**
Tang Dynasty
Height: 41.3cm　Diameter of mouth: 9.3cm
Diameter of foot: 10.2cm

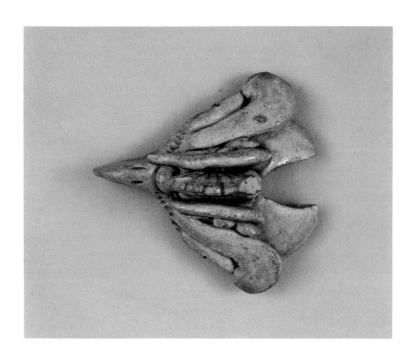

此壺作鳳形，撇口，短頸，溜肩，圈足。裏外施青釉，釉色青中閃黃，透明度高，開細碎的小紋片。壺蓋做成高冠鷹嘴的鳳頭，壺柄做成一立姿的行龍，龍嘴緊唧壺口沿，前肢一上一下搭於壺的肩頸處，腹部緊貼壺身，下肢緊抵圈足。龍柄的設計與優雅的鳳體互相輝映，同時其力點與壺底相聯，提攜時可以大為省力。壺身以聯珠和劃刻的弦綫分隔為八層，外口下和頸中部各有凸雕的聯珠紋一周，頸下部有蓮花瓣紋，肩部劃刻忍冬紋。腹部環繞以由聯珠紋組成的六個圓形開光，開光內堆貼六個袒胸露腹、手舞足蹈的力士，周圍環繞葡萄、流雲，每個力士腳邊有水壺及小鳥一隻。下腹部是六組寶相蓮花，圈足中部有聯珠紋一周，上下各有寬肥的蓮瓣相襯。

這件鳳頭壺在造型和裝飾上借鑑了波斯金銀器中鳥首壺的特點，是中外文化交流的歷史見證。

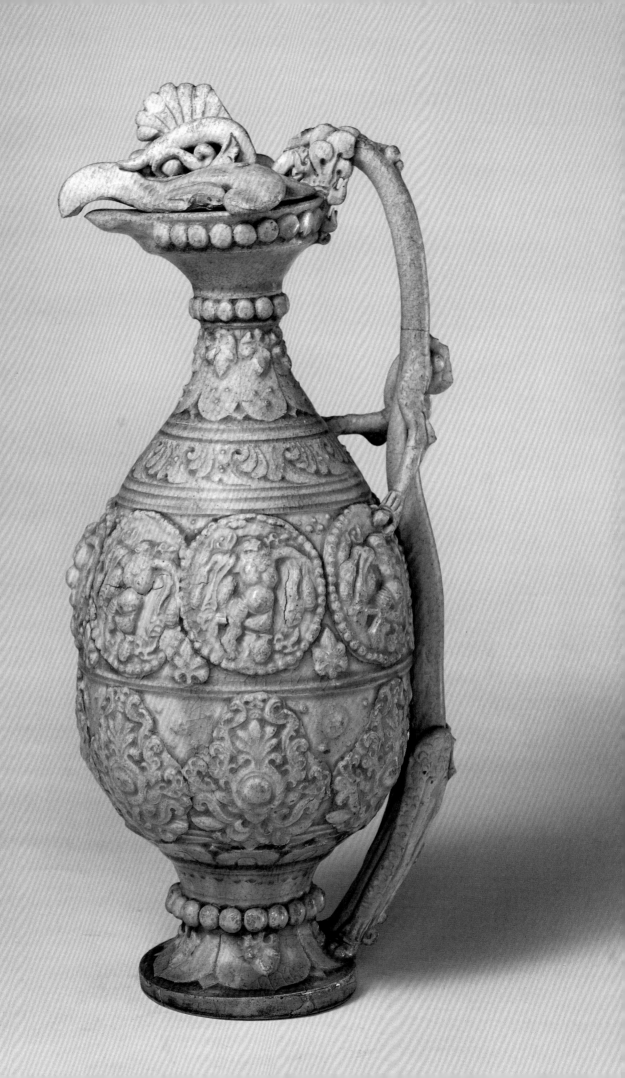

青釉藍斑罐
唐
高20.2厘米　口徑9.9厘米　底徑9.7厘米

Green glazed jar with blue splashes
Tang Dynasty
Height: 20.2cm　Diameter of mouth: 9.9cm
Diameter of bottom: 9.7cm

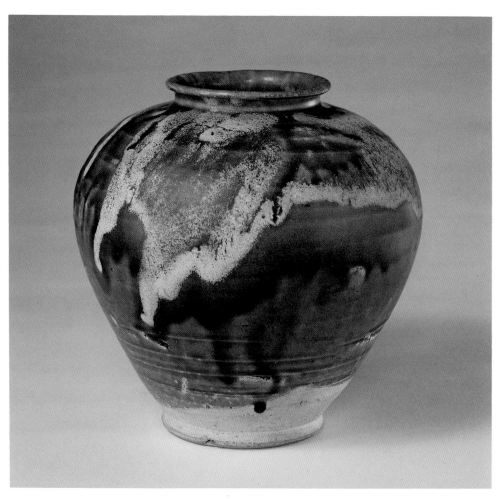

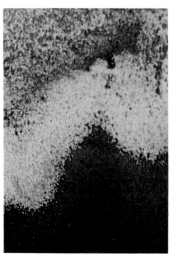

罐撇口，無頸，豐肩，肩以下漸收，平底。罐裏滿釉，外部施釉不到底，口及肩部飾以月白色藍斑。

花釉瓷器的出現，是唐代陶瓷工藝的一項新成就。其傳世品是在黑釉、黃釉、黃褐釉、天藍釉或茶葉末釉上飾以天藍或月白色斑點。以青釉為底釉的器物還不多見。

這件花釉瓷罐，青釉色澤純正，藍色斑飾隨意自然，整器清新雅麗，是一件稀有的傳世珍品。

青釉藍斑罐
唐
高15.2厘米　口徑9.3厘米　底徑9.5厘米

Green glazed jar with blue splashes
Tang Dynasty
Height: 15.2cm　Diameter of mouth: 9.3cm
Diameter of bottom: 9.5cm

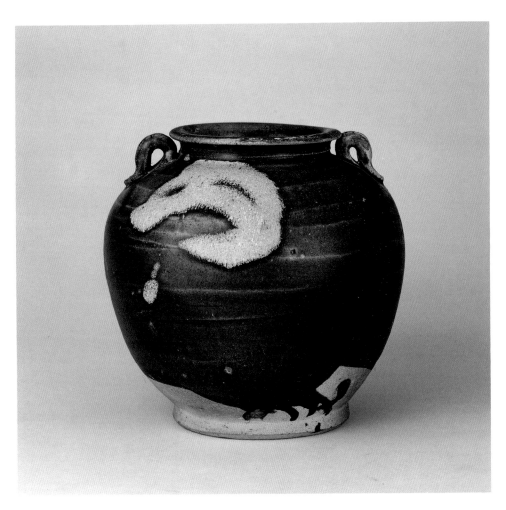

罐撇口，無頸，豐肩，肩以下漸斂，平底。肩上立雙繫，器裏滿釉，外部
施釉不到底，肩上有月白色斑。

傳統的青釉瓷器主要以釉色的純正淡雅取勝，但北方地區的製瓷工匠又創
造性地在青釉之上施以各種窯變花釉，利用釉的流動形成各種豐富多彩的
斑紋，不僅豐富了青釉瓷的品種，更使單純的青釉瓷器平添了幾分藝術魅
力。

褐黃釉藍斑雙繫罐
唐
高18.5厘米　口徑9.5厘米
底徑10厘米

**Two-looped jar in brownish yellow glaze
with blue splashes**
Tang Dynasty
Height: 18.5cm
Diameter of mouth: 9.5cm
Diameter of bottom: 10cm

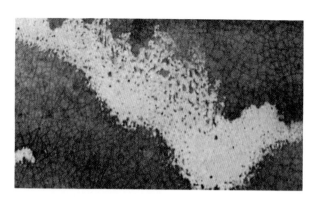

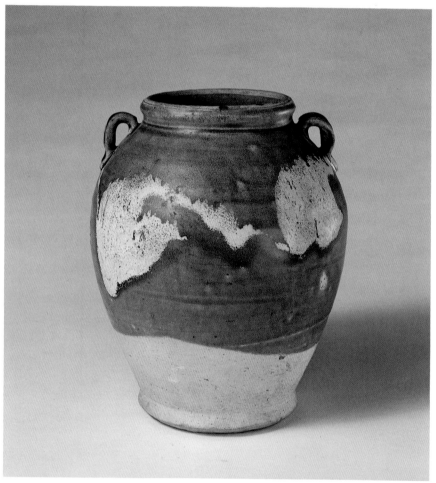

罐圓唇口，溜肩，平底，肩部安雙繫。器裏外施褐黃色釉，外部施釉不到
底。器身飾以灰藍色斑點四塊。

唐代花釉罐製品，在考古發掘的標本和傳世品中，多以黑釉彩斑雙繫罐居
多，黃褐釉飾彩斑的瓷罐也不少。此器應是在還原焰中燒成的，為河南魯
山窯的產品。其造型質樸飽滿，是唐代北方地區燒製的雙繫罐典型式樣。
褐黃色釉加灰藍彩斑，典雅清新，具有濃郁的北方瓷器風格。

淡黃釉鼓
唐
長17厘米　口徑9.8厘米

Light yellow glazed drum
Tang Dynasty
Length: 17cm　Diameter of mouth: 9.8cm

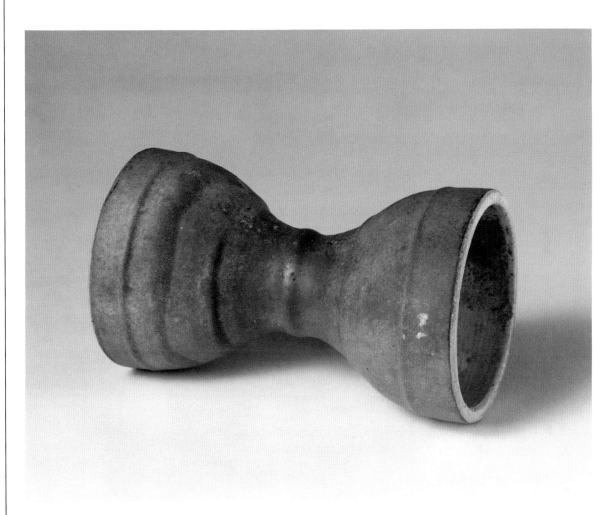

樂鼓係由西域傳入中國，唐代始製作瓷質鼓身，大小不等，除黃釉外還有
花釉等品種。此鼓口底相當，中空，形制小巧，攜帶方便。外施淡黃釉，
釉色黃中閃綠，接近茶葉末色。鼓兩面包皮，即可使用。此鼓是研究唐代
對外文化交流和舞樂宴戲的寶貴實物資料。

黃釉席紋單柄壺
唐
高20.1厘米　口徑6.3厘米
底徑6.9厘米

**Yellow glazed pot with a handle
decorated with mat impression**
Tang Dynasty
Height: 20.1cm
Diameter of mouth: 6.3cm
Diameter of bottom: 6.9cm

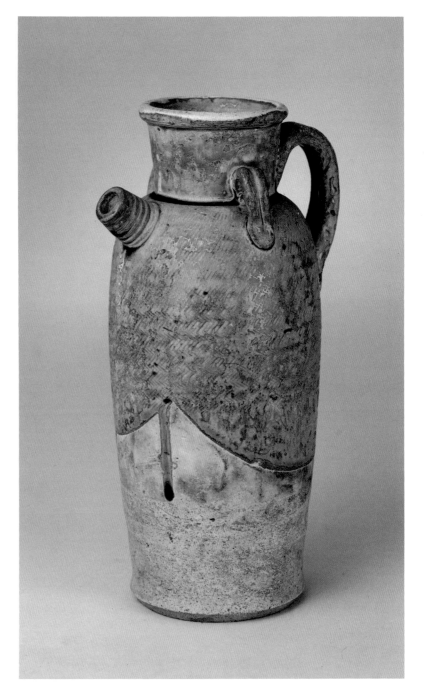

壺唇口，直頸，溜肩，直腹，平底。肩部有一短流，對稱處立曲形柄，一
端連至壺身，另兩側各有一橋形繫。器身施黃釉，外部施釉不到底，釉面
有剝落痕迹。底無釉。

此壺利用製坯時留下的印痕，刻意裝飾瓷面。這種席紋早見於新石器時代
的陶器，由於編織方法和所用的材料不同，有扁平人字形、圓條和扁條交
錯等形狀，運用於瓷胎上，顯現出新穎古樸之效果。

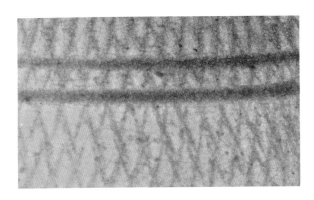

黃釉席紋罐
唐
高15.7厘米　口徑6.3厘米　底徑9.5厘米

Yellow glazed jar with mat impression
Tang Dynasty
Height: 15.7cm　Diameter of mouth: 6.3cm
Diameter of bottom: 9.5cm

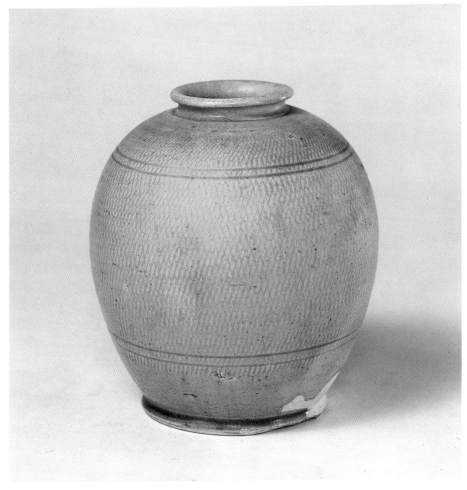

唐代燒黃釉的窯址有安徽的壽州窯、蕭縣窯，河北的曲陽窯，河南的郟縣
窯等。造型多見盤、碗、杯、鉢、罐等，琢器的遺留數量不多。此罐唇
口，短頸，瘦肩，直腹，平底，流呈短小的圓柱形。器身施黃釉不及底，
有化妝土，釉下印編織席紋。胎堅質，呈灰色。

黃釉洗口瓶
唐
高22.3厘米　口徑5.8厘米　底徑7.3厘米

Yellow glazed vase with a dish-shaped mouth
Tang Dynasty
Height: 22.3cm　Diameter of mouth: 5.8cm
Diameter of bottom: 7.3cm

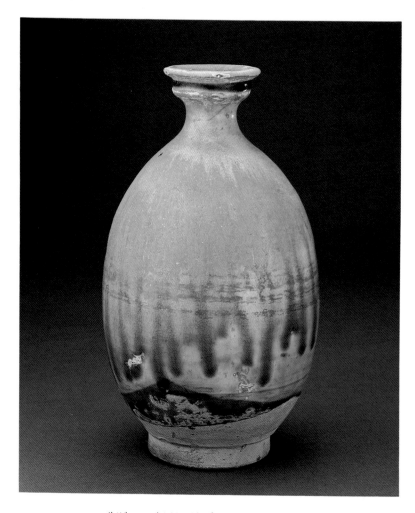

瓶洗口，短頸，溜肩，長圓腹，平底。外施黃釉不及底。釉層厚薄不均，
玻璃質的釉與化妝土結合得不夠緊密，有釉汁向下垂流的痕迹，還有局部
剝落的現象。

黃釉綠彩席紋執壺
唐
高27.1厘米　口徑11.5厘米
底徑11.6厘米

Yellow glazed ewer with green splashes decorated with mat impression
Tang Dynasty
Height: 27.1cm
Diameter of mouth: 11.5cm
Diameter of bottom: 11.6cm

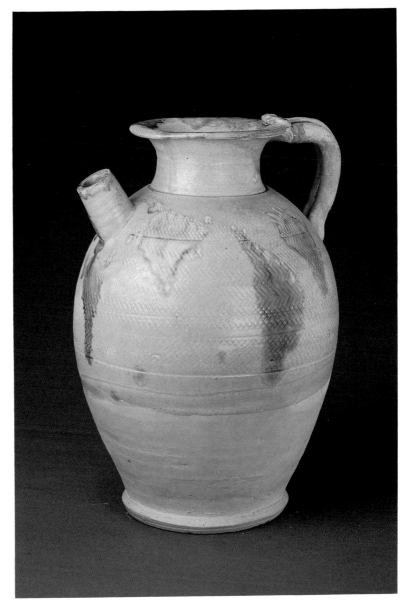

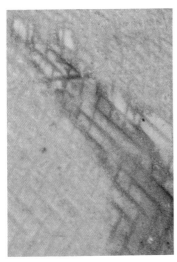

壺撇口，短頸，壺身圓形，平底。肩部一面有短流，流口削平；另一面有曲柄，連於口肩之間，柄為雙帶形，有一上粗下細條紋。壺身印編織紋，壺外部施彩僅過腹部，黃色地，飾以綠色斑點，胎呈粉紅色。

此器器型飽滿穩重，黃釉上加綠彩斑點和編織圖樣，黃綠相間，交相輝映，韻味深濃。此種裝飾十分少見，在唐代低溫鉛釉陶器中尤為稀有。

黃綠釉凸花筦籮式碗

181

唐
高3.7厘米　口徑9.9厘米　底徑6.5厘米

Yellowish green glazed bowl in the shape of
a shallow basket with raised floral design
Tang Dynasty
Height: 3.7cm　Diameter of mouth: 9.9cm
Diameter of bottom: 6.5cm

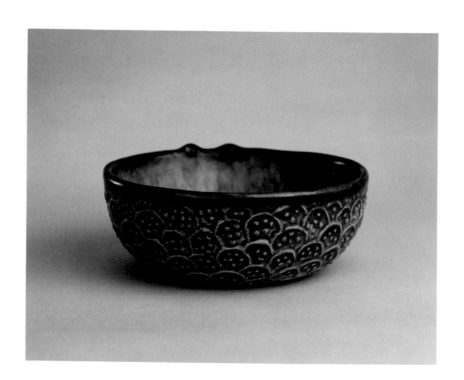

碗敞口，直壁，下部微收，平底。碗外以層層凸雕的筦籮花為飾，花紋清
晰，富立體感。碗內綠釉，碗外黃褐色釉，口邊單側有兩乳釘狀聚釉，釉
汁肥厚。這件器物與唐三彩一樣屬低溫彩釉，區別只是僅黃、綠二色。

綠釉白斑盒
唐
高3.3厘米　口徑6.9厘米　底徑7.3厘米

Green glazed box with white splashes
Tang Dynasty
Height: 3.3cm　Diameter of mouth: 6.9cm
Diameter of bottom: 7.3cm

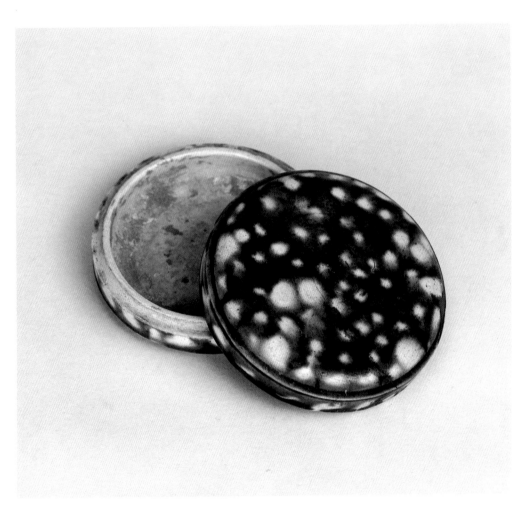

盒扁圓，直口，平底。盒蓋平面無鈕，蓋口合於底口。通體綠釉地飾以白
色斑點。

此盒色彩鮮艷，釉面以綠色為地，上面點綴以大量白色斑紋，引人入勝，
韻味無窮。

綠釉小壺

唐
高5.8厘米　口徑3.3厘米　底徑3.9厘米

Small pot in green glaze
Tang Dynasty
Height: 5.8cm　Diameter of mouth: 3.3cm
Diameter of bottom: 3.9cm

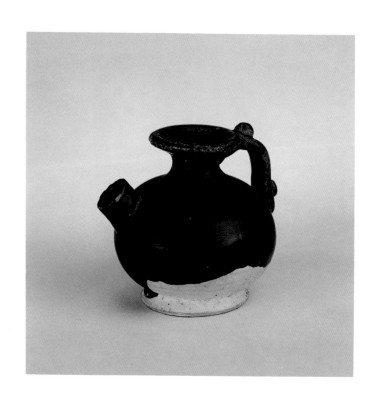

低溫鉛釉陶自漢代由西域傳入中國。是以鉛的化合物作為基本的助熔劑，其主要呈色劑是氧化銅和氧化鐵，氧化銅使釉呈現翠綠色。這件綠釉小壺，撇口，圓腹，短直流，曲柄上有扣式裝飾，如凸起的乳釘。綠釉深濃，均勻潤澤，胎灰白堅硬。造型上有唐代金銀器的風格，精巧玲瓏。

綠釉小壺

綠釉帶蓋罐
唐
通高26.2厘米　口徑10.8厘米　底徑11.2厘米

Covered jar in green glaze
Tang Dynasty
Overall height: 26.2cm　Diameter of mouth: 10.8cm
Diameter of bottom: 11.2cm

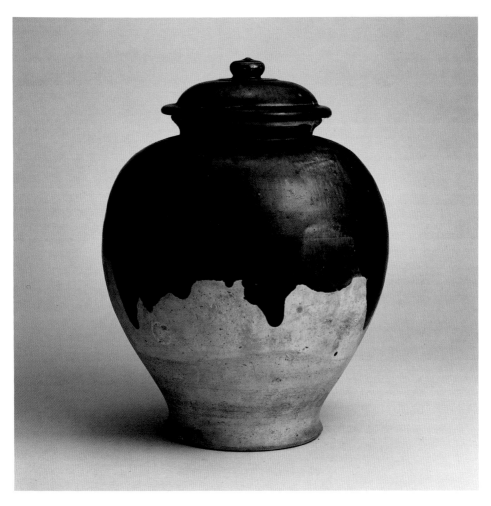

鉛綠釉的色澤光潤柔和，且胎與釉結合緊密。此罐捲口，圓唇，豐肩，肩
以下漸收，平底。通體施綠釉，釉色深翠，薄而光亮，呈半透明狀。

185

藍釉弦紋碗
唐
高6.9厘米　口徑16.8厘米　足徑9.9厘米

Blue glazed bowl with bow-string pattern
Tang Dynasty
Height: 6.9cm　Diameter of mouth: 16.8cm
Diameter of foot: 9.9cm

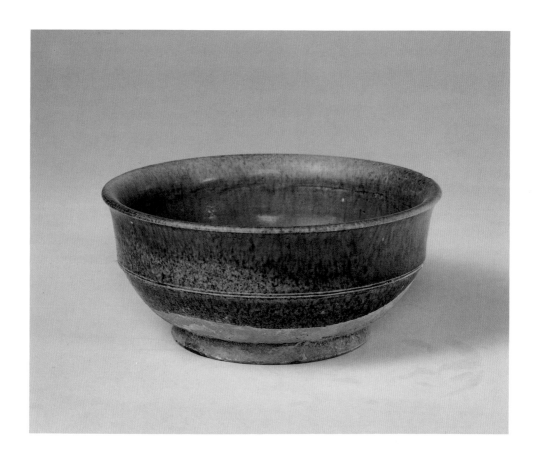

碗撇口，口以下漸收，腹部凸起弦紋一周，圈足微撇。裏施藍釉，外壁藍釉不及底，釉色藍中泛青灰色，呈溫雅的藍灰色調，深沉而含蓄。

黑釉貼花枕
唐
高8.3厘米　面16.3×10厘米

Black glazed pillow with applied floral design
Tang Dynasty
Height: 8.3cm　Top: 16.3 × 10cm

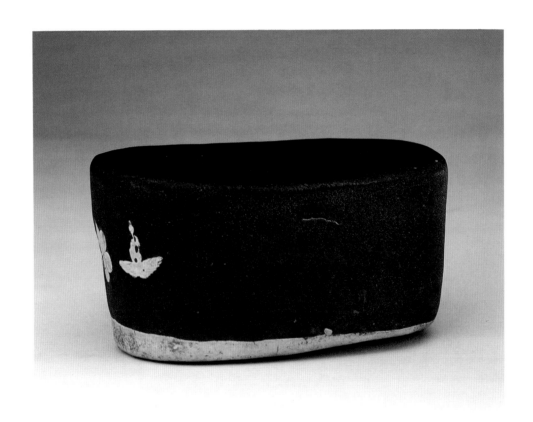

黑釉剪紙貼花裝飾是唐代創造的新技法，但比較簡練。此枕長方形，枕面及四邊於黑釉上貼剪紙窗花，花紋清晰醒目，為宋代吉州窰燒製剪紙貼花技術奠定了基礎。

黑釉圓盒
唐
高4.1厘米　口徑5.8厘米　底徑3.7厘米

Round box in black glaze
Tang Dynasty
Height: 4.1cm　Diameter of mouth: 5.8cm
Diameter of bottom: 3.7cm

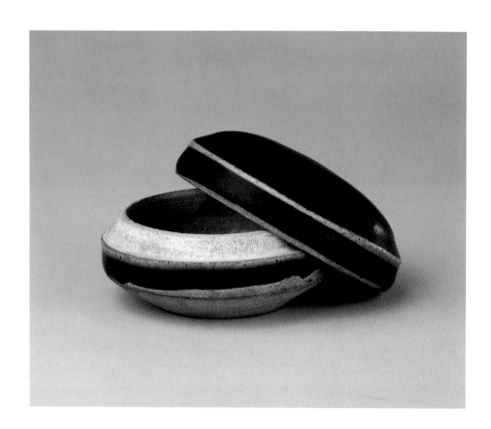

黑釉瓷器始於東漢，東晉時浙江德清窯用含鐵量很高的紫金土來配製黑
釉，使釉汁色黑如漆。唐代黑瓷的燒造地點由江南移至北方，陝西、河
南、山東等地區的許多窯址都擅長燒黑瓷。此盒扁圓體，分蓋、身二部
分，蓋面略隆起，子母口，平底。內施淡青釉，外施黑釉不及底，黑釉厚
而光亮。

黑釉藍斑三足盤
唐
高3.2厘米　口徑15厘米　底徑10.2厘米

Three-footed plate in black glaze with blue splashes
Tang Dynasty
Height: 3.2cm　Diameter of mouth: 15cm
Diameter of bottom: 10.2cm

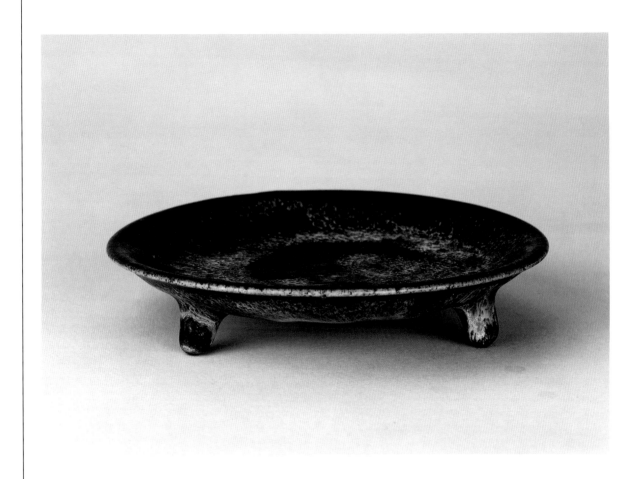

盤淺式，撇口，平底，下承以三足，底心無釉，盤裏外飾滿月白色火燄狀斑紋。

三足盤是唐代流行的盤式之一，其製品有青釉、絞胎、三彩釉陶、花釉等多種。從裝飾效果看，花釉瓷是在高溫中一次燒成的。如果說唐三彩陶器色彩豐富，突出代表了唐代雍容華貴的社會審美時尚的話，那麼，這件三足盤與三彩相比，其火燄般燦爛奪目的窯變釉色，更具粗獷豪放的美感。

黑釉藍斑拍鼓

唐

長58.9厘米　鼓面直徑22.2厘米

Black glazed drum with blue splashes
Tang Dynasty
Length: 58.9cm　Diameter of face: 22.2cm

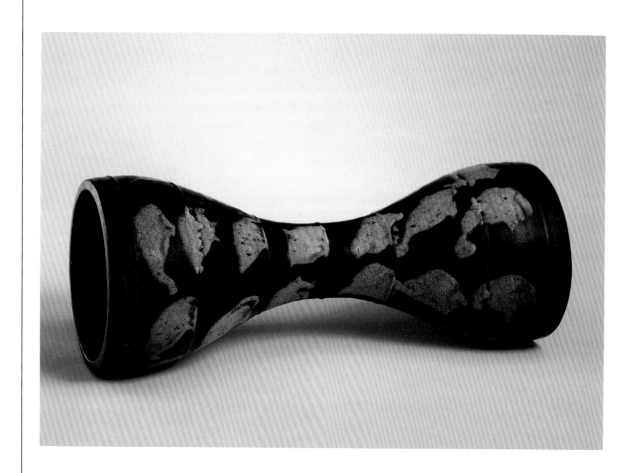

黑釉藍斑拍鼓，呈長形，兩端粗中間細，鼓面凸起等距離七道弦紋，通體施黑釉，在勻淨的黑釉上點綴以幾十個藍色斑點。這種色彩裝飾，是唐代製瓷工匠在繼承兩晉青釉褐斑裝飾技法上的發揮和創新。

拍鼓本是西域地區的樂器之一，西漢傳入中原，為廣大漢族樂工所喜愛。在敦煌莫高窟唐代壁畫中就有唐人演奏拍鼓的場面。唐代演奏拍鼓有兩種方式：一種是將鼓放在腿上席地而坐，雙手拍擊；一種是將鼓繫於胸前，邊舞邊拍奏。

1977年，故宮博物院專家在河南魯山段店唐代遺址，發現了和這件瓷拍鼓相似的黑釉藍斑拍鼓殘片，後又在河南禹縣上白峪窰址發現了同樣的殘片，考古資料表明，唐代燒造黑釉藍斑拍鼓，不僅在河南魯山，同時在河南其他地方也有燒造。

唐代的音樂舞蹈影響深遠。日本正倉院收藏有當時仿造中國唐代器的三彩拍鼓，日本宮內省也有同樣的收藏。現在朝鮮（韓國）流行的長鼓，都與唐代的拍鼓有着歷史的淵源。這些都反映了千百年來中外文化交往的史實。

黑釉壺
唐
高16.7厘米　口徑7.4厘米　底徑7.5厘米

Black glazed pot
Tang Dynasty
Height: 16.7cm　Diameter of mouth: 7.4cm
Diameter of bottom: 7.5cm

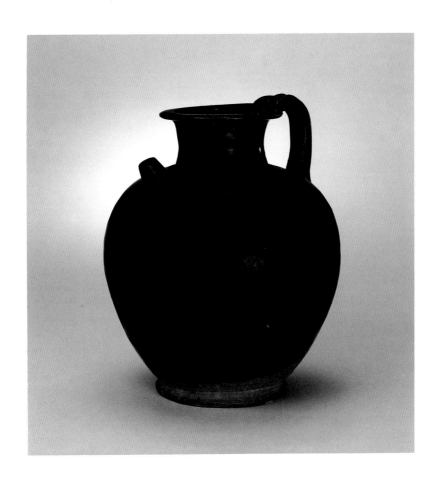

這件黑釉壺口沿外捲，小曲柄，短直流，平底。通體施黑釉，釉色純黑勻
淨，光澤內蘊。壺造型飽滿端莊，是唐代壺的典型式樣之一。

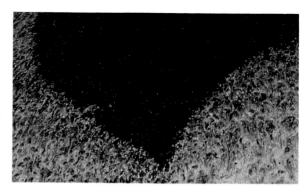

黑釉藍斑罐
唐
高21.2厘米　口徑7.9厘米　底徑9.1厘米

Black glazed jar with blue splashes
Tang Dynasty
Height: 21.2cm　Diameter of mouth: 7.9cm
Diameter of bottom: 9.1cm

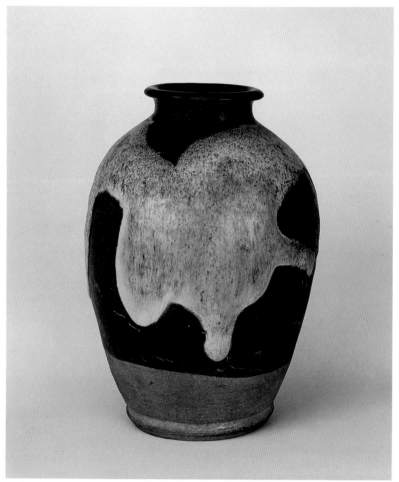

罐口外撇，短頸，罐身圓型瘦長，平底，近底處深刻弦紋一道。罐裏外施釉，釉作黑褐色，罐身飾以三個連續的藍色大斑點，紫紅色胎。

此器是河南魯山窰所產花瓷中的精品。花瓷是用含兩種不同金屬氧化物呈色劑的釉料，在坯體上兩次施釉，高溫燒成。花瓷以渾然一色的底釉襯托不規則的斑條狀面釉作裝飾，那些色澤對比強烈的花斑宛若白雲朵朵，又似落葉片片，充溢着詩情畫意。

這件黑釉藍斑罐，釉色漆黑烏亮，襯托着天藍色不規則大片葉狀塊斑，鮮明活潑。類似這樣完整的器形，在同類作品中非常少見。

黑釉藍斑雙繫罐
唐
高19.9厘米　口徑7.4厘米　底徑10.7厘米

Two-looped jar in black glaze with blue splashes
Tang Dynasty
Height: 19.9cm　Diameter of mouth: 7.4cm
Diameter of bottom: 10.7cm

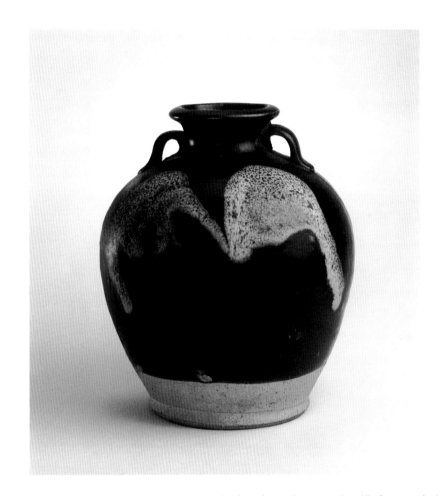

罐口微撇，短頸，豐肩，肩以下漸收，平底。罐肩上兩面各有一繫，底邊
有弦紋一周。通體施黑釉，罐身飾以四塊灰藍色斑點。

唐代的製瓷匠師們為了美化黑釉瓷器，創造性地在黑色的鐵質底釉上施以
銅、錳、鈦、磷酸鈣為原料的物質，在高溫燒製過程中，這些釉料互相融
合，浸潤，出現黑藍、天藍、褐色、月白等狀如雲霞一般的彩色斑紋，這
種帶有彩斑的黑釉瓷，時人稱之為"窯變花釉"，也叫"花釉"。

黑釉藍斑雙繫罐
唐
高17厘米　口徑9.7厘米　底徑10.3厘米

Two-looped jar in black glaze with blue splashes
Tang Dynasty
Height: 17cm　Diameter of mouth: 9.7cm
Diameter of bottom: 10.3cm

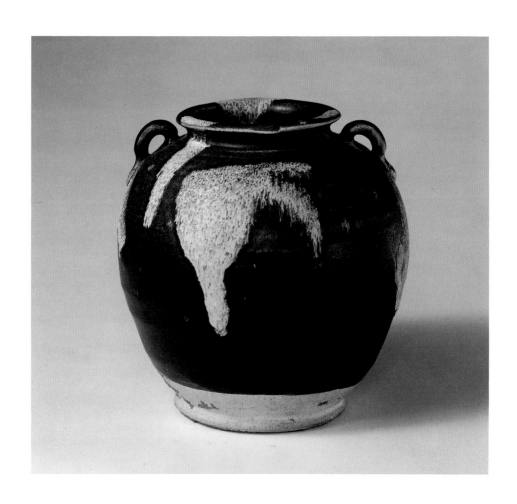

罐口外撇，短頸，圓腹，平底，肩部兩面各有一繫。器裏外施黑褐色釉，
外部施釉不到底，罐口和腹身各有三塊及四塊灰藍色斑紋。

六十年代以來，中國考古工作者先後在河南省的魯山、郟縣、內鄉、禹縣
及山西交城等地發現了唐代燒製花釉瓷的窰址，這五處窰址發現的花瓷，
就釉色及斑點的特色來說，主要分為兩類：一類為黑色或黑褐色釉，飾以
月白色或灰白色彩斑，器物有腰鼓、壺和罐；另一類為黑色、褐色或鈞藍
釉，飾以天藍色條紋彩斑，器物有壺、罐。前者在河南魯山段店、禹縣下
白峪和山西交城三處都發現有腰鼓標本，後者在河南郟縣黃道窰及內鄉二
處都有出土。五處窰址出土的不同類型的瓷器標本，為我們辨明傳世的花
釉瓷器產地提供了可信的依據。

黑釉藍斑雙繫罐
唐
高14.7厘米　口徑7.2厘米　底徑6.5厘米

Two-looped jar in black glaze with blue splashes
Tang Dynasty
Height: 14.7cm　Diameter of mouth: 7.2cm
Diameter of bottom: 6.5cm

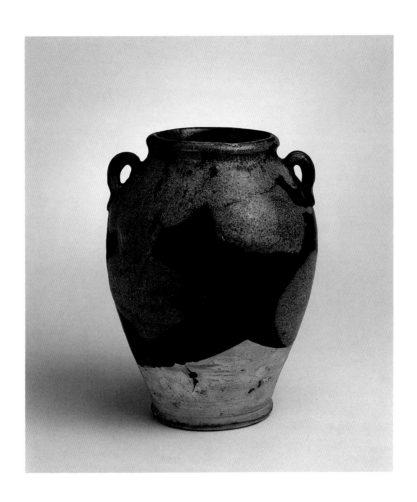

花釉傳世品中以黑釉藍斑塊居多。此黑釉藍斑雙繫罐，在肩腹處黑色的底
釉上加淺灰藍色的斑塊，莊重古樸，典雅大方。

195

黑釉藍斑雙繫罐
唐
高23.7厘米　口徑19.5厘米　底徑15.5厘米

Two-looped jar in black glaze with blue splashes
Tang Dynasty
Height: 23.7cm　Diameter of mouth: 19.5cm
Diameter of bottom: 15.5cm

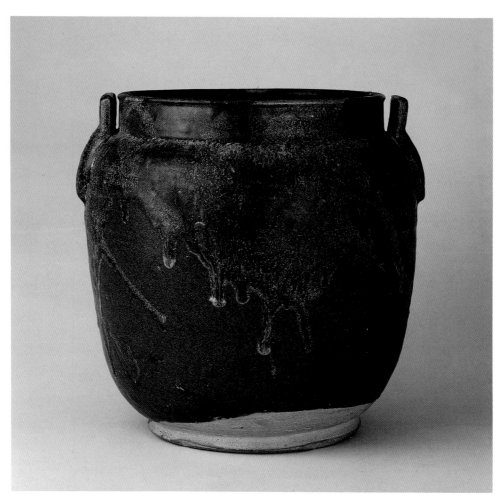

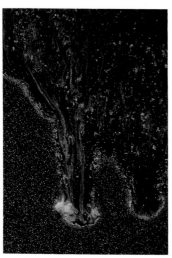

黑釉藍斑雙繫罐

罐直口，無頸，溜肩，直腹，平底。肩上兩面貼二方形圓孔繫，器裏滿釉，外部施釉不到底，罐身飾以藍彩斑點多處。

此罐造型十分特殊，一改唐代流行的罐腹部自肩至底漸斂的做法，腹身幾近垂直，在雙繫的處理上改條形雙繫為方形圓孔繫，新穎別致。它反映出唐代製瓷工匠們對器型的變化已掌握得極為嫻熟。

這類器物文獻上稱之為“花瓷”，在河南鄭州、泌陽、郟縣等地出土較多，此罐與泌陽唐墓出土的一件十分相似。

黑釉藍斑雙繫壺
唐
高27.1厘米　口徑12.2厘米　底徑12.5厘米

Two-looped pot in black glaze with blue splashes
Tang Dynasty
Height: 27.1cm　Diameter of mouth: 12.2cm
Diameter of bottom: 12.5cm

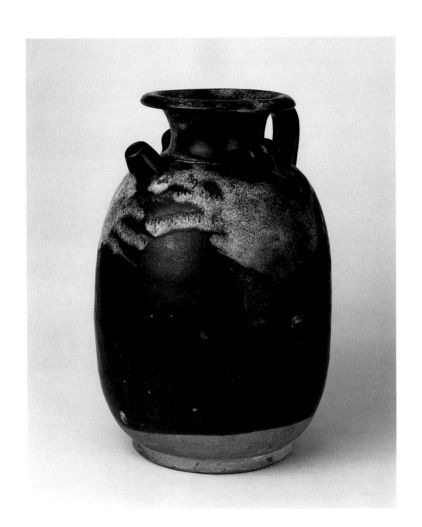

壺口外捲，短頸，豐腹，平底。肩上一面凸起一短流，另一面有執柄，柄
連於頸肩之間。另兩面各有一圓繫。釉呈黑褐色，肩部有大塊藍斑三組，
柄、口、頸、繫均微帶藍斑，壺身施釉不到底。

壺造型秀雅而富於變化，是唐代執壺的典型之作。褐黑色釉面上，星星點
點自然流溢的藍色斑紋，頗增添其藝術魅力。

黑釉藍斑壺
唐
高15.6厘米　口徑7.5厘米　底徑8.6厘米

Black glazed pot with blue splashes
Tang Dynasty
Height: 15.6cm　Diameter of mouth: 7.5cm
Diameter of bottom: 8.6cm

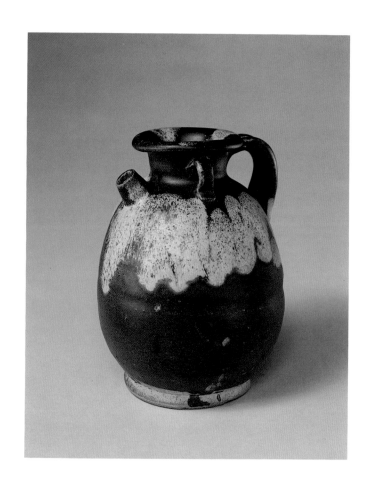

壺撇口，短頸，長腹，腹部上部小，下部豐滿，平底。壺肩部一面有短
流，流口削平，一面有雙帶形曲柄，柄連於口肩之間，另兩面各有一繫。
壺施黑褐色釉，裏滿釉，外部施釉不到底，口部有斑紋三塊，腹部兩面有
不規則斑點，均為灰藍色。

這件花釉壺的產地，應為唐代河南郟縣黃道窰或內鄉窰的產品，因為相同
類型的瓷器殘片標本在上述兩窰址中均有發現。

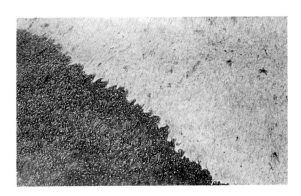

灰藍釉斑塊大罐

198

唐
高38.5厘米　口徑17.2厘米　底徑15.3厘米

Large jar in bluish grey glaze with splashes
Tang Dynasty
Height: 38.5cm
Diameter of mouth: 17.2cm
Diameter of bottom: 15.3cm

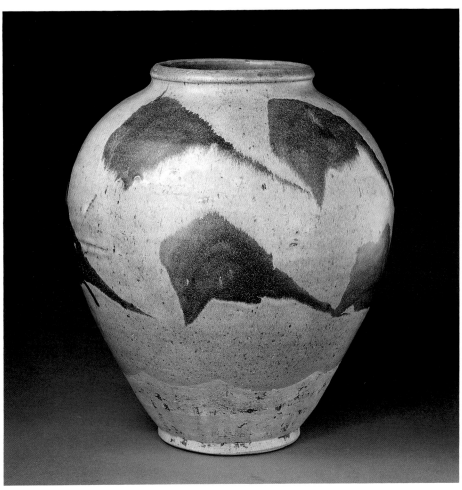

罐捲唇口，短頸，豐肩，肩以下漸收，平底。裏外施灰藍色釉，也可稱其
為深月白色，裏滿釉，外部施釉不到底，腹部飾藍褐色大斑塊十個。

此罐為傳世唐代花釉瓷器中少見的大件製品，造型高大規整，氣勢雄偉，
在灰藍色底釉之上，飾以大塊色彩斑爛的淺色斑，顯得凝重端莊。

自本世紀六十年代以來，考古工作者先後在河南郟縣、魯山等地的唐代窰
址中，發現了以鈞藍釉為底釉，配以天藍色斑紋的瓷片標本。此件便為河
南魯山窰的產品。

三彩高足盤
唐
高7.7厘米　口徑12.8厘米　足徑7厘米

Stem-plate in tricolour glaze
Tang Dynasty
Height: 7.7cm　Diameter of mouth: 12.8cm
Diameter of foot: 7cm

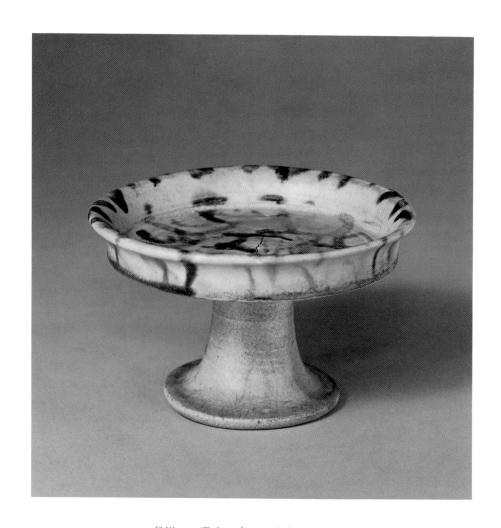

盤撇口，豐底，高足，中空外撇，足上刻弦紋兩道，釉開碎紋，盤心凹凸不平。

高足盤始見於隋代，凡盤身下承以高足者統稱高足盤。這件唐代三彩高足盤器形完整，盤心印有圖案式朵花紋樣，活潑明快，這在三彩器中極為少見。

唐三彩作品在素燒之後，胎體比較堅固，但仍然有較好的吸水性，不僅運用與一般陶瓷相同的蘸釉方法，而且還可以根據作品的需要，蘸取不同的釉料在規定的地方塗抹，使不同顏色的釉料按照設計意圖分佈在器物表面上。也有的是兩層或三層顏色重叠，燒製時再產生流動和滲透，因而變化有致。此器色彩斑駁，釉面流動瑰麗，充分體現了三彩釉陶的藝術特色。

三彩刻花三足盤
唐
高5.7厘米　口徑21.3厘米　足距14.8厘米

Tricolour glazed plate with three feet and incised floral design
Tang Dynasty
Height: 5.7cm　Diameter of mouth: 21.3cm
Spacing of feet: 14.8cm

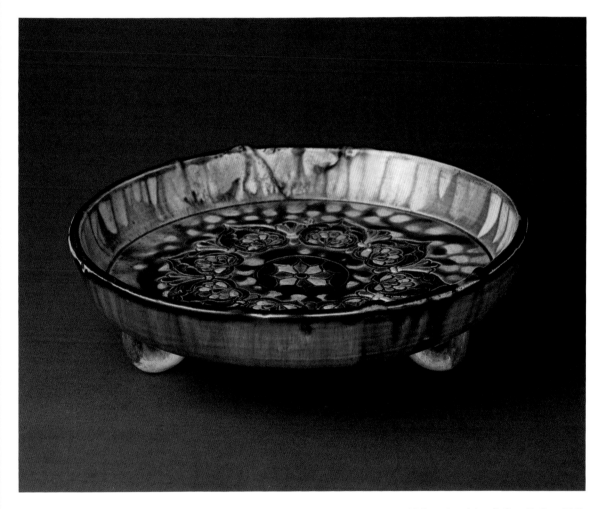

盤撇口，豐底，下承以三環形足。盤心刻花，中心刻一花蕊，外環一周蓮瓣紋，紋內刻花。盤裏施黃、藍、白、綠等色釉，盤外為黃釉，底無釉。

蓮花是最早用來裝飾瓷器的花紋之一，從南朝至清代一直盛行不衰。蓮花在佛教以及佛教藝術中佔有特殊地位，被奉為"佛門聖花"。隋唐時常見用蓮瓣組成旳圖案裝飾碗和高足盤。這件唐代三彩刻花三足盤，器形完整，圖案大方，蓮瓣紋鮮明突出，是唐代佛教盛行在陶瓷藝術中的反映。

三彩刻花三足盤
唐
高6厘米　口徑27.7厘米　足距17厘米

**Tricolour glazed plate with three feet and
incised floral design**
Tang Dynasty
Height: 6cm　Diameter of mouth: 27.7cm
Spacing of feet: 17cm

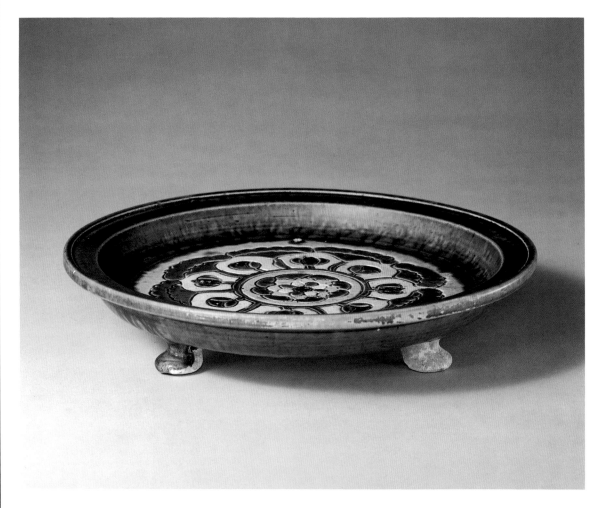

盤折沿，口沿隆起圓邊，平底。下承三足，底無釉。盤中心刻一團花，外
環以蓮蕾及荷葉各八組，施以黃、綠、白三色。

文學評論家說唐詩有所謂盛唐氣象，而陶瓷藝術最能表現這種盛唐氣象的
應該說就是唐的三彩釉陶了。這不僅因為其絢麗斑斕，富於浪漫色彩，而
且它富麗熱烈的釉色充分反映出唐人的生活情趣。這件三彩刻花三足盤器
型完整無缺，釉色清晰，堪稱三彩釉陶的代表作品。盤心紋飾採用圖案式
佈局，釉色以綠彩為主，淡雅清新，在三彩刻花盤中較為少見。

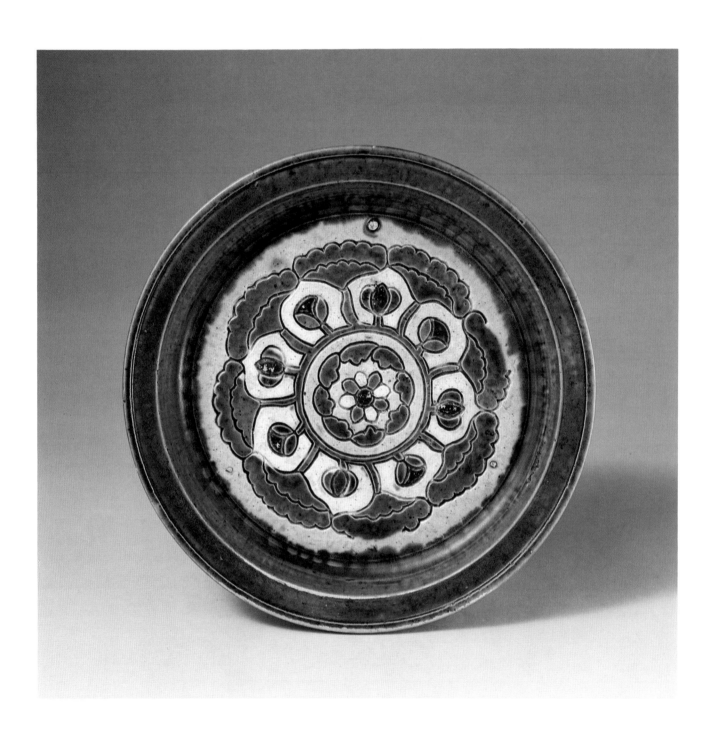

三彩三足花瓣盤
唐
高6.6厘米　口徑22.2厘米　足距13.3厘米

Petal-shaped plate with three feet, tricolour glaze
Tang Dynasty
Height: 6.6cm　Diameter of mouth: 22.2cm
Spacing of feet: 13.3cm

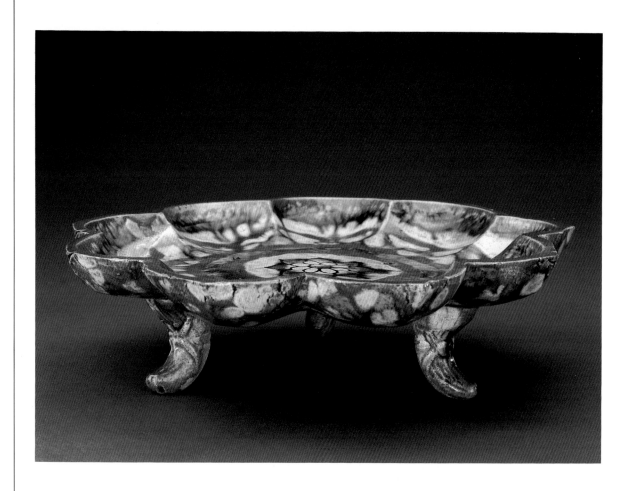

盤口做成九花瓣式，如一朵盛開的蓮花，盤心劃刻蓮花一朵，以黃、白、
綠三色彩釉依次塗畫出寬厚的蓮花瓣，並點染斑點狀彩釉。盤捏塑成形，
花瓣口厚薄均勻，形狀規整，刻花刀法深而嚴謹。盤底及三足內側無釉，
露灰白色胎骨。

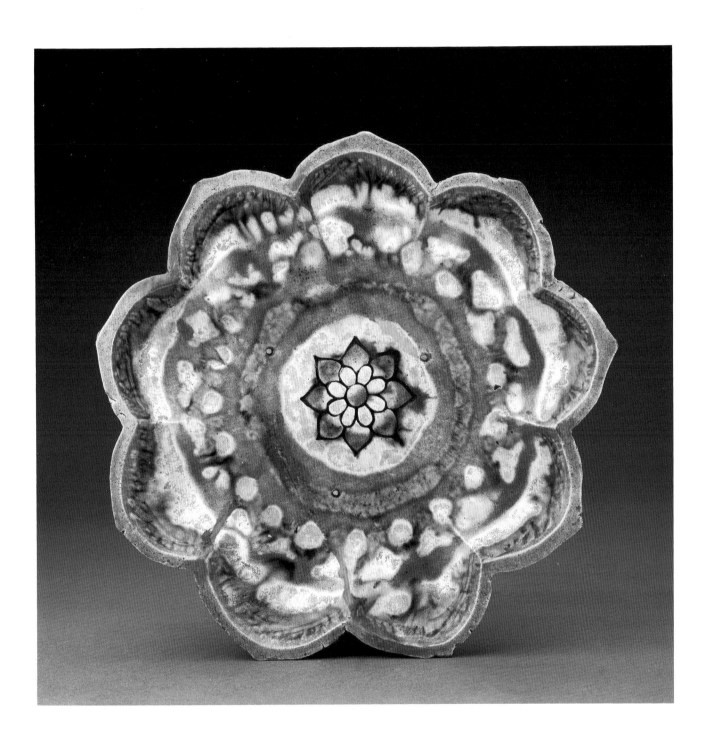

三彩杯盤

唐

盤高3.1厘米　口徑21.8厘米　足距14.2厘米

杯高3.3厘米　口徑6.5厘米　足徑3.3厘米

Tricolour glazed plate with cups

Tang Dynasty

Plate:

Height: 3.1cm　Diameter of mouth: 21.8cm　Spacing of feet: 14.2cm

Cup:

Height: 3.3cm　Diameter of mouth: 6.5cm　Diameter of foot: 3.3cm

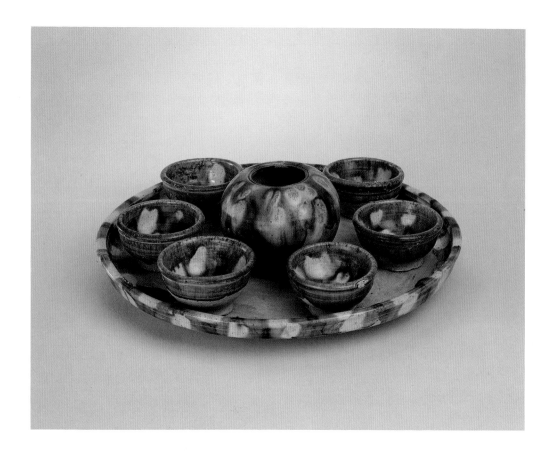

杯盤由淺平的大盤和五至七個不等數的平底小杯組成。此杯盤坦底、下承
以三短足，上置五個小杯，通體黃、白、綠三彩鮮亮艷麗。唐三彩杯盤多
燒結在一起，本身已失去了實用功能，應是一種明器。

三彩蓋罐
唐
高23.5厘米　口徑12.8厘米　足徑12.8厘米

Covered jar in tricolour glaze
Tang Dynasty
Height: 23.5cm　Diameter of mouth: 12.8cm
Diameter of foot: 12.8cm

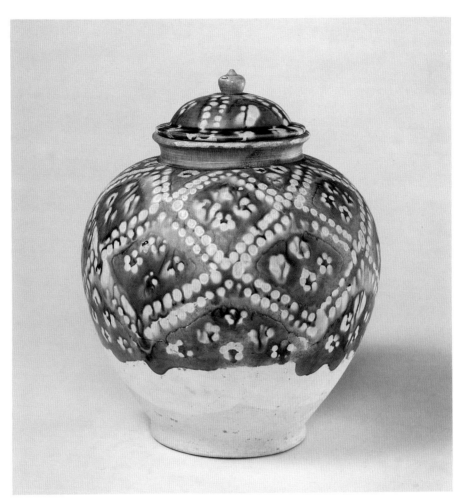

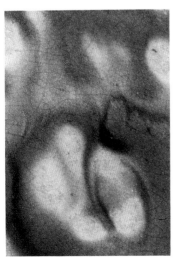

罐口微撇，短頸豐肩，肩以下漸瘦，寬圈足。罐口施黃釉，罐身以綠釉為地，襯以白點及黃淺道組成菱花形圖案紋飾。蓋尖頂，出邊，直口。蓋面以綠色為地，襯以白點及黃道組成四瓣紋飾。

此罐全面點綴花瓣紋飾，美觀可愛。其頸下可看出淡紅色的底身塗上白色顏料的痕迹，然後在上面又蓋一層白釉，且用蠟從肩部塗成三角形的花紋。中間有一條藍、褐二色的帶子，因有蠟的緣故，帶子邊緣形成鋸齒狀曲綫。綠底有白花圖案的地方，先用蠟畫出花瓣，再以褐釉塗染花蕊，最後塗上綠釉而成。待蠟熔化後就形成白花紋而浮現在綠地上。這種圖案設計可能是模仿盛行於唐代的染織技術而來。

三彩加藍罐
唐
高20.9厘米　口徑11.2厘米　底徑11.8厘米

Tricolour glazed jar with blue splashes
Tang Dynasty
Height: 20.9cm　Diameter of mouth: 11.2cm
Diameter of bottom: 11.8cm

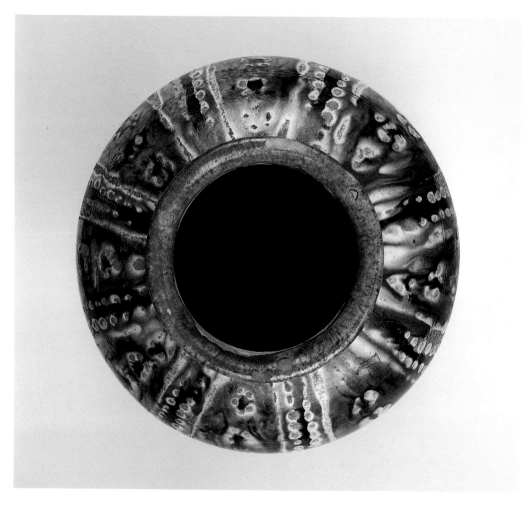

唐三彩至開元進入它的極盛時期，這一階段之彩器產量大，質量高，色彩
絢麗。此罐口邊略向外捲，短粗頸，豐肩，肩以下漸收斂，平底。通體施
黃、藍、白三色釉，於釉上又塗飾藍釉大斑塊，形成色彩斑斕的藝術效
果。

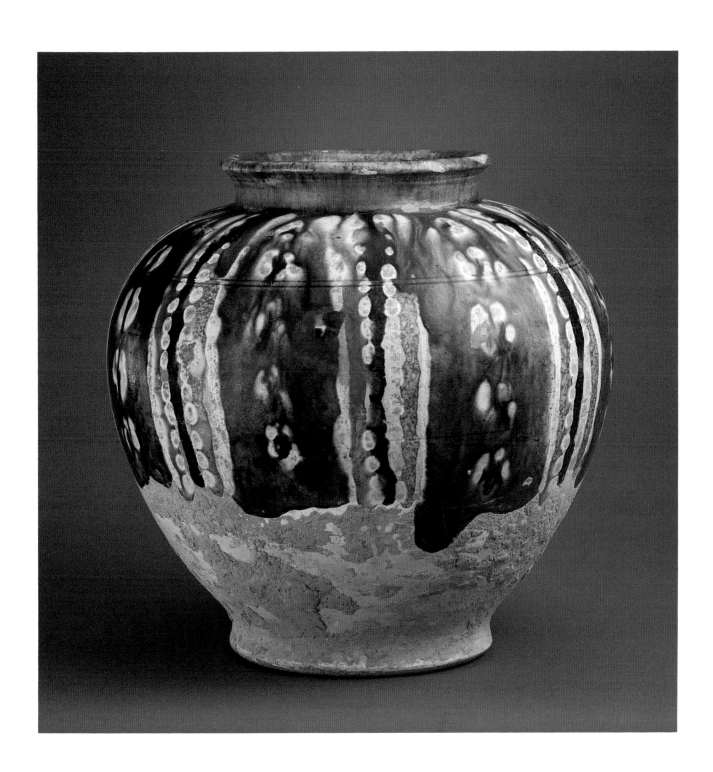

三彩雙繫罐
唐
高12.5厘米　口徑13.5厘米　底徑6.9厘米

Two-looped jar in tricolour glaze
Tang Dynasty
Height: 12.5cm　Diameter of mouth: 13.5cm
Diameter of bottom: 6.9cm

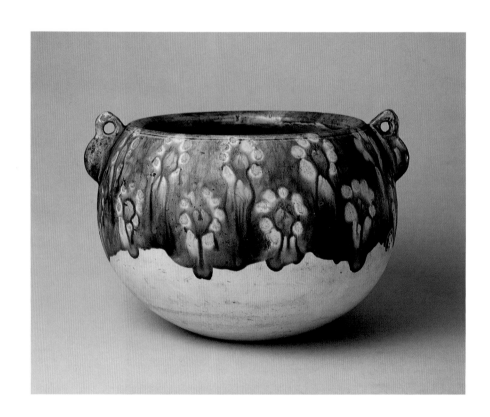

罐斂口，平底。整個器物呈扁圓形，口外兩邊各有一繫，罐裏掛黃彩，外
部半截彩，綠地上以白、黃、綠三彩點綴花紋二十四朵，胎呈粉白色。

三彩器以雙繫罐為多，繫的鼻鈕模壓成型是其一大特點。此罐器形完整，
彩色艷麗，雙繫及彩斑與鞏縣窰標本基本相同，由此可知此器為河南鞏縣
窰產品。

三彩加藍燈台
唐
高29.4厘米　口徑6.8厘米
足徑17.8厘米

**Lampstand in tricolour glaze with
blue splashes**
Tang Dynasty
Height: 29.4cm
Diameter of mouth: 6.8cm
Diameter of foot: 17.8cm

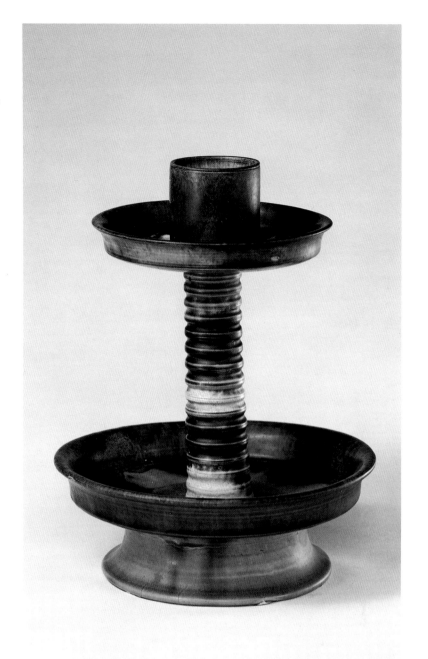

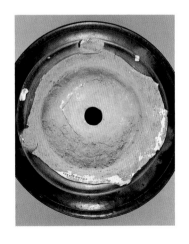

三彩加藍燈台
唐

燈台分上下兩部分，上盤小，下盤大，中間承以螺旋形柱，圈足，外撇。
上盤中心立起筒形口可以插蠟燭。通體施黃、綠、藍、白彩。

"室中之觀多珍怪，蘭膏明燭華容備"（《楚辭》），說明燭的使用早見於
春秋時代。實際上，戰國時已有各式精緻的銅燭台。至三國、兩晉，青瓷
燈台便已出現，且有各種不同的造型。隋唐時期，燈台多呈筒狀，有兩層
或三層平台。這件唐代三彩兩層燈台，造型古樸實用，施釉協調，色彩艷
麗，三彩之中點以藍彩，更增添器物的雍容大方，華美瑰麗，為三彩器物
上乘之作。

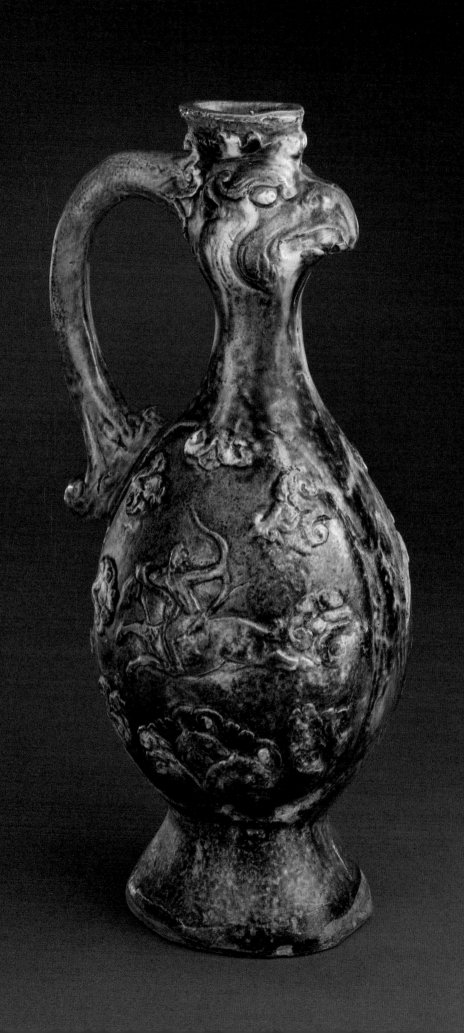

三彩鳳頭壺
唐
高33厘米　口徑5.7厘米　底徑10.4厘米

Phoenix-head pot in tricolour glaze
Tang Dynasty
Height: 33cm　Diameter of mouth: 5.7cm
Diameter of bottom: 10.4cm

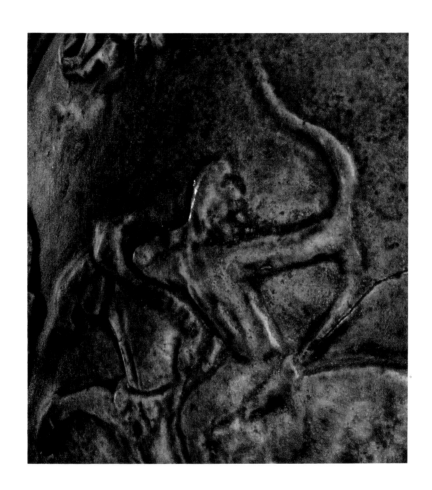

壺口朝上呈鳳頭形，細頸，扁圓腹，腹以下收斂，平底，足外撇。壺一面
凸起曲柄，連於口肩之間，腹部兩面凸花紋飾，一面為一人騎馬射箭，一
面為一翔鳳，通體施黃、綠、白三色釉，底無釉。

鳳頭壺在初唐時開始流行。此器造型巧妙，紋飾清晰可辨。採用堆貼裝飾
技法，這是印出或塑出立體狀的紋飾貼於坯體上的一種裝飾技法，從而使
器物整體形象突出，富於變化，且色彩鮮艷華麗，堪稱佳器。

三彩加藍小瓶
唐
高8.1厘米 口徑3.2厘米 底徑3.4厘米

Tricolour glazed small vase dominated with blue glaze
Tang Dynasty
Height: 8.1cm Diameter of mouth: 3.2cm
Diameter of bottom: 3.4cm

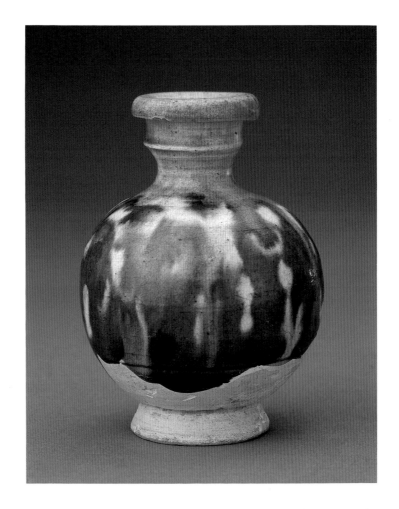

藍釉通常是氧化鈷的呈色,最早見於唐三彩中。唐三彩一般以黃、綠、白、褐色為主,加藍釉的稀少而名貴。此瓶洗口,唇邊微外捲,瘦頸,橢圓腹,足外撇,平底。頸部凸起一道弦紋。通體以藍釉為主,輔以白、綠、黃三色,施釉不及底,足上露粉白色胎骨。藍彩濃麗、瑩潤,呈半透明狀,在其他彩釉的映襯下,分外明艷。

三彩加藍扁盒
唐
高4厘米　口徑8.5厘米　底徑8.5厘米

Flat box in tricolour glaze against blue ground
Tang Dynasty
Height: 4cm　Diameter of mouth: 8.5cm
Diameter of bottom: 8.5cm

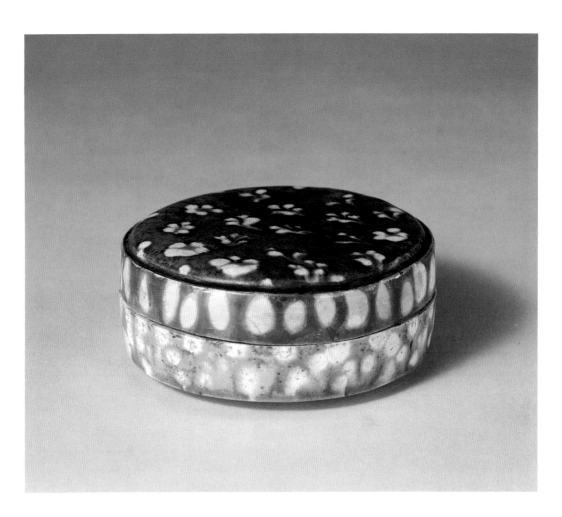

盒扁圓形，蓋口與底徑度相等，平底。蓋平面無鈕，蓋面藍彩為地飾以梅花式斑點。

唐三彩在同一件器物上施以綠、黃、白、藍等色，施釉時，用不同色調的釉漿，在胎面上按圖案的設計要求而巧妙搭配，同時，在燒成過程中，由於各種不同色調的釉在流動過程中互相浸潤，組成變幻莫測、絢麗多姿的裝飾。唐三彩以藍色為上，此盒以藍色為地並點綴以白花圖案，尤顯絢麗奪目。

三彩雙鴨方枕
唐
長16.5厘米　寬11厘米　高7.5厘米

Rectangular pillow with design of two ducks,
tricolour glaze
Tang Dynasty
Length: 16.5cm　Width: 11cm　Height: 7.5cm

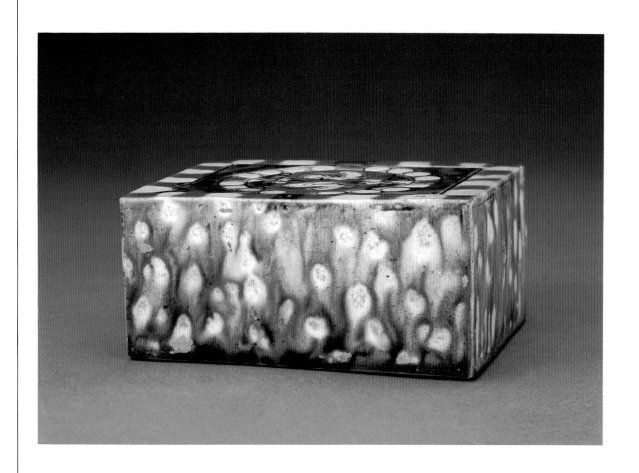

用作明器的三彩種類很多，凡與死者在世生活有關的諸如建築物、家具、
牲畜和生活用器無所不備。明器枕式樣很多，此枕長方形，是較常見的枕
式。枕面及邊壁施黃、綠、白三色彩釉，底無釉露胎。枕面長方形開光內
劃刻雙鴨對首展翅紋，周圍輔以忍冬紋，開光外有一周圓珠紋邊飾。枕製
作方正，棱角分明，彩釉鮮麗，刻劃紋飾刀法有力，是三彩器中的一件成
功之作。

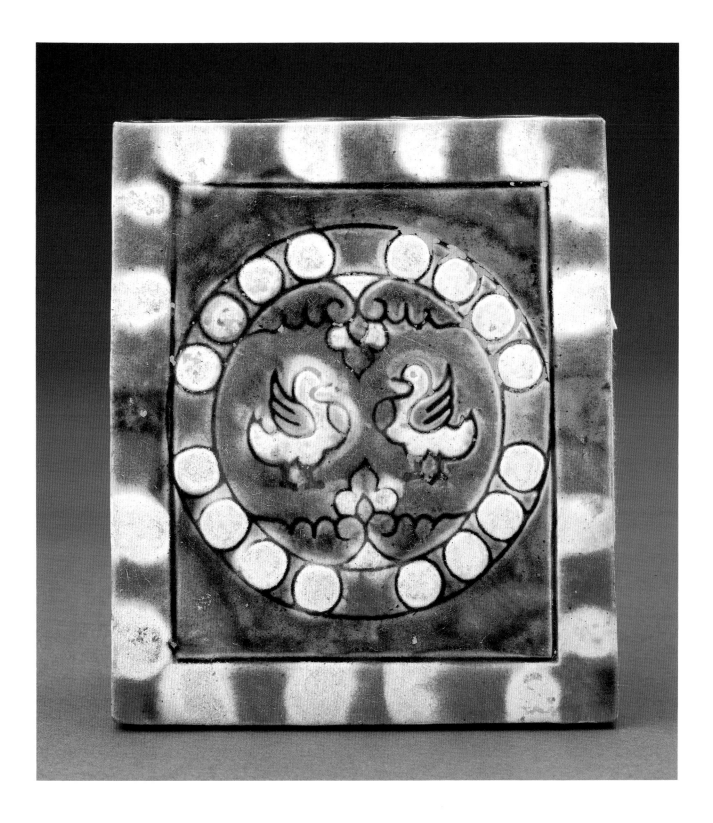

三彩加藍鴛鴦枕
唐
長12.2厘米　寬9.8厘米　高5.5厘米

Rectangular pillow with design of mandarin ducks,
tricolour glaze with blue spots
Tang Dynasty
Length: 12.2cm　Width: 9.8cm　Height: 5.5cm

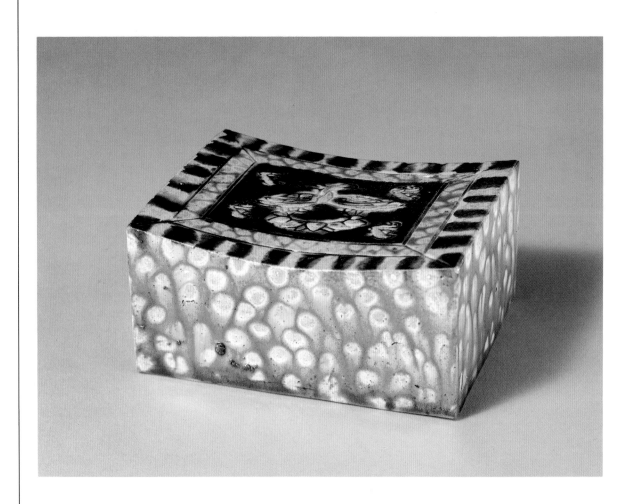

枕長方形，枕面微凹，正面開光內刻兩鴛鴦，四角襯以四對小鴛鴦。施彩
以藍為地，枕面四邊飾以藍色斑點，枕身四周以黃彩為地，飾以白色斑
點。

鴛鴦紋自隋唐以來便在瓷繪中大量出現。此枕為唐代隨葬用之明器。唐代
三彩鴛鴦圖案源於織錦刺繡工藝，用於釉陶器上又別具一格。此枕造型精
巧，紋飾結構協調，色彩斑駁，特別是點綴於枕面四周的藍彩，襯托得器
物主次分明，華美之極。

三彩加藍鴛鴦枕
唐

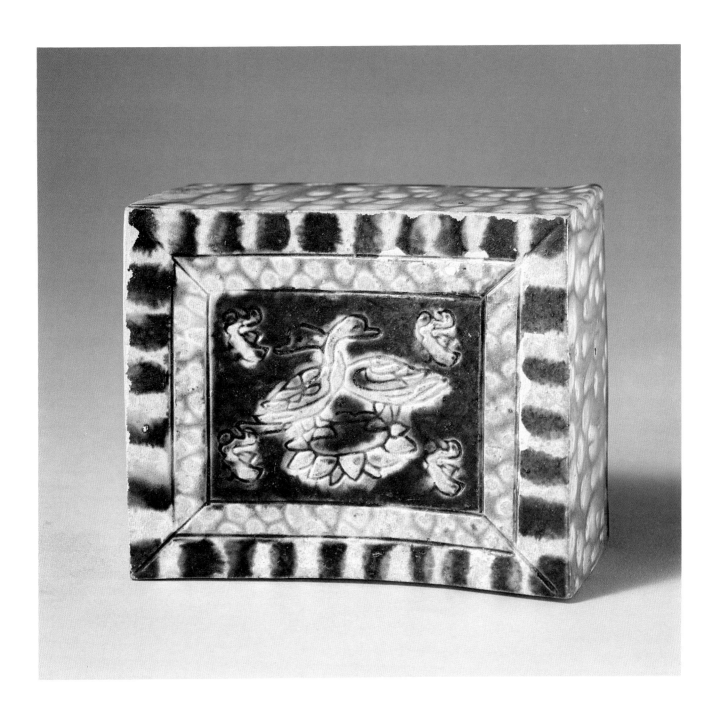

三彩枕

唐
高7.2厘米　面15.4×9.2厘米
底13.1×8厘米

Tricolour glazed pillow

Tang Dynasty
Height: 7.2cm　Top: 15.4×9.2cm
Bottom: 13.1×8cm

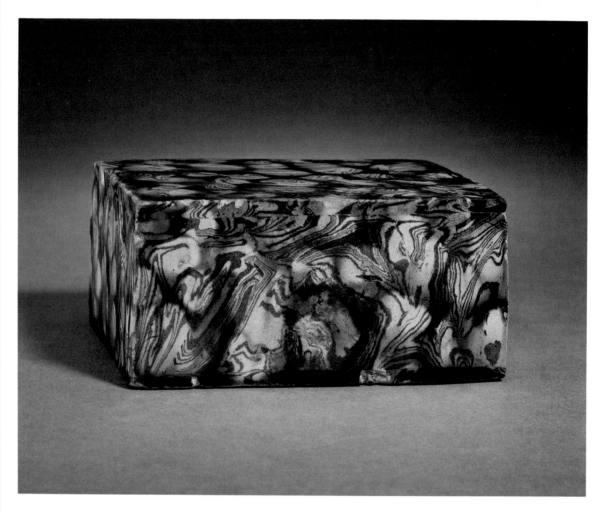

此枕長方形，邊壁較高，通體施絞釉，紋路自然流暢，舒展自如，韻味別具。

三彩鏤空花座
唐
高7.5厘米　面14×11厘米
底14×11厘米

**Tricolour glazed flower receptacle
in openwork**
Tang Dynasty
Height: 7.5cm　Top: 14×11cm
Bottom: 14×11cm

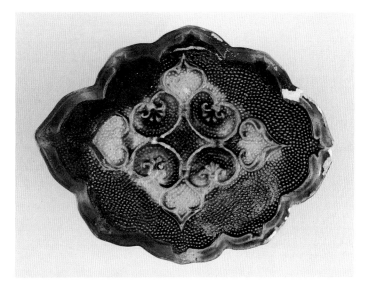

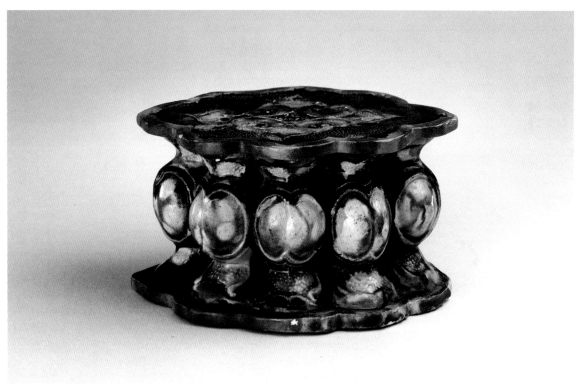

唐三彩的日用器皿中，有許多在講究實用的同時也追求外形的美觀。此器
座面底相對應，都作成海棠花邊式，上下出沿，中部有向外凸起的八個寶
瓶相連，瓶與口底之間有鏤雕紋飾，座面及底都以凸起的芝麻點為補地，
上凸雕變體寶相團花紋。通體施鮮艷的黃、綠、白三色釉，釉汁厚潤，有
向下流淌痕迹。全器瑰麗異常，是一件十分成功的藝術傑作。

三彩山子
唐
長12.5厘米　寬10.5厘米　高15厘米

Triclour glazed miniature hill
Tang Dynasty
Length: 12.5cm　Width: 10.5cm
Height: 15cm

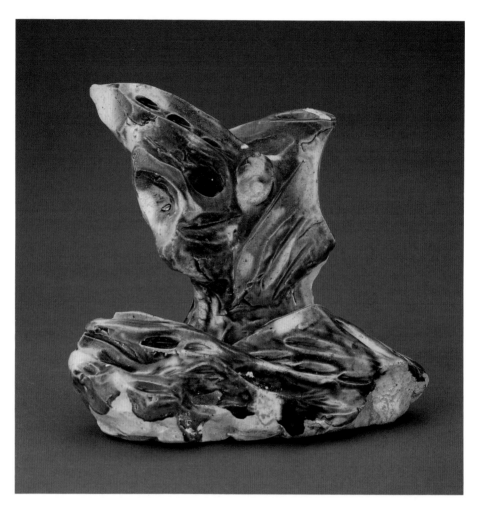

唐代風行厚葬，並明文規定了不同等級的官員死後使用明器的數量和內
容。唐三彩中的雕塑作品全部用於陪葬。這件三彩山子，以自然界中的太
湖石為雕塑原形，通過鏤孔、透雕等手法將洞石的瘦、漏、峭、奇等特點
表現得維妙維肖。通體施黃、綠、白三色彩釉，斑駁艷麗的色彩，更襯托
出洞石的玲瓏剔透。

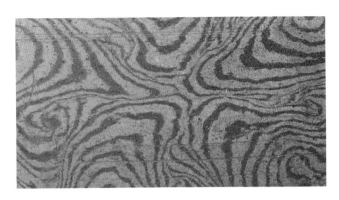

絞胎三足爐

216

唐
高11厘米　口徑10.7厘米
足距15.8厘米

Twisted-coloured-bodied burner with
three feet
Tang Dynasty
Height: 11cm
Diameter of mouth: 10.7cm
Spacing of feet: 15.8cm

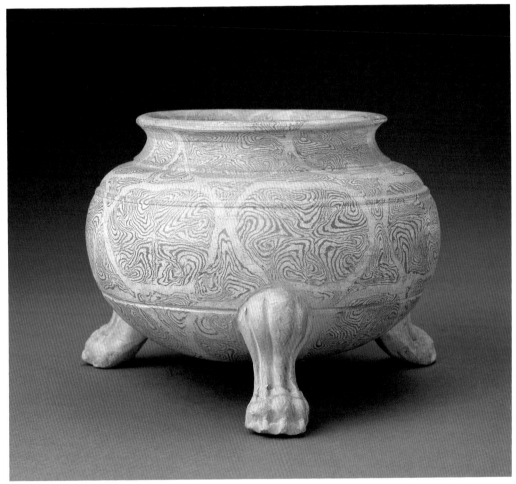

絞胎瓷是唐代陶瓷裝飾工藝的新品種。絞胎，或稱"攪胎"、"絞泥"，是用白、褐兩色（或多色）泥料相間揉搓在一起，然後拉坯成型，形成各種花紋。由於揉合的方式不同，紋理變化多端，或如木紋，或如鳥羽，或如流水行雲。此爐唇口，無頸，扁圓腹，下承三獸足。通體飾不規則的團花圖案，利用絞胎的天然紋理形成盛開的朵花紋，極富裝飾趣味，是少見的絞胎瓷上品。

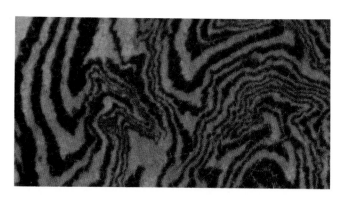

絞胎枕
唐
高8厘米　底12.5×8.8厘米

Twisted-coloured-bodied pillow
Tang Dynasty
Height: 8cm　Bottom: 12.5×8.8cm

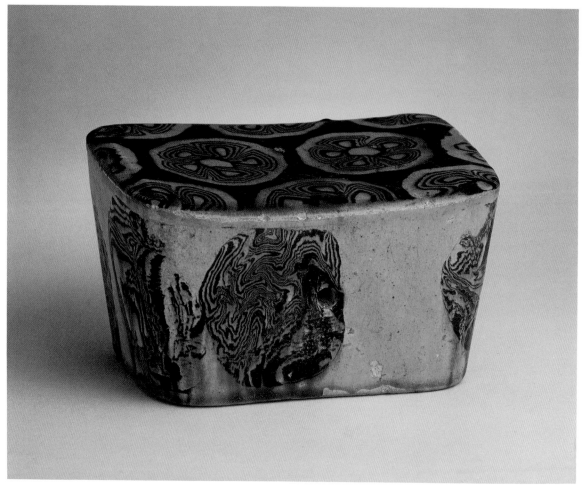

此枕形制小巧，呈長方形，胎質堅硬，枕邊壁有一小孔。通體施黃褐色透明釉，釉下裝飾有黑褐色胎泥絞成的五瓣團花，花紋優美，自然天成，為絞胎器中的上品。

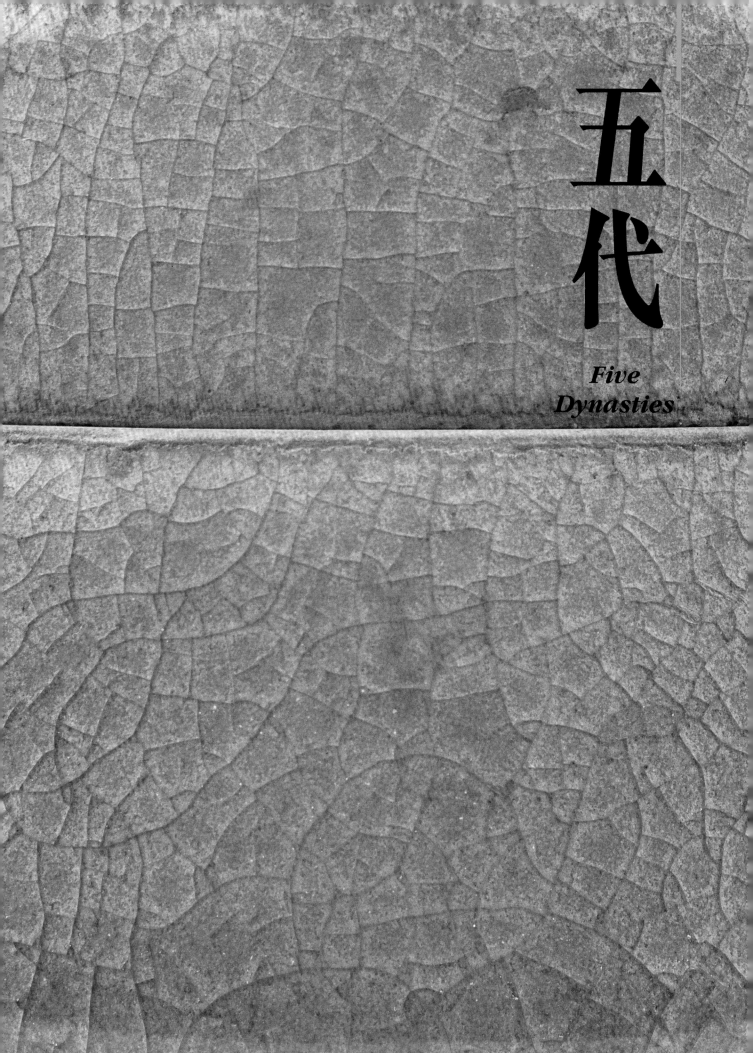

五代

Five
Dynasties

定窯白釉葵瓣口盤
五代
高3.8厘米　口徑15.7厘米　足徑8.5厘米

**White glazed plate with a mallow-petal-shaped mouth,
Ding ware**
Five Dynasties
Height: 3.8cm　Diameter of mouth: 15.7cm
Diameter of foot: 8.5cm

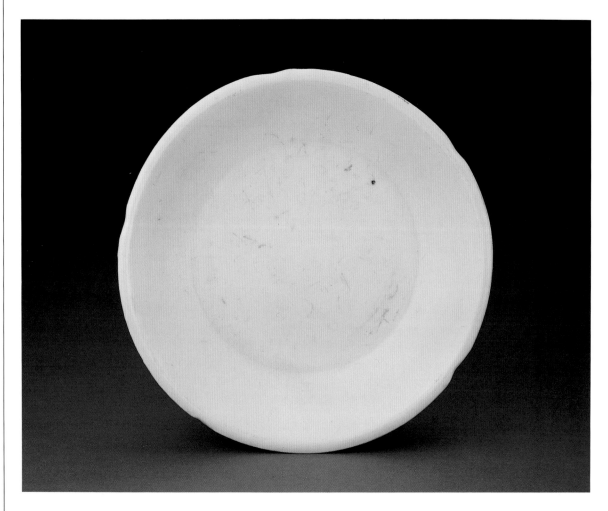

盤花口外撇，淺腹，圈足。裏外光素無紋飾，施白釉，色澤純正，釉面瑩
亮。砂底無釉。

五代時，定窯白瓷以其豐富多樣的品種，精良的製瓷工藝及鮮明的地方特
色，代表着當時白瓷的最高水平。這件白釉盤，具有明顯的五代定窯白瓷
特色，是一件難得的傳世珍品。

定窯白釉杯盤

五代

高8厘米　口徑11.5厘米　足徑5.5厘米

河北滄縣出土

White glazed cup with saucer, Ding ware

Five Dynasties

Height: 8cm　Diameter of mouth: 11.5cm

Diameter of foot: 5.5cm

Unearthed at Cang County, Hebei Province

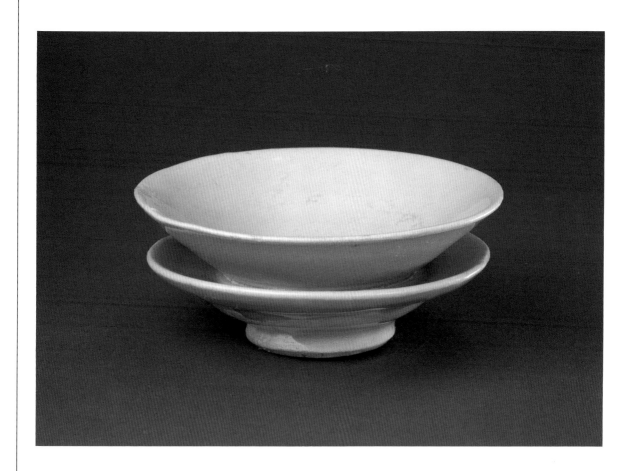

撇口，淺壁，圈足。此杯盤為雙層連體，裏外施白釉，釉色潔白，釉面光亮瑩潤，為五代時期定窯白瓷精品。

定窯白瓷始燒於晚唐，到了五代都以素瓷為主，刻花或畫花者實居少數。這件器物光素無紋飾，造型新穎別致為其突出之處，二件淺碗叠加，上面碗底與下面碗心以釉相連，使其成為一體，可謂別出心裁。

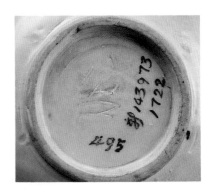

定窰白釉"官"字款水丞

五代
高6.4厘米　口徑5厘米　足徑3.5厘米

**White glazed water container marked with "Guan",
Ding ware**
Five Dynasties
Height: 6.4cm　Diameter of mouth: 5cm
Diameter of foot: 3.5cm

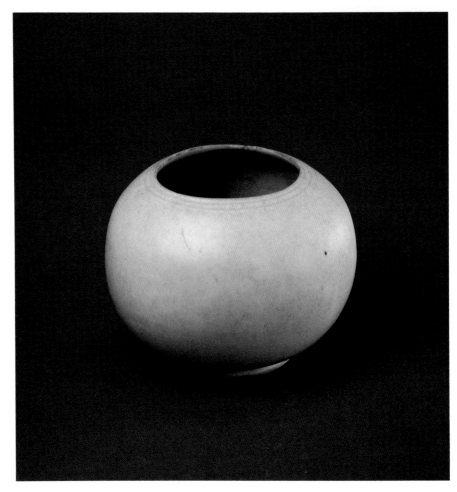

水丞鉢形，斂口，圓腹，圈足。口邊刻弦紋兩道，器裏外及足內均施白釉，足內刻一"官"字。

定窰刻"官"字款的瓷器殘片在窰址的考古調查中已有發現，但這些"官"字瓷片，主要屬於五代末至北宋初期的堆積層中，因此過去一直認為"官"款的定窰白瓷是五代、北宋時期的產品。

1978年在浙江臨安錢寬墓中出土二十餘件帶"官"和"新官"款的細白瓷器，器型有盤、碗、杯、碟等，均胎色潔白，質細薄堅致，釉色光潤。錢寬卒於唐乾寧二年（公元895年），葬於光化三年（公元900年），因此這批白瓷年代上限應為晚唐時期，它把白瓷帶"官"字款的燒造年代提前到晚唐。這批"官"、"新官"字款瓷器應為北方定窰的產品，而這件"官"字款水丞，也是定窰燒製的。

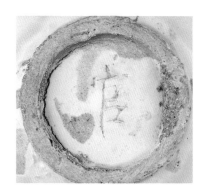

定窰白釉"官"字碗
五代
高6.6厘米　口徑17厘米　足徑6厘米

**White glazed bowl marked with "Guan",
Ding ware**
Five Dynasties
Height: 6.6cm　Diameter of mouth: 17cm
Diameter of foot: 6cm

221

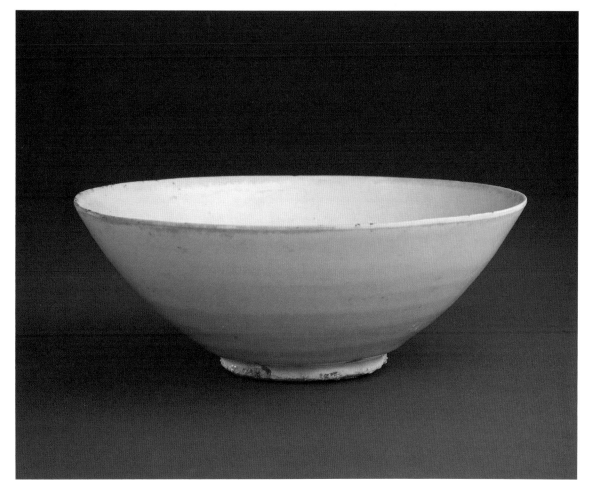

碗敞口，斜壁，圈足微外撇，胎體輕薄，裏外及足內施白釉，釉色純白，
足中心刻一"官"字。

此碗是五代河北曲陽定窰的產品。這種帶"官"字或"新官"字款的白釉
瓷器，特點是胎體輕薄，製作精細，釉面純白，或白中閃青，屬於同一時
代白釉瓷器中的精品。

定窯白釉碗
五代
高4.5厘米　口徑12.7厘米　足徑5.1厘米

White glazed bowl, Ding ware
Five Dynasties
Height: 4.5cm　Diameter of mouth: 12.7cm
Diameter of foot: 5.1cm

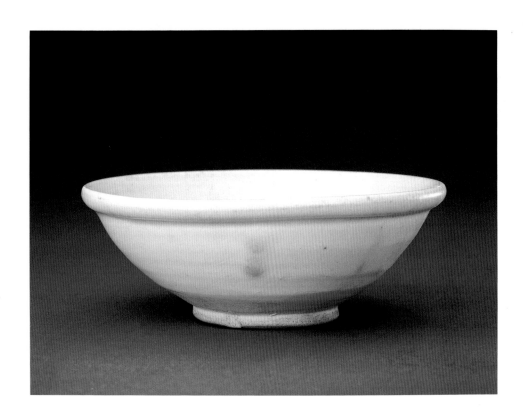

碗唇口，口以下漸斂，圈足。裏外施白釉，外部施釉不到底，釉色純白，
釉面潤澤亮度高。

此碗為五代河北曲陽定窯的產品。經考古調查，在曲陽定窯澗磁村窯址發
現了分別屬於五代和唐的文化堆積層。這兩個不同時期的地層中都出土有
白釉瓷碗，其中唐代地層的碗為唇口、平底，底加圓餅狀實足，也有的作
玉璧底；而五代層出土的碗在造型、釉色、施釉方法上與唐代基本相同，
主要是碗的底足處理比唐代有很大變化。由玉璧形和寬圈足變為較窄的圈
足，足底往往留有石英砂粒的支釘痕。

定窰白釉唇口大碗
五代
高7.4厘米　口徑22.4厘米　足徑9.7厘米

Large bowl with a lip-shaped mouth in white glaze,
Ding ware
Five Dynasties
Height: 7.4cm　Diameter of mouth: 22.4cm
Diameter of foot: 9.7cm

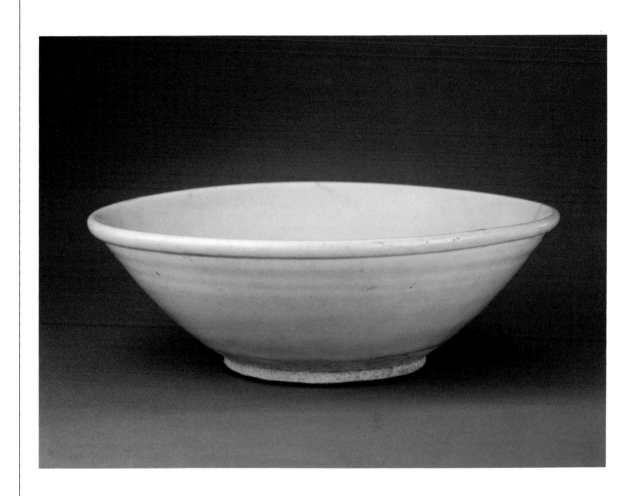

碗唇口，口下漸斂，圈足。器裏外施白釉，外部施釉不到底，釉色白中微
微泛黃。

河北曲陽定窰窰址經數次考古發掘，發現五代時期的白釉瓷器，以唇口碗
的瓷片標本較多。這類碗除唇口有寬、窄之分外，施釉多用蘸釉法，器物
外壁下腹及底足部分均不施釉，儘管都採用匣鉢裝燒，但為這時期定窰較
為粗製的產品。

定窯白釉石榴罐
五代
高10.8厘米　口徑3.7厘米　底徑6.2厘米

Pomegranate-shaped jar in white glaze, Ding ware
Five Dynasties
Height: 10.8cm　Diameter of mouth: 3.7cm
Diameter of bottom: 6.2cm

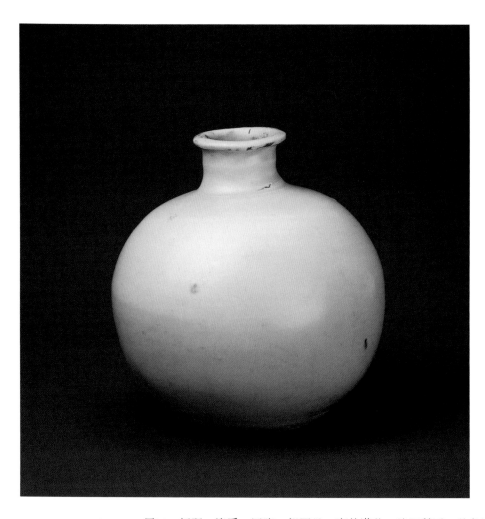

唇口，短頸，溜肩，圓腹，假圈足。裏外滿釉，胎堅質厚，釉色潔白，釉質感好，釉面瑩潤。

五代定窯的燒造與晚唐相近，這時期製瓷的風格還保留了部分邢窯白瓷的特徵，精製白瓷有很大發展，釉色純白或白中閃青，製作精工，造型優美，胎色潔白細膩，瓷化程度很高，有一定的透明性。此器物造型別致，新穎小巧，釉厚色純，是五代定窯中的精品。

定窰白釉獸耳罐
五代
高13.5厘米　口徑8.3厘米　足徑11厘米
清宮舊藏

White glazed jar with beast-shaped ears, Ding ware
Five Dynasties
Height: 13.5cm　Diameter of mouth: 8.3cm
Diameter of foot: 11cm
Qing Court collection

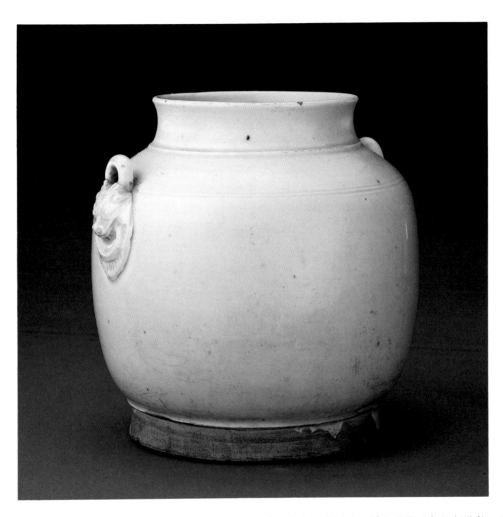

罐口微撇，短頸，溜肩，直腹，淺圈足。肩上及腹下各凸起弦紋一道，肩部刻劃弦紋二道。肩兩側各貼一獸面啣環繫，器裏外施白釉，釉面瑩潤，潔白光亮。

這件獸耳罐是清宮舊有的藏品，器型綫條簡潔流暢，釉色純正，繫的設計極為別致，是一件稀有的傳世珍品。

定窯白釉"官"字蓮瓣蓋罐
五代
通高6.7厘米　口徑5厘米　足徑4.9厘米

White glazed jar with a cover decotated with lotus-petal design and marked with "Guan", Ding ware
Five Dynasties
Overall height: 6.7cm　Diameter of mouth: 5cm
Diameter of foot: 4.9cm

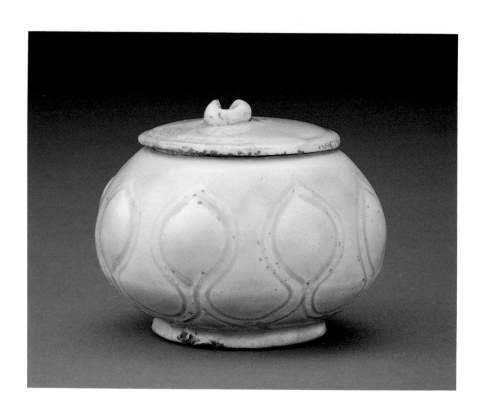

罐斂口，溜肩，鼓腹下斂至足，圈足外撇。腹身剔劃連續的凸蓮瓣紋樣。罐有平頂蓋，蓋面有彎鈕，並劃蓮瓣紋為飾。罐內外施白釉，釉面滋潤瑩亮，白中閃青色。足內刻一"官"字。

五代定窯白瓷帶"官"字銘文的器物，無論從窯址的出土資料或完整的傳世品來看，都是同期白瓷製品中的佼佼者。故宮博物院藏有數件五代帶"官"字銘文的定窯白瓷，其品種有碗、壺、瓶、水注、罐等。這件瓷罐就是其中的珍品之一，它造型規整秀美，具有佛教色彩的蓮瓣紋樣綫條圓潤嫺熟，反映了五代定窯白瓷高超的工藝水平。

定窯白釉弦紋貼花瓶
五代
高8厘米　口徑2.3厘米　足徑3.8厘米

**White glazed vase decorated with bow-srting pattern
and applied floral design, Ding ware**
Five Dynasties
Height: 8cm　Diameter of mouth: 2.3cm
Diameter of foot: 3.8cm

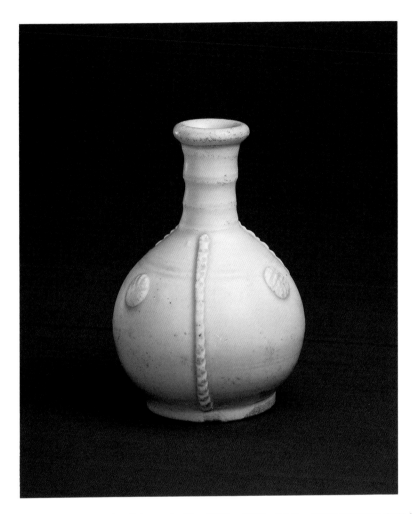

瓶圓唇口，細頸，溜肩，圓腹，圈足。頸部有三道凸起竹節紋，肩部淺刻
三道弦紋，腹部自肩至底貼三道繩紋，繩紋間各貼一圓餅狀紋飾。器外滿
釉，瓶內部無釉光素，釉色潔白，釉面瑩潤。

這件定窯弦紋貼花瓶，利用模印、堆貼等裝飾技法，使瓶的紋飾別致新
穎，具有極佳的裝飾效果。

定窯白釉盞托
五代
高3.3厘米　口徑13厘米　足徑5.7厘米

White glazed saucer, Ding ware
Five Dynasties
Height: 3.3cm　Diameter of mouth: 13cm
Diameter of foot: 5.7cm

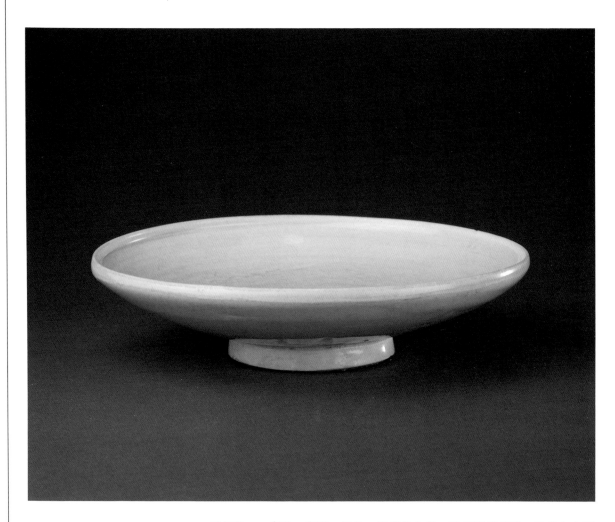

盞托斂口，寬沿，淺腹，圈足。通體施白釉，釉面滋潤瑩亮，釉色白中閃青。

盞托是定窯所燒製的白瓷茶具，最早見於南朝青瓷，用以承托茶盞，又稱茶托，以後又稱茶船。唐、五代時期飲茶成為一種社會時尚，文人、士大夫們更以飲茶為雅事，對茶具也十分講究，當時製瓷業為適應這種風尚，許多瓷窯都出產青瓷、白瓷盞托。

定窯白釉高足盞托
五代
高6厘米　口徑14.4厘米　足徑6.4厘米

Stem-saucer in white glaze, Ding ware
Five Dynasties
Height: 6cm　Diameter of mouth: 14.4cm
Diameter of foot: 6.4cm

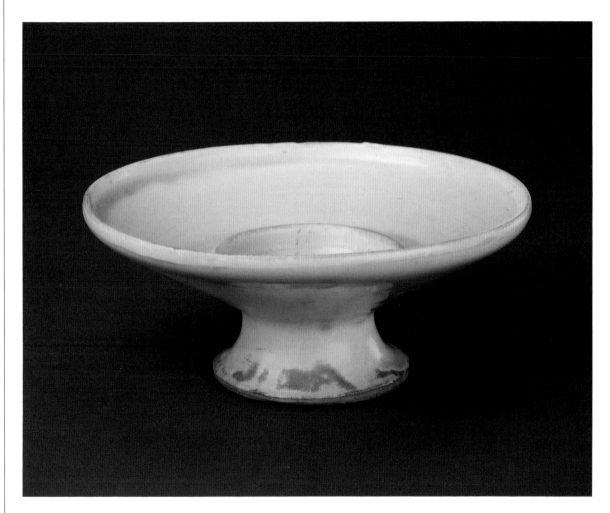

盞托直口，寬沿，中心有放盞的凹圈，斜壁，高圈足，內外滿施白釉。

盞托器型秀麗，胎體致密，叩之有金屬之聲，釉面瑩潤光亮，釉色潔白，是一件代表五代定窯白瓷製造水平的精美茶具。

越窰青釉蓋盒

五代

高6.9厘米　口徑8.7厘米　足徑5.6厘米

Covered box in green glaze, Yue ware

Five Dynasties
Height: 6.9cm　Diameter of mouth: 8.7cm
Diameter of foot: 5.6cm

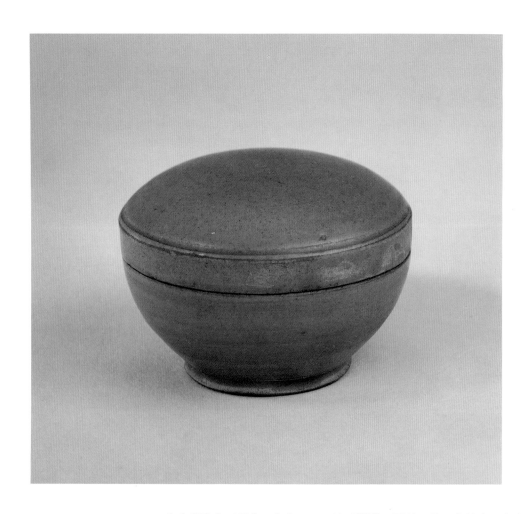

盒分蓋與身兩部分。身直口，口以下漸斂，圈足。蓋口合於身口之上，蓋
面隆起，蓋沿凸起一道弦紋，器通體施青釉，釉呈純正灰青色。這件蓋
盒，型體優美，釉色純淨瑩潤，充分體現了五代越窰青瓷的高超技藝。

越窰青釉刻花盒

231

五代

高7厘米　口徑5.9厘米　足徑8.6厘米

Green glazed box with incised floral design,
Yue ware

Five Dynasties
Height: 7cm　Diameter of mouth: 5.9cm
Diameter of foot: 8.6cm

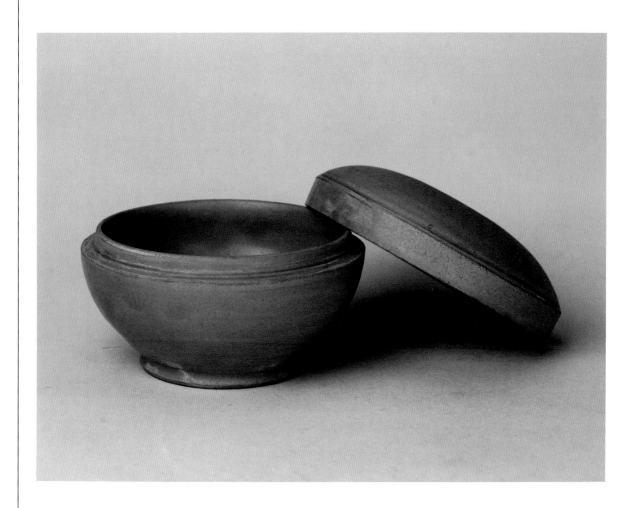

盒高式，分蓋及盒身兩部分。盒身直口，圈足外撇。蓋邊及盒身中部各有弦紋一道。盒蓋面坦平，其上以刻花技法刻劃出一朵栩栩如生的盛開蓮花，畫面中心為一蓮蓬，外環蓮瓣一周。盒裹外及足內施青釉，釉呈青黃色。

五代初期越窰瓷器仍以光素無紋飾為主，間有用刻花裝飾的，繁縟的刻劃花甚少。此盒造型秀麗，紋飾清晰，刻花技法嫻熟，綫條細而有力，代表了五代越窰刻花裝飾技藝的最高水平。

越窰青釉刻花圓盒

五代

高6.8厘米　口徑8.2厘米　足徑7.4厘米

Round box in green glaze with incised floral design, Yue ware

Five Dynasties

Height: 6.8cm　Diameter of mouth: 8.2cm

Diameter of foot: 7.4cm

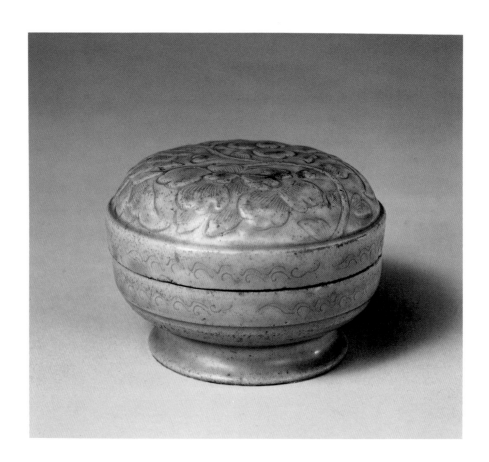

盒扁形，撇足，子母口，蓋面刻劃折枝花卉兩朵，盒沿劃捲枝紋，裏外滿釉，釉呈青綠色。

五代時期的越窰青瓷質地細膩，胎體輕薄，釉面光滑，造型趨於秀美，刻劃花技法更加成熟。這件刻花圓盒，紋飾清晰明快，刻花技法嫻熟洗練，是五代越窰的一件成功之作。

233

越窰青釉刻花盒
五代
高6厘米　口徑12.5厘米　足徑8.1厘米

**Green glazed box with incised floral design,
Yue ware**
Five Dynasties
Height: 6cm　Diameter of mouth: 12.5cm
Diameter of foot: 8.1cm

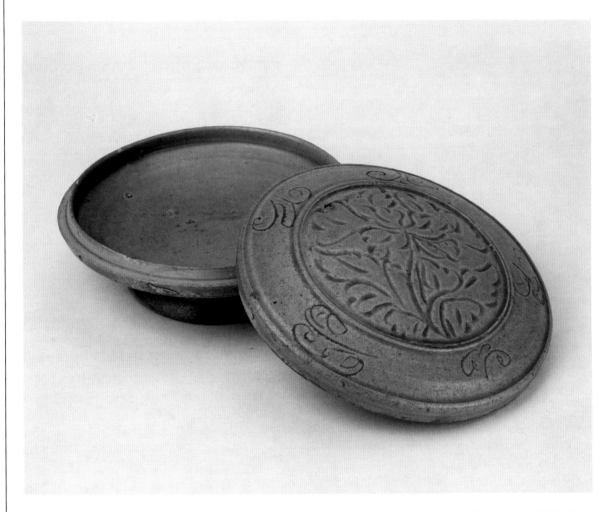

圓盒，子母口，直壁，蓋面微鼓，塌底，高圈足外撇。蓋面刻花紋飾清晰，綫條有力。裏外滿釉，釉色青綠，釉質如玉質般的瑩潤清澈，底足內有支燒痕。

這件越窰刻花盒為五代時期精品，器物均施滿釉，釉薄而勻，明顯與唐代越窰不同。另外此盒以刻花裝飾蓋面，為五代越窰以光素無紋飾為主的器物增添了新意，並使得器物更加秀美。

越窯青釉鳥形把杯
五代
高6.5厘米　口徑7.2厘米　足徑5厘米

**Bird-shaped cup with a handle, green glaze,
Yue ware**
Five Dynasties
Height: 6.5cm　Diameter of mouth: 7.2cm
Diameter of foot: 5cm

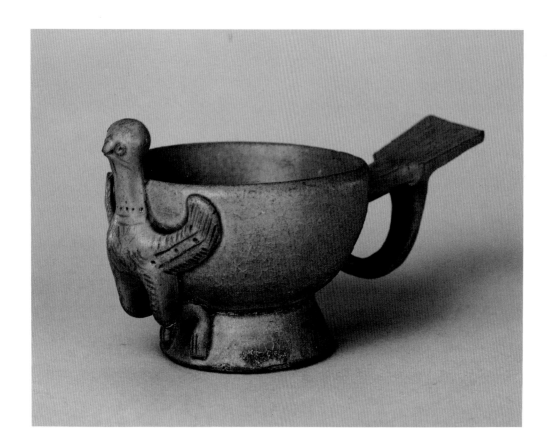

杯通體做一鳥形，敞口微斂，高圈足外撇，杯身一側貼一展翅欲飛的小鳥前身，鳥身及翅膀都刻劃花紋，頭部高出杯沿，另一側貼鳥尾，末端微翹，尾中部與腹相連有一曲柄，尾上簡劃綫條紋，通體施青釉，釉色青綠，開細小紋片。

杯為仿生造型，生動逼真。其器型源自漢代青銅器。越窯製品中，此種造型的青瓷十分罕見，此杯無疑是一件稀有的珍品。

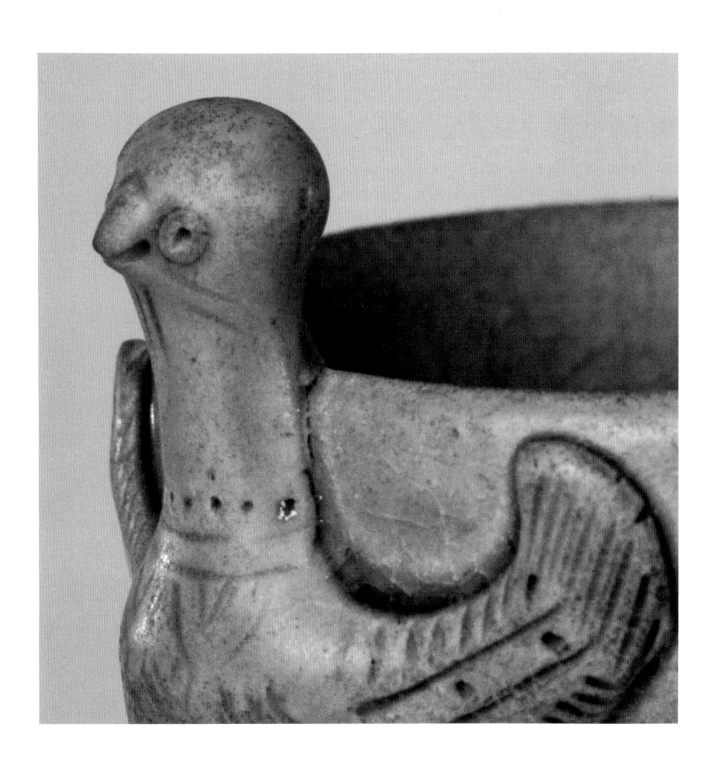

越窰青釉壺
五代
高19.7厘米　口徑9.7厘米
足徑7.6厘米

Green glazed pot, Yue ware
Five Dynasties
Height: 19.7cm
Diameter of mouth: 9.7cm
Diameter of foot: 7.6cm

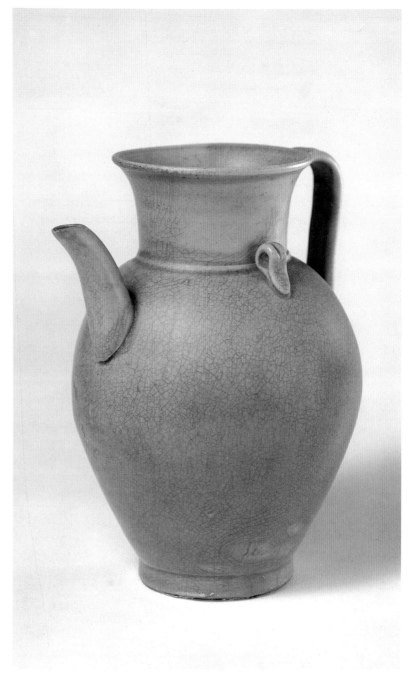

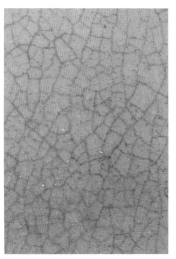

壺撇口，短頸，溜肩，圓腹，肩部兩面各有一繫，一面有長流，另一面有
一執柄連於口肩之間，柄面刻雙綫，壺身淺刻直綫紋四條。壺裏外及足內
滿施青釉，釉呈灰青色，並開細小紋片。

壺為五代執壺的典型器物，壺嘴長而微曲，柄加長，並高於壺口。整器綫
條圓潤秀美，且容量大，使用輕巧方便。此壺與杭州三台山五代墓出土的
瓜棱形執壺相比，流及柄的處理基本相同，壺腹前者劃刻淺直綫紋，後者
為壓出六條內凹直綫，似一個新鮮的瓜果，並配以半圓形蓋。二者都代表
了五代越窰執壺的燒製水平。

越窰青釉刻花蓮瓣高足鉢

236

五代
高9.1厘米　口徑7.1厘米　足徑6.5厘米

**Stem-alms-bowl decorated with incised lotus-petal design,
green glaze, Yue ware**
Five Dynasties
Height: 9.1cm　Diameter of mouth: 7.1cm
Diameter of foot: 6.5cm

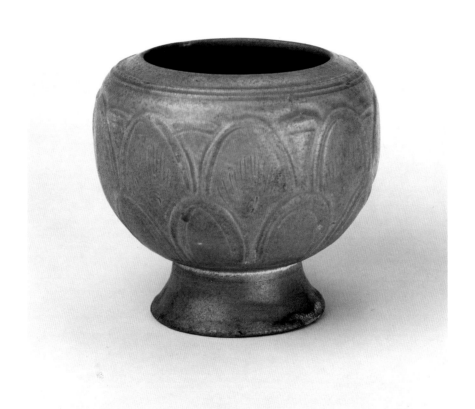

此鉢斂口，弧壁，深腹，腹以下漸收，高圈足外撇。外壁刻蓮瓣紋兩周。
裏外滿釉，釉色青綠，釉質感好。圈足內有支燒痕迹。

這件越窰刻花蓮瓣高足鉢胎體薄而輕，胎面光滑，釉層勻淨，釉質滋潤瑩
潤，顯示出製瓷技藝的高水平，不愧為五代越窰的優秀產品。

越窯青釉菱花口盤

五代

高2.1厘米　口徑10.7厘米　底徑5.3厘米

Green glazed plate with a water-chestnut-shaped mouth, Yue ware

Five Dynasties

Height: 2.1cm　Diameter of mouth: 10.7cm

Diameter of bottom: 5.3cm

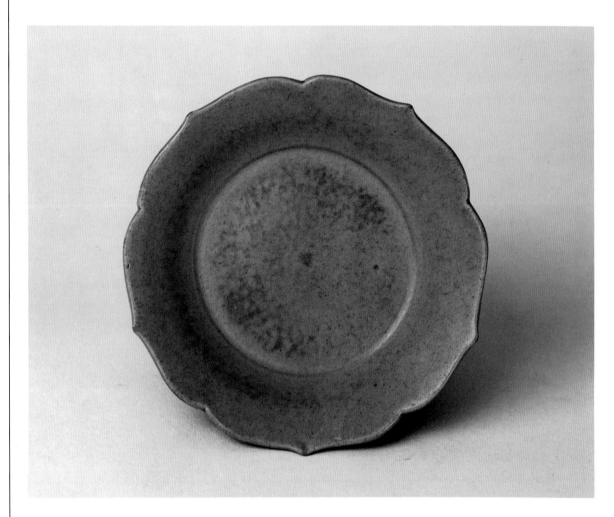

盤口五菱花瓣狀，口下內斜綫，收腹，平底。器裏外滿施青釉，釉色純正，底部有支釘痕。

花口盤自唐代中期開始流行，其製品主要為青釉和白釉兩種。至五代時期，盤的造型比唐代更為秀美，口沿的變化也更為豐富，不僅有五瓣口，還有六瓣以至十瓣口的瓷盤。這件菱花口盤，口沿似豐滿的花瓣，曲折多姿，盤壁淺薄，給人以輕巧玲瓏之感，是一件令人喜愛的傳世珍品。

岳州窰青釉碗
五代
高5.5厘米　口徑15.8厘米　足徑7.5厘米

Green glazed bowl, Yuezhou ware
Five Dynasties
Height: 5.5cm　Diameter of mouth: 15.8cm
Diameter of foot: 7.5cm

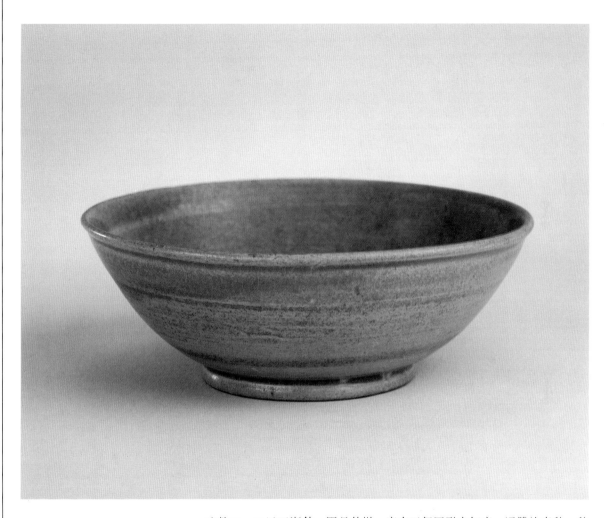

碗敞口，口以下漸斂，圈足外撇，底有五個圓形支釘痕。通體施青釉，釉面玻璃質感強，釉色綠中泛黃，並有細碎開片紋。

岳州窰窰址經多次考古發掘，所發現的燒窰工具以匣鉢最多，支墊、器托、墩子等也有發現，特別是在五代時期的堆積層內，燒窰工具幾乎都為匣鉢，這說明當時岳州窰的製瓷工藝已較為進步。

岳州窰青釉花瓣碗
五代
高4厘米　口徑16厘米　足徑8厘米

Petal-shaped bowl in green glaze, Yuezhou ware
Five Dynasties
Height: 4cm　Diameter of mouth: 16cm
Diameter of foot: 8cm

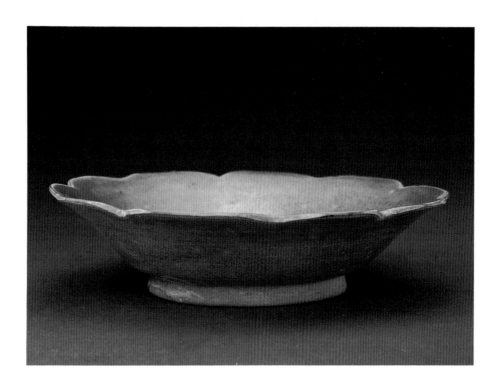

碗口外撇，呈十花瓣形，口下漸斂至底，圈足外撇。碗裏外滿釉，足內無
釉。

胎較薄，胎骨呈灰白或棕灰色，釉色青黃，釉面有開片。因胎釉結合不好
而有剝落現象。

岳州窰青釉蓮瓣盤口瓶
五代
高30.3厘米　口徑11.6厘米
足徑9.1厘米

**Green glazed vase with a dish-
shaped mouth decorated with
lotus-petal design, Yuezhou ware**
Five Dynasties
Height: 30.3cm
Diameter of mouth: 11.6cm
Diameter of foot: 9.1cm

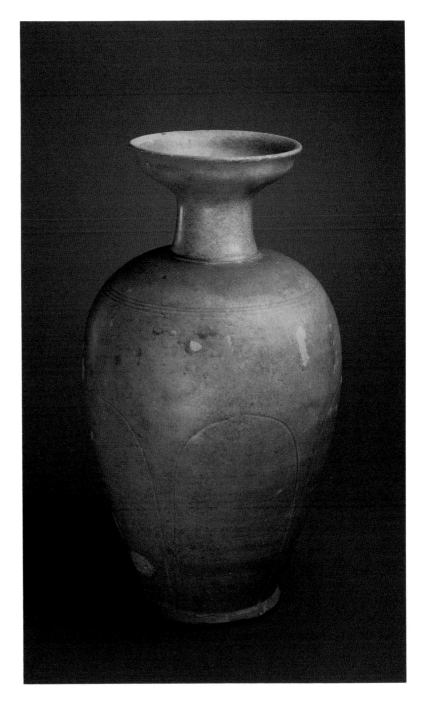

瓶盤口，長頸，溜肩，長腹，圈足外撇。瓶肩部刻弦紋三道，腹部刻劃蓮
瓣紋，裏外施青釉，釉青黃色，開細碎紋片。

湖南長沙子彈庫五代墓中，曾出土一件足以代表五代岳州窰青瓷燒製水平
的浮雕蓮瓣瓶，這件蓮瓣盤口瓶與其相比，都運用了五代岳州窰喜用的蓮
瓣紋飾，只是將浮雕改為劃刻花技法。兩瓶造型相同，但這件劃花盤口瓶
由於胎釉的結合掌握得不好，造成釉面有一定面積的剝落現象。岳州窰燒
製碗、盤器皿較多，此瓶體積大，造型秀美，極為難得。

岳州窰青釉蓋盒

五代

高5厘米　口徑5.6厘米　足徑6.1厘米

Green glazed box with a cover, Yuezhou ware

Five Dynasties

Height: 5cm　Diameter of mouth: 5.6cm

Diameter of foot: 6.1cm

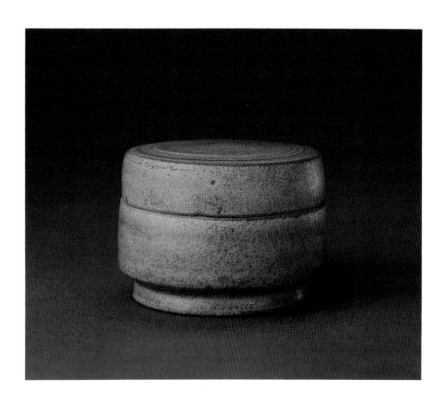

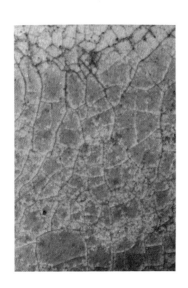

盒高式，蓋面平，底部有套口較深，圈足外撇。蓋面刻劃弦紋三道。蓋面施釉，裏無釉，盒身裏、外及底均施釉，釉色綠中閃黃。

岳州窰窰址在湖南湘陰，長沙窰就是在它的基礎上發展起來的。在長沙窰遺址中，就出土過一件自書銘文"油合"的蓋盒，是古代婦女盛放梳髮用油的盒。這件岳州窰青釉盒與其相比，除底為圈足，蓋面無字外，其餘特徵基本相同。似可認為這件瓷盒也是"油合"。

耀州窯青釉葵花口碗

五代

高7.5厘米　口徑18.4厘米　足徑7.6厘米

**Green glazed bowl with a mallow-shaped mouth,
Yaozhou ware**

Five Dynasties
Height: 7.5cm　Diameter of mouth: 18.4cm
Diameter of foot: 7.6cm

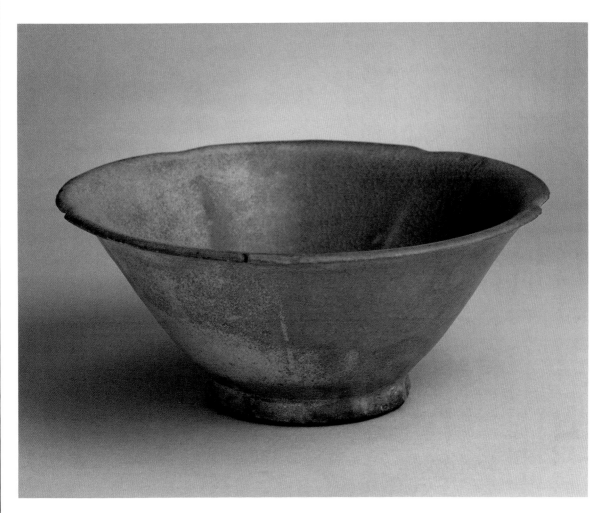

碗花口外撇，斜壁，壁自花口折沿處起棱綫，淺圈足。通體施青釉，釉呈灰青色，釉面玻璃質感強並開細紋片。

耀州窯始燒於唐代，當時所燒製的瓷器品種繁多。至五代時期，耀州窯的製瓷業一改唐代的多品種燒造的格局，開始向專燒青瓷單一品種發展。

這種青釉葵花口碗，造型秀麗，釉面瑩潤，為五代耀州青瓷的風格。

耀州窰青釉碗
五代
高5厘米　口徑11.4厘米　足徑4.6厘米

Green glazed bowl, Yaozhou ware
Five Dynasties
Height: 5cm　Diameter of mouth: 11.4cm
Diameter of foot: 4.6cm

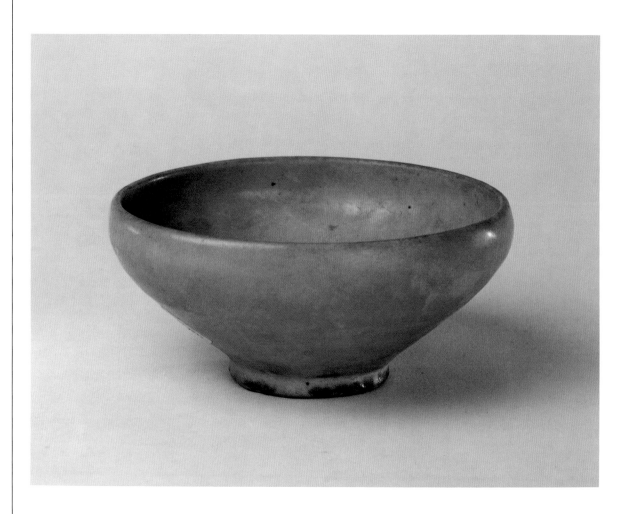

碗斂口，口下斜收至底，圈足，裏外滿釉，釉色青中泛黃。

五代時期的耀州窰青瓷出土不多，傳世的器物也極少，此碗器型規整，釉
面瑩潤，是五代耀州窰青釉瓷碗的流行樣式之一。

耀州窰青釉碗

五代

高4.8厘米　口徑12.1厘米　足徑4.5厘米

Green glazed bowl, Yaozhou ware

Five Dynasties
Height: 4.8cm　Diameter of mouth: 12.1cm
Diameter of foot: 4.5cm

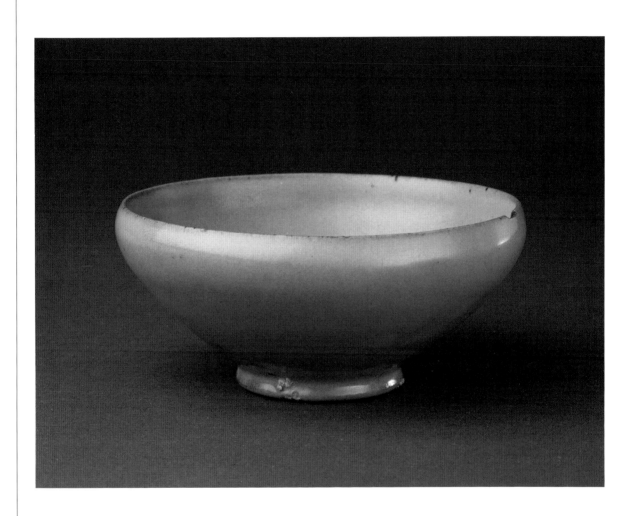

碗斂口，斜腹，圈足。裏外滿施青釉，釉面瑩潤光亮，釉呈灰青色。碗口磕缺處可見黑褐色胎骨。

耀州窰如同時期許多青瓷窰一樣，五代時期的青瓷造型，由唐時的渾圓飽滿，發展變化為精巧毓秀。當時碗的造型變化亦十分突出，有斂口、敞口、花口、曲口、捲口等；有的外壁曲折多姿，宛如盛開的海棠；有的外壁突棱如出筋的荷葉挺拔於水面。從此碗的造型，就可看出五代燒瓷的風格。

耀州窰青釉葵瓣碗

五代

高7.5厘米　口徑19.2厘米　足徑7.2厘米

**Mallow-petal-shaped bowl in green glaze,
Yaozhou ware**

Five Dynasties

Height: 7.5cm　Diameter of mouth: 19.2cm

Diameter of foot: 7.2cm

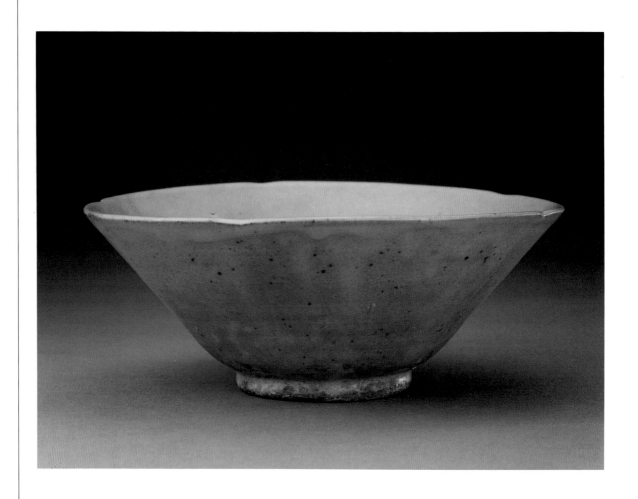

碗花口，斜壁，壁下半部凸起花棱，圈足。器裏、外及足內滿施青釉，釉色灰青。

耀州窰在五代時期，開始形成專燒青瓷的時代特點。由於其青瓷具有胎釉質量好，造型、紋飾規整秀麗等特點，被選中燒製貢御瓷器。考古工作者曾在古窰址採集到數片刻劃"官"字款的五代青釉碗標本，説明耀州窰自五代已開始燒造貢瓷。

耀州窯青釉葵瓣碗
五代
高4.3厘米　口徑13.2厘米　足徑4.6厘米

**Mallow-petal-shaped bowl in green glaze,
Yaozhou ware**
Five Dynasties
Height: 4.3cm　Diameter of mouth: 13.2cm
Diameter of foot: 4.6cm

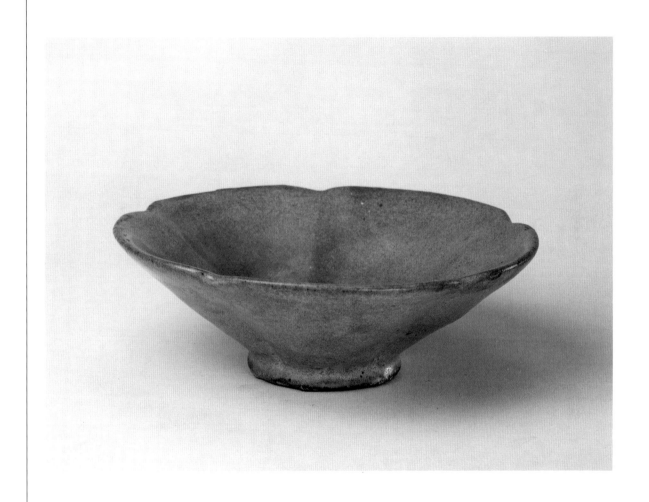

碗葵花口，深腹，壁有凹棱，圈足，裏外滿施青釉，釉色青中泛白。碗器型秀麗規整，起伏的碗壁，俯視似一朵綻開的花朵，自然生動。

耀州窰青釉蓮花式渣斗
五代
高6.3厘米　口徑7.3厘米　足徑4厘米

**Lotus-shaped refuse-vessel in green glaze,
Yaozhou ware**
Five Dynasties
Height: 6.3cm　Diameter of mouth: 7.3cm
Diameter of foot: 4cm

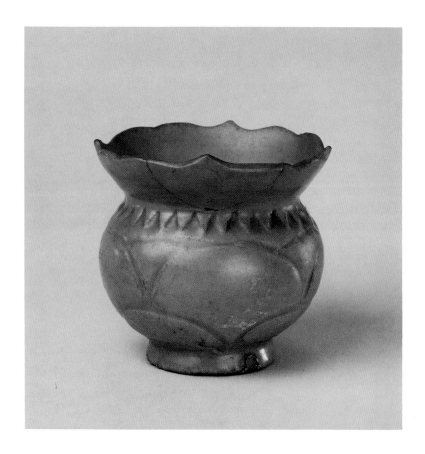

渣斗花口，斜頸，鼓腹，圈足微外撇，裏外滿施青釉，釉呈灰青色。頸腹
相接處飾倒垂蓮瓣紋一周，腹部劃刻蓮瓣紋。

此渣斗以器型和紋飾喻意一朵栩栩如生的蓮花，生動傳神，是一件難得的
佳作。

白釉壺
五代
高16.5厘米　口徑6.5厘米　足徑5.5厘米

White glazed pot
Five Dynasties
Height: 16.5cm　Diameter of mouth: 6.5cm
Diameter of foot: 5.5cm

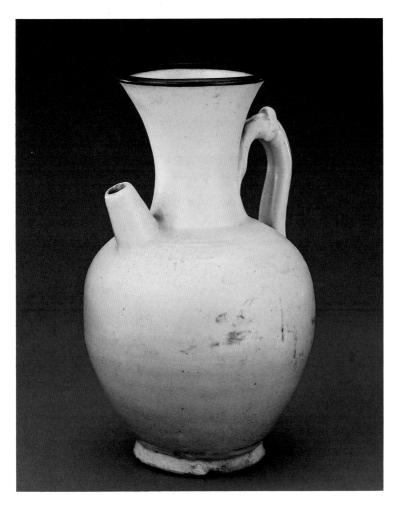

　壺鑲銅口，長頸，溜肩，鼓腹漸斂，圈足外撇，肩部一面有短流，一面有
執柄連於頸肩之間，肩部飾弦紋二道。為了裝飾而以銅鑲扣，既美觀又便
於使用。

白釉執壺

五代
高39厘米　口徑7.8厘米
足徑12.5厘米

White glazed ewer
Five Dynasties
Height: 39cm
Diameter of mouth: 7.8cm
Diameter of foot: 12.5cm

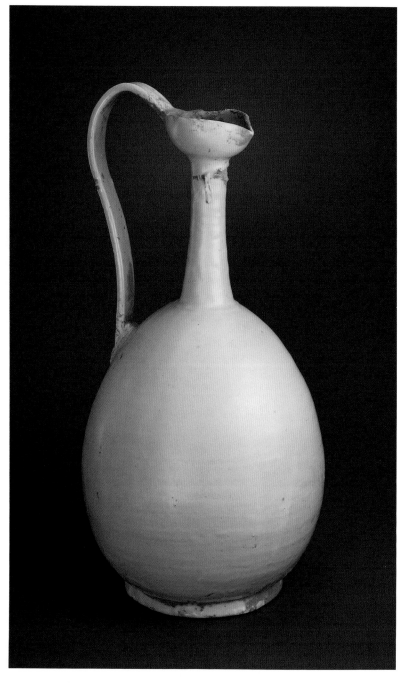

壺洗口帶流，細長頸，溜肩，圓腹，淺圈足。曲形柄連於口肩之間，柄一端貼一橫條將柄固定，柄上刻綫紋兩道，柄面刻圓點紋飾。壺通體施白釉，器身有土浸痕。

唐代典型的壺式，一般為短頸，壺體飽滿，輪廓綫圓潤，肩、腹兩側分置短流和曲柄，流柄之間置雙繫。這件白釉執壺，改短流為洗口流，頸部細長，無雙繫，腹部長圓，與典型的唐代壺式有明顯差異，當是吸收了西亞器形影響而製作的一種新式樣。這也是在中國瓷器外銷的同時，吸收了外域文化影響的物證。

白釉花口執壺
五代
高16.4厘米　口徑4.9厘米　足徑5.9厘米

White glazed ewer with a floral-shaped mouth
Five Dynasties
Height: 16.4cm　Diameter of mouth: 4.9cm
Diameter of foot: 5.9cm

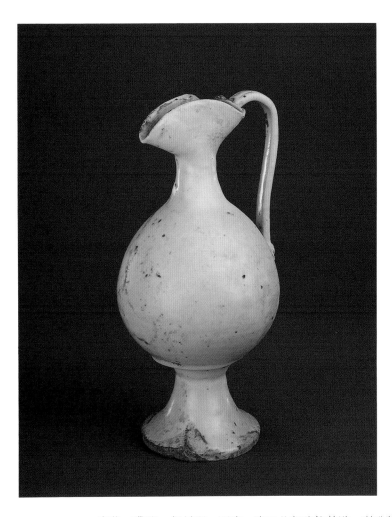

壺花口帶流，細長頸，圓腹，腹下凸起弦紋數道，喇叭狀高足。自口至腹
有一帶狀曲柄。壺裏外滿釉，足內無釉，釉色白中閃青，周身有土浸痕。

唐代中外文化交流異常繁盛，各種工藝產品也受到西亞波斯風格的影響。
這件花口執壺的器型就是明顯借鑑西亞器型特徵，頗具異域風采的一件作
品。

白釉綠彩印花菊瓣蓋盒
五代
通高6厘米　足徑4.7厘米

**White glazed covered box in the shape of
chrysanthemum-petal with impressed
decoration and green splashes**
Five Dynasties
Overall height: 6cm　Diameter of foot: 4.7cm

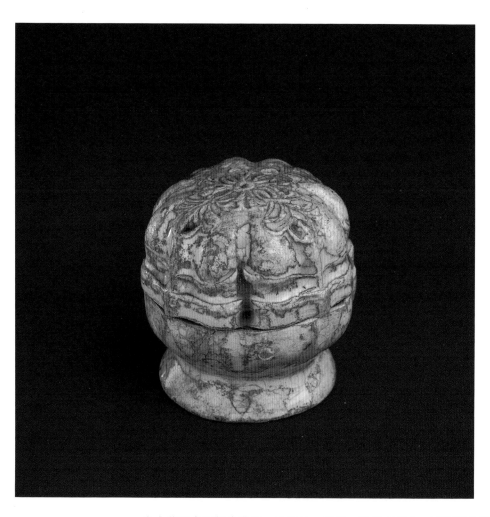

盒由蓋和身兩部分構成，子母口，直腹，近底處斜收，高圈足外撇。盒蓋
呈菊瓣形，蓋面印花一朵。通體施白釉，積釉處出現玻璃質的綠彩。釉面
開細碎紋片。圈足滿釉，足心有一"武"字，似為"武"字的殘缺。

在湖南長沙地區十國楚墓中，出土不少長沙窰青瓷蓋盒，其中一件高足蓮
花盒及一件亞字形白釉盒，與這件蓋盒相比，除蓋面所印紋飾和釉色稍有
不同外，在器型、釉面質感、裝飾技法、足內印字等方面都十分相似，而
底足印字應該是窰工姓名的標記，這些現象證明這三件瓷盒應是同一瓷窰
的產品。

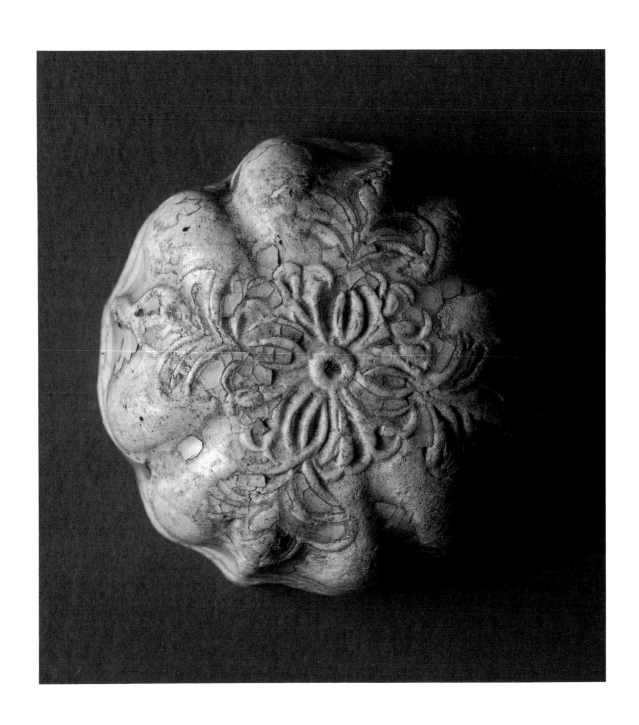

青釉鉢
五代
高10.2厘米　口徑20.4厘米　底徑9.3厘米

Green glazed alms-bowl
Five Dynasties
Height: 10.2cm　Diameter of mouth: 20.4cm
Diameter of bottom: 9.3cm

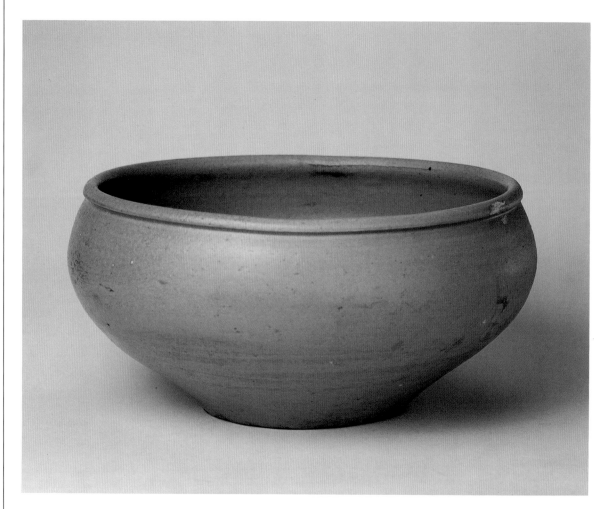

鉢唇口微斂，溜肩，圓腹，腹以下漸斂，平底，裏外滿釉，鉢心及底都留有支燒痕。

五代時期陶瓷燒製工藝在繼承唐代成果的基礎上，有很大發展。南北方各地瓷窰大都已採用匣鉢裝燒的先進工藝，產品質量獲得了較為可靠的保障。而這一時期瓷器的器型風格，也從唐代渾厚飽滿、雍容大度的時代風格，轉而趨於精緻細巧。這件青釉鉢穩重大方而又不失輕巧優美，釉色青翠，是一件具有鮮明時代風格的瓷器珍品。

青釉鳥式盒
五代
高6.8厘米　口徑8厘米　底徑6.5厘米

Bird-shaped box in green glaze
Five Dynasties
Height: 6.8cm　Diameter of mouth: 8cm
Diameter of bottom: 6.5cm

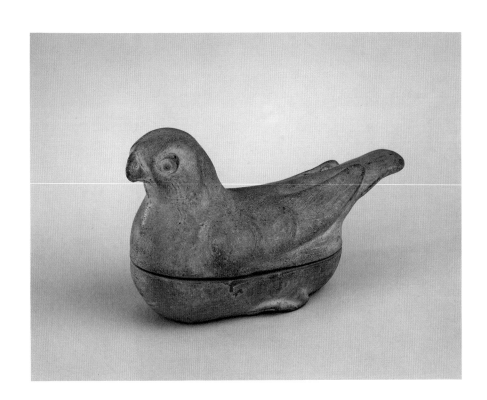

盒為鳥形，由蓋與底上、下兩部分構成。頭部為鳥嘴，兩眼凸起，肩部雙翅夾一長尾，底塑鳥雙足曲腿而臥。通體施青釉，釉色純正，盒身飾細綫條紋。

盒造型新穎別致，身劃幾道寫意的綫紋，表現鳥的羽毛，鳥眼刻畫得炯炯有神。整器像一隻水鳥，兩翅收攏，曲腿而臥，似安逸地游弋於水草之間，生動而又傳神。

青釉四繫弦紋瓶

五代

高19厘米　口徑5.1厘米　足徑7.5厘米

浙江武義縣出土

**Green glazed vase with four loops decorated with
bow-string pattern, Yue ware**

Five Dynasties

Height: 19cm　Diameter of mouth: 5.1cm

Diameter of foot: 7.5cm

Unearthed at Wuyi County, Zhejiang Province

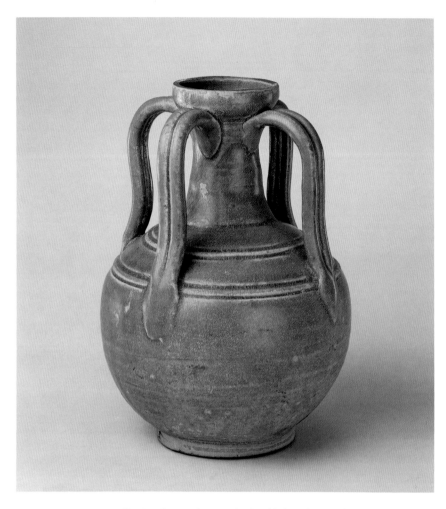

瓶圓口內收，細頸，溜肩，鼓腹，腹以下漸收，圈足。頸部有似壺柄狀四
繫各立於肩上，肩部有弦紋兩道。裏外滿釉，外部釉色青黃，有剝釉現
象，足內無釉。

此瓶造型端莊新穎，胎釉結合緊密，綫條流暢富於變化，工藝技術高超。

青釉夾耳蓋罐
五代
通高18.6厘米　口徑7.2厘米　足徑8.2厘米
六十年代廣州石馬村五代南漢墓出土

Green glazed covered jar with ears
Five Dynasties
Overall height: 18.6cm　　Diameter of mouth: 7.2cm
Diameter of foot: 8.2cm
Unearthed in 1960s from a tomb of Southern Han of
the Five Dynasties at Shima Village, Guangzhou

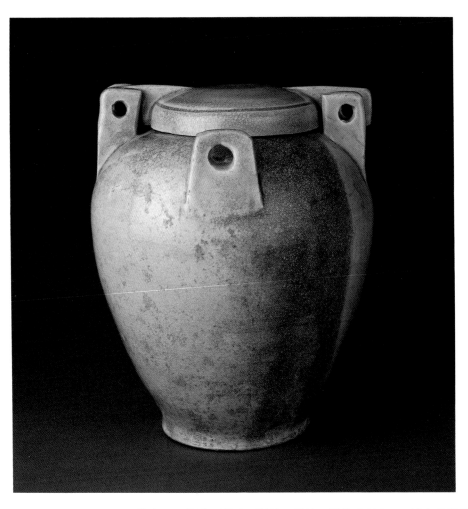

罐直口，豐肩，肩以下漸斂，圈足。器蓋平頂直口。罐裏外滿施青釉，釉
色瑩潤，開細小紋片。

此罐是廣州石馬村南漢墓出土的四件夾耳蓋罐之一，其蓋的設計極為別
致。蓋的兩面各凸出一帶孔的長形片，罐肩部兩面立起帶孔的雙繫一對，
罐蓋合時，其蓋夾於肩上雙繫空隙處，一端可繫繩作軸，一端可開啟。與
此相同造型的夾耳蓋罐，不僅在浙江越窰及湖南長沙窰的製品中發現，而
且長沙五代墓葬的隨葬品中也有同樣類型的器物出土，可見這種夾耳蓋罐
在五代時期的江南地區十分流行。

青釉四繫蓋罐

五代

通高18.4厘米　口徑7.4厘米　足徑7.9厘米

六十年代廣州石馬村五代南漢墓出土

Green glazed covered jar with four loops

Five Dynasties

Overall height: 18.4cm　Diameter of mouth: 7.4cm

Diameter of foot: 7.9cm

Unearthed in 1960s from a tomb of Southern Han of
the Five Dynasties at Shima Village, Guangzhou

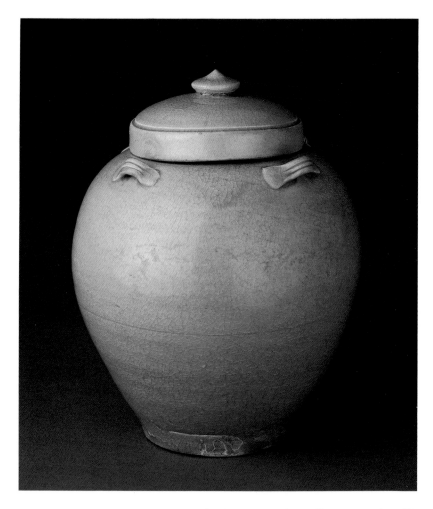

罐直口，無頸，廣肩，瘦足。肩部四橫繫，繫面劃刻橫綫紋。罐裏外施
釉，釉面玻璃質感強，並開細小紋片。蓋直口有鈕。

此罐出土於廣州石馬村五代南漢墓。該墓出土物品中有青釉瓷罐大小共二
十八件，均胎質堅細，釉面晶瑩，開細小紋片。這批青釉瓷器的發現，從
一定程度上反映出廣東地區五代青瓷的燒製水平。

青釉四繫罐
五代
高18.2厘米　口徑7.2厘米　足徑8厘米
六十年代廣州石馬村五代南漢墓出土

Green glazed jar with four loops
Five Dynasties
Height: 18.2cm　Diameter of mouth: 7.2cm
Diameter of foot: 8cm
Unearthed in 1960s from a tomb of Southern Han of
the Five Dynasties at Shima Village, Guangzhou

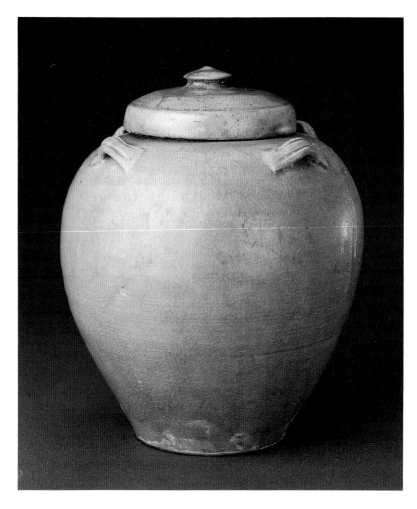

罐直口，豐肩，瘦足，肩置四繫，繫面有直綫紋兩道。罐蓋直口，蓋面中
心凸起一支釘為鈕，並刻弦紋一周。罐裏外施釉，釉透明度高，並開細碎
紋片。

此罐也是廣州石馬村南漢墓出土的青釉瓷器之一，從這些青瓷器的造型及
胎、釉等特徵看，確屬五代時期的產品。